全國高等院校古籍整理研究工作委員會直接資助項目

唐宋廳壁記集成

上册

王殿明　點校

天津古籍出版社
天津出版傳媒集團

圖書在版編目（CIP）數據

唐宋廳壁記集成 / 王殿明點校. -- 天津：天津古籍出版社，2021.1（2022.6重印）
ISBN 978-7-5528-1005-9

I. ①唐… II. ①王… III. ①官制—史料—中國—唐宋時期 IV. ①D691.42

中國版本圖書館CIP數據核字（2020）第173291號

唐宋廳壁記集成

TANGSONG TINGBIJI JICHENG

王殿明/點校

出　　版　天津古籍出版社
出 版 人　張　瑋
地　　址　天津市和平區西康路35號康岳大廈
郵政編碼　300051
郵購電話　（022）23517902

策　　劃　唐　艦
責任編輯　鄭　偉
責任校對　王羽茜　黎冬瑶
封面設計　鞠佳美

印　　刷　北京虎彩文化傳播有限公司
經　　銷　新華書店
開　　本　787毫米×1092毫米　1/16
印　　張　62.75
字　　數　637千字
版次印次　2021年1月第1版　2022年6月第2次印刷
定　　價　680.00圓（全两册）

ISBN 978-7-5528-1005-9

前言

廳壁記，又稱壁記、題名記、廳壁題名記等，以『壁』載『記』，是指題刻在官署廳堂墻壁上的一種記體文，以官府廳堂墻壁或石、木等爲載體，多用毛筆直接書寫或石刻形式呈現，通過記録官員題名和功過，以達到對後任官員規勸諷諫的作用。

廳壁記孕育於先秦兩漢的金石之文，魏晋六朝完成了書寫方式從石刻到筆墨直接書寫的轉變，真正成型於唐朝，到宋朝得到發展，迎來了繁榮的巔峰。廳壁記主要記述官府機構設置的演變歷程、主要職能以及爲官政績等，記録了歷任官員的姓名，内容涵蓋了民風鄉情、經濟發展等多方面的内容，受到朝廷、士人與民間社會的廣泛重視。一般爲主政官員親自撰寫或者請他人代寫，作者大多是科舉及第的士子，具有較高的文化修養。廳壁記的命名一般以地名加官名加廳壁記（或壁記、題名記、廳壁題名記）構成，例如《常州刺史廳壁記》《會昌主簿廳壁記》《麟州通判廳記》《嘉州移置提刑司題名記》等。

于邵《漢源縣令廳壁記》曰：『記者，史家之流也。』作爲有實用功能的記文，廳壁記的作者傳承了史家精神，用嚴肅審慎的態度秉筆實録，客觀記載了職官史志，對於明確行政機關的職責和提高辦事效率起到了積極作用，具有很高的史料價值。唐代封演《封氏聞見記・壁記》云：『朝廷百司諸廳皆有壁記，叙官秩創置及遷授始末。』涵蓋了從中央到地方州縣各級各類政府機構，詳考官職由來和歷代沿革，記述了歷任官吏的政績，對政聲卓著的時任官吏進行褒揚。在記載職官史志的同時，廳壁記也涉及當時的風土人情、民情風物、城邑遷轉乃至政治經濟狀況，對於研究唐宋兩代社會生活史、經濟史、政治史、文學史等都具有重要的文獻價值。

廳壁記還具有勸善懲惡的警示作用，寓勸誡之意。李華《安陽縣令廳壁記》云：『記事者，志盛德而旌善人。』白居易《蘇州南禪院千佛堂轉輪經藏石記》：『夫記者，不唯記年月，述作爲，亦在乎辨興亡，示勸戒也。』在反映官員爲官現狀方面，廳壁記肯定和褒獎了勤於政事、履職盡責的官員，而對那些散漫自由、敷衍塞責的官員給予了否定批判，旨在通過褒揚政績，樹立典範和榜樣，達到警戒、規勸後任者的目的。由於廳壁記題刻於官府署衙，觀覽人數較多，也起到了公衆宣傳、社會傳播及官箴教育的作用。

作爲政治史學和文學的雜交體，廳壁記具有深厚的文化底藴，屬於廣義的題壁文學範疇。唐代李華在《御史中丞廳壁記》中將廳壁記的文學特點概括爲『辭尚體要』，林紓云：『記事之作，務取簡明。』廳壁記的措辭典雅得體，選材精當，用語簡潔，大多質直而不事雕琢。當然，不同時代、不同作者會有不同的語言風格，有的駢散并用，有的叙議結合，有的多用典故。從題壁文學的範疇考察，廳壁記也承載了抒情言志的功能，寄托了作者對清明政治的渴望，對賢明能臣的呼唤，對貪官污吏的憎惡，生動地記録了士大夫在社會政治生活中濟世匡時的抱負。

唐宋兩代的廳壁記大多因廳壁毁壞而不傳，只有少量被抄録下來者得以流傳，散見於《文苑英華》《全唐文》《全宋文》《宋文鑒》《古文辭類纂》等類書及别集中。《唐宋廳壁記集成》輯録了唐、宋時期的廳壁記共五百餘篇，爲研究者提供文獻幫助，也從一個特殊的角度透視在「唐宋變革」這一歷史大背景下中國古代社會的些許變化。因學力有限，錯訛之處在所難免，懇請方家不吝賜教。

隴東學院　王殿明

目録

崔敦禮

京　鏜

李　揆

陸九淵

張貴謨

張　侃

丁伯桂

趙崇暉

常令孫

孫大有

孫逖

孫逖（六九五——七六一），潞州涉縣（今河北涉縣）人。開元二年（七一四），中進士，後授山陰（今浙江紹興縣）尉，遷秘書正字。開元十年（七二二），孫逖應制登文藻宏麗科，拜左拾遺。開元二十一年（七三三），入爲考功員外郎、集賢修撰。開元二十四年（七三六），拜逖爲中書舍人。後充河東黜陟使。天寶三載（七四四），權判刑部侍郎。五載（七四六），以風病求散秩，改太子左庶子。孫逖掌誥八年，制敕所出，爲時流嘆服。上元中卒。廣德二年（七六四），詔贈尚書右僕射，謚曰文。有集三十卷。

吏部尚書壁記

吏部尚書，在周爲太宰之職，其建設徒屬，敷陳事典，則周官備之矣。秦滅古法，始置尚書；漢增其制，創立選部，故靈帝以梁鵠爲選部尚書是矣。魏改選部尚書爲吏部尚書，自晋宋至於北齊皆因之。宇文朝依周官置大冢宰卿一人，蓋其任也。隋革周制，復曰吏部尚書。皇朝龍朔二年改爲司列太常伯，咸亨元年復爲吏部，光宅元年改爲天官尚書，神龍元年又爲吏部尚書。綜九流之要，爲六官之長，位尊任重，實在於兹。自武德已來，多以宰相兼領，一彼一此，更爲出入，才難不其然乎？皇帝在位之二十二年，缺其官，選於衆，乃命武都公自兵部尚書拜焉。公地惟宗英，才則人杰，忠孝自律，矜嚴成憲，式是軌度，諒惟衡石，國之利也，所及遠哉！天監有唐，俾多吉士，踐此位者，四十八人，嘉名已著於國史，故事宜存於臺閣。繫以日月，自得春秋之義；記其代遷，更是公卿之表。以備官學，列爲壁記焉。《文苑英華》第七九八卷第四二二一頁。

鴻臚少卿壁記

鴻臚漢官，掌蠻夷歸義者。致其饔餼，辨其等威，在周爲大行人，在秦爲典客，在漢爲鴻臚，其屬有譯官及郡邸丞長。洎後魏太和中，九寺各置少卿兩員，掌副卿事。亦由《傳》稱亞卿，《書》載三少，制位或差於伯仲，受任同歸於師長。成務贊禮，擇賢而居，即其義也。帝唐亮采立政，稽古命官，柔服遠人，綏厥有衆，肅慎來賀，渠搜即敘，示之以干羽，通之以冠帶。允諧是職，豈易其人？非夫野王之政理，元成之經術，德儒之明識，元方之令望，則曷由臻兹？蘭陵蕭公，朝之俊德，觸邪秉憲，人之雅重，草議爲郎，入掌王言，出膺方牧，帝咨惟允，公實來斯。且有皇華之命，適表兼人之美。乃求舊官守，敷陳代遷，明授任之有章，示名器之無假。自嗣聖已後，記於壁焉。《文苑英華》第七九九卷第四二二六頁。

李華

李華（七一五——七六六），字遐叔，趙郡人。開元二十三年（七三五）進士擢第。天寶中，登朝爲監察御史。累轉侍御史，禮部、吏部二員外郎。華善屬文，與蘭陵蕭穎士友善。安禄山陷京師，玄宗出幸，華扈從不及，陷賊，僞署爲鳳閣舍人。收城後，三司類例减等，從輕貶官，遂廢於家，卒。華嘗爲魯山令元德秀墓碑，顔真卿書，李陽冰篆額，後人争模寫之，號爲「四絶碑」。有文集十卷，行於時。

中書政事堂記

政事堂者，自武德以來，常於門下省議事，即以議事之所，謂之政事堂。故長孫無忌起復授司空，房玄齡起復授左僕射，魏徵授太子太師，皆知門下省事。至高宗光宅元年，裴炎自侍中除中書令，執事宰相筆，乃遷政事堂於中書省。記曰：政事堂者，君不可以枉道於天，反道於地，覆道於社稷，無道於黎元，此堂得以議之。臣不可悖道於君，逆道於仁，黷道於貨，亂道於刑；剋一方之命，變王者之制，此堂得以易之。兵不可以擅興，權不可以擅與，貨不可以擅蓄，王澤不可以擅奪，君恩不可以擅間，私仇不可以擅報，公爵不可以擅私，此堂得以誅之。事不可以輕入重，罪不可以生入死，法不可以剥害於人，財不可以擅加於賦，情不可以委之於幸，亂不可以啓之於萌；法竄不賞，爵竄不封，聞荒不救，見饉不矜；逆諫自賢，違道變古，此堂得以殺之。故曰廟堂之上、樽俎之前，有兵有刑，有挺有刃，有斧鉞，有鴆毒，有夷族，有破家。登此堂者，得以行之。故伊尹放太甲之不嗣，周公逐管、蔡之不義，霍光廢昌邑之亂，梁公正廬陵之位。自君弱臣强之後，宰相主生殺之柄，天子掩九重之耳，燮理化爲權衡，論思變成機務，傾身禍敗，不可勝數。列國有傳，青史有名，可以爲終身之誡。無罪記云。《文苑英華》第七九七卷第四二一七頁。

御史大夫廳壁記

君以文明照臨百官，官糾其邪，職在邦憲，由京師而端下國，王化所繫，不唯威刑。御史大夫其任也，用捨决於天心，得失震於人聽，舉直錯枉，果而不撓，則公卿屏氣，道路生風，率其屬以正於朝，瞻我衣冠，不仁者遠。苟异於是，爲君子羞。政之雄雌，與德輕重，故名公在位，天下仰賴焉。秦官有御史大夫，在漢爲三公，職副丞相。丞相闕則大夫遷，或名司空，或復舊號，史足徵也。議大政必下丞相御史，其廷署古曰府，近曰臺。其衣冠章綬，品秩所視，載於甲令。聖朝臣唐虞高尚之賢，内周漢不賓之俗，登人於五福，薦樂於九歌。帝德廣運而瑞草生，天威震動而神羊至，故柱石骨鯁之老更拜焉。距義寧至先天，登宰相者十二人，以本官參政事者十三人，故相任者四人，藉威聲以棱，徼外按戎律者八人。官或改稱大司、憲臺，或分爲左右肅政，罷置不恒，從所宜也。開元、天寶中，刑措不用，元元休息，由是務簡益重，地清彌尊，任難其人，多舉勛德。至宰輔者四人，宰輔兼者二人，故相任者一人，兼節度者九人，异姓封王者二人。尊號加孝德之明年，樂成公自尚書左丞兼文部遷，崇德也。昭融禮經，嗣續文雅；張仲孝友，山甫明哲。風度可以師長人倫，動静可以訓齊天下。喬岳鎮定，嘉量平均。心爲百行之宗，體備四時之氣。《雅》有之曰：「文武吉甫，萬邦爲憲。」樂成有焉。至若教行於無訟之前，慮辨於未萌之始，未萌而慮，則求煩不獲；無訟而教，則何用不臧？寬細瑕爲大體，復故事爲新政。小人畏法，君子夷心，無隱情於國家，無愧辭於神道，堂堂乎大雅之素也。初，廳壁列先政之名，記而不敘。公以爲艱難之選，將俟後人，謂華嘗備屬僚，或知故實。授簡之恩至，屬詞之藝寡，無以允副非常之待，所報者直質而少文。天寶十四載六月十五日記。《文苑英華》第七九八卷第四二二三頁。

御史中丞廳壁記

皇帝受天明命，垂五十年，大道成俗，黎人於變，百官設而無事，三辟存而不論，振古未然也。猶以爲成歲資於降霜，律人本於持憲，憲司之拜，九核名實，王猷其遠乎？夫察風俗，平冤滯，踣邪佞，延俊賢，云誰司之？職惟御史。御史亞長曰中丞，貳大夫以領其屬。士丐爲伯游之佐，司馬乃令尹之偏，古之制也。漢儀：大夫副丞相，以備其闕。參維國綱，鮮臨府事，故中丞專焉。意者殄凶人之豪，挾君子之道，各行其志，無所牽束，行止與大臣絶位，指顧則周行振聳，政體宜之。晋宋、元魏以還，無御史大夫，由是中丞威望愈尊，禮有加等，如火烈烈，如霜肅殺，不可犯也。屬時清無獄，朝尚寬政，行葦忠厚，王化根源。周室仁及草木，而愷悌流乎頌聲；漢文雅好黄老，而公卿耻言人過。舉盛德而儀刑著矣，焉用察察觖觖，以恂生人哉？欲以此道行於軍旅，故東西幕府皆兼大夫，餘軍多假憲司之號，聖皇之志也。天寶中，君臣於道德之間，又新其化，以尚書左丞張公爲大夫，少府大卿庾公爲中丞。天下翕然，名教知勸。大夫睦中丞也，羽翮得清風之助；中丞奉大夫也，律吕本黄鍾之宫。耆儒碩老，罕云遇此盛矣。二公中和備體，沈潜經德，易直且武，温文而清，遵王路以整多方，由夫身而貞百度，此外盡餘事也。古之制記者，先諸德而後諸事，至若命官之始，省復之代，名號冠緌之差，禄秩位員之數，辭尚體要，况皆知之。今不書，省文也。華昧學淺藝，承命維谷，群言之首，非所克堪，然故吏也，勉以酬德。天寶十四載九月十日記。《文苑英華》第七九八卷第四二二四頁。

著作郎廳壁記

化成天下，莫尚乎文。文之大司，是爲國史，職在褒貶懲勸，區別昏明。故《駉牧》頌於魯侯，《祈招》諷於楚子。史官之任有述作，蓋王者之元符、生人之極教也。昔沮誦、倉頡，爲黄帝史臣，文字以興，其來尚矣。若南正、北正，建於顓頊；羲氏、和氏，命於唐堯。更虞夏商，代序天地。周官宗伯之屬，有太史正歲年以序事，小史奠系代辨昭穆，内史受納訪以詔王聽理，外史達書名於四方。前志所載，有左史記事，或箴王之闕，或司過於朝，所典不同，其納君於善一也。《傳》曰：「天子有日官，」則史逸、史伯是也；「諸侯有日御，」則裨竈、子韋是也。倚相在楚，南史在齊，董狐在晋，邦之司直也。其事舉則三靈不匭，其政息則百度惟危，故先王貴之。至於漢廷，參用周禮。太史公既殁，其子遷，緘金匱石室之文焉。降及東京永平中，特詔班固著作東觀，繼其事者。楊彪、蔡邕，由是太史但掌天文、律曆而已。《小雅》寢周，聖人生魯；道尊而文武將墜，德至而天地不通。感於獲麟，嘆於與蜡，爰制國典，丘明傳之。因曆象以正時元，假鬼神而討有罪，善人勸焉。淫人懼焉，百代之英，所由用也。向若前代闕能文之史，曠記事之官，雖禹舜之烈無聞焉。有國有家，何以直道而行也？魏太和年，肇以著作名官，爲中書屬。晋元康年，改隸秘書，朝服單衣介幘，始親職，必選名臣。傳歷宋、齊、梁、陳，官品第六，元魏、高齊、周、隋，秩從五品。魏則王沈以侍中兼之，衛凱以尚書帶之。至於有晋，若史材之美，陳壽自佐郎遷；元舅之尊，庾亮以中書領。宋則徐爰、何承天，齊則沈約、裴子野，梁則陸雲，公姚察，陳則顧野王、張正見，後魏則崔光、高允，北齊則邢子才、魏收，周則蘇亮、柳虯，隋則虞綽、王劭，皆一朝名選也。貞觀初，詔梁國文昭公、鄭國文貞公統英儒盛才，修五代史。天子親垂筆削，與《春秋》合符，巍巍乎史氏之光耀也！因是開館於内，别立史官，多以著作郎領帶其職，而舊史所掌，唯碑志、祭祝之文在焉。然以其能綜群言，且居百乘，出典下國，轉爲郎官，經緯斯文，昭宣有政，或上遷秘書少監，或擢拜中書舍人，固不易其任也。天命元聖，降而爲唐，唐之建官，罔非俊乂。若虞永興德函大雅，魏侍中才高王佐，鄭吏部絶韵鏘鳴，崔司業雄詞飛動，皆歷焉。今上兼帝王之極功，總文武之能事，思所以比崇軒皞，紹美唐虞，潤色乎大猷，發明乎皇道。問誰獻箴，則賓客崔氏；問誰執簡，則恒傅吴公。胡諭德游刃詩騷，韋庶子貫珠今古。濟濟多士，時惟秉文，盛矣哉！同風乎《雅》《頌》也。名岳已遷，别封天柱，舊章不改，尚列周官。登陟蓬萊之峰，循環藏室之奥，從容簡貴，信君子保明宏道之司歟！今大著作清河崔公名杰，天寶三載自秘書郎拜。閲天禄之圖書，踐人文之苑囿；澡身於三德，研慮於六經。執謙而光，好善能澤；惠風吟於秀水，明月鏡於安流。代爲元臣，家曰茂緒，壯宫室者，必鄧林之條幹乎？以儒雅之姿，從班、蔡之後，揮綽令譽，達於清朝，則百禄隨之，曷其有極矣？先是命官之記，不列於齊。以華職忝末班，與聞前志，拜命之辱，敢敘官之守云。時天寶七載二月辛亥記。《文苑英華》第七九九卷第四二二六頁。

杭州刺史廳壁記

唐虞之代，四岳十二牧，分掌諸侯。宗周有方伯、連帥之職，秦有監郡，漢魏以還，初曰部刺史，後曰州牧。近代罷州牧，復爲郡太守。太守、刺史，無恒其稱，職同九卿，假以符節。雖親如魯、衛，貴若周、召，任切安人，往往除拜。天寶中，朝廷以尚書郎人物之高選，二千石元元之性命，始以省郎臨大部。若密邇京師，或控壓衝會，萬商所聚，百貨所殖，將擇良吏，重難之。杭州東南名郡，後漢分會稽爲吴郡、錢塘，屬隋平陳，置此州，咽喉吴越，勢雄江海。國家阜成兆人，户口日益，增領九縣，所臨莅者，多當時名公。宋丞相、劉僕射、崔尚書之訏謨大政，其間劉尚書、裴給事之盛德遠業，魏左丞、蘇吏部之公望遺愛在人，韋太原、崔河南、劉右丞、侯中丞節制方隅。有事以來，承制權假以相國元公。旬朔之間，生人受賜，由是望甲餘州，名士良將，遞臨此部。况郊海門，池浙江，三山動摇於掌端，靈濤歕激於城下。水牽卉服，陸控山夷，駢檣二十里，開肆三萬室。近歲灾沴繁興，寇盗連起，百戰之後，城池獨存。王師雷動，元惡授首，乳哺疲人，分命賢哲。詔以兵部郎中范陽盧公幼平爲之；公體仁而清，直方簡亮，文以輔德，武以静人，澄曠有清江之姿，巍峨有秋山之狀。麾幢戾止，未逾三月，降者遷忠義，歸者喜生育，旌次讓利，轅門無聲，人咸曰休哉！以卿佐之才，遵王澤，敷德政，吾見其爲公爲侯，福履宜之，未見其極也。刺史冠服印綬，甲令載之，故不書。詞尚體要，古史之遺也。永泰元年七月二十五日記。《文苑英華》

第八〇〇卷第四二三三頁。

衢州刺史廳壁記

有漢已還，州統郡，郡或連十城，州或部十郡。江南多大郡，如會稽、丹陽，鎮領遐闊，分置部都尉。自富春而南，太末一縣抵於建安。今此州即古會稽西部之地也。雖官明吏修，如曠阻何，厥後相因，損益無恒，時更亂離，罷置紛糅。聖朝字育元元，納於大中。自衛公累單於、英公滅句麗，天下和平，户口繁衍。元聖溥《行葦》《蓼蕭》之澤於下，廷延公卿，議割州邑。謂疆與府近，則易爲理；人與吏親，則易爲安。以婺州封畛爲廣，分置衢州，領六縣，猶爲大郡。近歲析玉山全邑洎須江南鄉益信州而不爲寡。去年江湖不登，兹境稍穰，故浙右流離，多就遺秉，凡增萬餘室而不爲衆。吴越地卑，而此方高厚，居者無疾，人斯永年。名山大川，既麗且清，俗尚文學，有古遺風。國朝不以州領郡，郡與州更相爲號，遷復從宜，事之當也，置觀察之司而董臨之。此州長吏之選，甲於他部。忠貞之老，則武威公李僕射杰；親賢之望，則信安郡王禕。遺政行爲故事，名位光於屋壁。開元、天寶中，始以尚書郎超拜名郡，賀蘭大夫爲之，李郎中爲之。自逆胡悖天地之慈、犯雷霆之誅，賀蘭起北海之師，郎中佐浙東之幕，有文有武，家頌户歌。元惡天討，餘凶稔罪，皇恩示以鈇鉞之威，未即大刑，以爲不教人戰，是謂弃之。乃分諸州，置節度以鎮之；州有防禦軍，刺史爲之使，俾與夫持節某州諸軍事名實副焉。以此州密適山陰，爰隸浙東。廳事馮高，戟户臨江，武文左右，麾幢成列。千夫長、百夫長，上寮郡掾，屬邑官吏，進退無聲，趨拜風生。仕不登州，談不爲榮。

凡爲州者，儒不毅勇則頓威，攻守所由敗也；勇不儒和則失人，邦國所由困也。故二千石之任，方今爲難。至尊垂憂勤於兆人，延俊乂於高位，以蘇州刺史陳郡殷公，文可以成政，武可以安人，明斷良謀，忠在王室；其理也，寬不容怠，嚴不拒情，清白貫於神明，簡易契於黄老，德必有鄰，歌聲宜繼，由是命公典此邦也。至若建置城府之年月，升降品第之等差，風俗貢賦之宜，男女提封之數，圖牒備矣，老幼傳之。今之所書，略舉勛德也。元年建寅月二十一日，左補闕趙郡李華於江州附述。《文苑英華》第八〇〇卷第四二三三頁。

常州刺史廳壁記

晋分丹陽爲毗陵，後改爲晋陵。隋置常熟縣，創常州理之。無何，常熟隸蘇州，始於晋陵置常州。當楚越之襟束，居三吴之高爽，其地恒穰，故有嘉稱。領五縣，版圖十餘萬，望高地劇，此關外名邦。自狂虜肆亂，江湖流毒，地荒人亡，十里一室。天子詔宰政，審可以安人者，以工部侍郎贊皇公覽允（一作充），帝命，拜爲此邦。昔齊人聞石相將至，舉國大理。贊皇東轅，明詔先下，吏愉人泰，如時之春。視之猶身，歸者遍野。贊皇公以爲易簡本乎悠久，久於其道而化成，封章上請，求理三歲。詔書寵异，進品正議大夫，優賢報功，於時爲盛。自吴通上國，越盟諸夏，秦裂郡國，智如伍員，才若鴟夷，以及我國家賢良，臨州者甚衆，未有浚河渠，引大江，漕有餘之波，溉不足之川。溝延申浦，至於城下，廢二埭之隘，促數州之程。海夷浮舶，弦發望至，出古人創物之智，見君子濟衆之心。大矣哉！一境清净，無爲而理。此舉大略也。漢制：刺史部領郡國，遷爲太守；太守課最，入爲公卿。及魏晋以來，或稱州牧。國朝州刺史、郡太守更相爲名，親賢如寧、岐，弼諧如狄、宋，皆拜焉。在部視侯伯，入朝亞卿尹，其車服皂蓋朱幡、華蟲七旒、進賢兩梁冠、玉佩青綬。古有銅獸竹使符，太守不假節，刺史臨兵則持節。今雖無事，亦稱使持節，戒不虞也。降銅魚詔書合之，代獸符也。夫子門人，高第者衆，唯稱雍也可爲諸侯，至矣哉，古之爲理，本於德行。贊皇公秉心宣猷，盡瘁王室，愷悌君子，民之父母，爲王者輔，宜哉！永泰二年二月庚戌，贊皇公從子檢校吏部員外郎華述。《文苑英華》第八〇〇卷第四二三四頁。

壽州刺史廳壁記

《禹貢》淮海，惟揚州，彭蠡、三江在焉。漢文帝封淮南王長子安爲王，都壽春，即此州也。兩漢揚州刺史治於此州，墠壇猶在。後魏盧潛爲揚州，亦鎮於兹；潛有惠政，時人比之羊祜。厥後州境，或南或北，隨人推遷。國朝一家天下，華夷如一，壽春郡在淮南，隸揚州，其風俗山川，可得而知也。某年，以兼侍御史揚州司馬獨孤問俗爲壽州刺史。公有德政，理外如内，易不遺物，周不害通，忠孝簡於王室，廉平聞於天下，剛克以順，柔謹而肅。公理州三年，遷御史中丞，鎮江夏。工部郎中楚州張緯之代公爲州牧，某部郎中韋延安代張典此州，僉有政聞，故書其事，以慰楚人之心。《文苑英華》第八〇一卷第四二三五頁。

京兆府員外參軍廳壁記

東漢中平以來，王室多難，元臣統戎，括群才而不遺，徵衆慮而從善，故公府置參軍事，雖位高八命，權重三軍，苟好謀而成，亦參於幕下。迄於魏氏，沿漢舊章。洎有晋將殄夫全吴，石苞責禮於孫楚，由是府朝致敬，稍用下寮。逮南北分於帝郊，華夷寢於王澤，而此官之選，益以衆矣。及隋平江嶺，唐有天下，聖人貴因循而重改作，思豫備而戒不虞，故因其名而降之秩，則殷周之損益可知也。至若兩京垂戎於四方，府吏同體於郎署，非夫公卿盛德之允、才望當仁之流，不可膺其任。今王國多士，賢能歲益，職員之外，猶以命之。取類乎律吕起於黄鍾，滄浪發於清漢，人皆以爲美也。趙郡李諲，碣石峰巒，蘂臺楨幹。嬰年聞禮，敬睦傳於家庭；綺歲入官，名節動於寮友。敏以經德，清而達和，自懷濟衆之心，仍有封侯之骨。嘉魚在藻，良馬食苗，知其人，有其位，千雲萌於甲拆，貫革兆於機張。且曰清階，因之故事，則鍾繇、李允、魏舒、王遵，事炳於前代；韋僕射、李大夫、陸少保、杜尚書，功宣於盛朝。叔父侍郎發迹於河南，黄門顧公漸羽於京兆。驥子躡乘黄之皂，鵷鶵入威鳳之巢，榮縻九霄，縱游千里，其可必也。夫其職諧易簡，道在中和，高步同於列仙，彈冠預於朝會。若乃簿書堆案，則轡發轂中；醪醴蒲壺，亦名高方外。動静皆適，剛柔兩持，是以爲從事者，所貴師古之事。車服盤盂，畢聞旌記，用垂後代，飾布德音，况朝之命官，闕而不載？以華聞於舊史，請以直書。故略其所知，疑殆頗闕云爾。《文苑英華》第八〇四卷第四二五〇頁。

河南府參軍廳壁記

文與武，邦之大司，参以彌綸而果於折中，軍以厲禁而闕其暴蔑。彌綸之謂文，厲禁之謂武，由是居一稱而兼二義，參軍有焉。漢車騎將軍張温行司空，專征關右，始徵幽州刺史陶謙參軍事，由是上將之府，以爲常儀。魏驃騎將軍石苞鎮揚州，晋文王命孫楚參苞軍事，賓主降禮，始於孫、石。時方用武，則軍師之謀主；天下乂安，則府公之屬吏。蓋因府郡之長，使持節領諸軍，故雖列曹，悉以參軍爲號。若以漢晋儔於聖代，郡國比於神州，則理亂不侔，而小大相妨矣。參軍自國朝以來，躋盛位者數十人，遠則僕射韋公，師保中朝；今則中丞蔣公，澄清東夏。用賢而衣冠焯敘，踵武而聲度相鄰，選部所以較卿佐之才、舉公侯之胄，是以慎署斯職，而要其德藝。《傳》所謂「仕而優則學，學而優則仕」，處下僚而無咎悔，從吏道而獲安閑，差池鵷鷺之間，宴息風雲之外矣。京兆韋昱，門高器全。其文也，若英敷華；其武也，長劍淬鍔。朗玉調律，鷙禽乘秋，服楚傅之訓誡，傳漢相之經術。每從容府中，或有异政，雖不吾以，必預咨謀，如川决防，如竹迎刃。

夫然，則貴與壽、功與名，非斯人而誰獲？君子之所貴者，名位不失其人，聲聞不忘於後。故搜録官族，第其遷授，俾將來俊茂，有所觀焉。時天寶九載九月十三日記。《文苑英華》第八〇四卷第四二五一頁。

安陽縣令廳壁記

令長之位，詳於《漢官》；土地之宜，列於《禹貢》。談者備矣，而詞人略焉，則此官之職守、此境之風俗可知也。國朝之有天下，淇漳之間，於京師爲近；守宰之寄，於元元最親。故授署此官，延至王庭，曲蒙睿渥，制令褒賜，與内官同法，清貫往往超拜。天寶以來，東北隅節度，位冠諸侯，按數軍鉦鼓，兼本道連帥。以河北貢篚征税，半乎？九州，邊於山戎，歲備勍寇，每置長吏，朝廷特難之。或操尚虧渝，或中塗遷换，或流亡未復，或委罪刑書。繇是使臣，慎簡其人，密表陳請，鍾恩光於异土，萃人物於東州。不然，何公方振羽青雲，胡爲而在此堂也？公以德行文學，爲人倫羡慕，清而道藝，鄰於昔賢。自登封主簿，撫有茲邑，以西門沈巫爲不仁、仲康解綬爲能斷，酌古中道，爲今令圖。下車無何，休聞四塞，他疆之人父母之，居尸祝之，則境内之歡，可以心見。君子哉！至若由身立政，謀近及遠，邑人趨拜，静聞堂上之琴；軍師往來，潛預幕中之畫，所利者大，豈惟安陽？夫然，則繁纓曲縣，衷甸四牡，人所願也，於公宜之。記事者，志盛德而旌善人。今特書公何，尊王命，其春秋之義歟！天寶十載記。《文苑英華》第八〇四卷第四二五二頁。

臨湍縣令廳壁記

鄧爲天下扃闥，兩都南蔽，秦漢以來，多封將相姻戚，故其人益豪。疆内全邑，曰南陽，曰穰，曰臨湍，蓋古新城也。穰州府所理，吏不暇息；南陽領户既寡，奸俠所歸。惟臨湍境清，人間從仕者所樂。開元裂此鄉三千户爲菊潭縣。天寶、至德之間，狂虜南侵，南陽爲戰地，地荒人散，千里無烟。猶以郵置之衝，往復王命，權置官吏，招集疲人，如寒資裘，如餒并食。聖朝臨下有赫，哀撫兆人；誅元凶，清天下。詔方鎮；選良吏。平昌孟威，字承顔，自左驍衛兵曹參軍本道節度使表爲此縣。始至，户不盈百。爲政七月，盡室而歸者千餘家。難矣哉！古之爲政者先諸人；後諸身，先其人則人不勞，後其身則身自逸。承顔勤恤老幼而休息之，損有餘補不足而煦育之，人諭其心，則不勞而理矣。古之求士者觀諸其家，知乃爲政。承顔奉版輿，冒虜塵，北越鞏洛，歸家於漢上，又以清白之禄，爲甘旨之資。臣子之道卓然，則其餘可知也。令長品秩章綬，人皆知之，故不書。今所書，議能也。寶應二年七月甲辰，左補闕李華記。《文苑英華》第八〇四卷第四二五二頁。

李白

李白（七〇一——七六二），字太白，其生地今一般認爲是唐劍南道綿州（巴西郡）昌隆（後避玄宗諱改爲昌明）青蓮鄉（今四川省绵阳市与江油市青莲镇）。祖籍隴西成紀（今甘肅省天水市秦安縣）。其家世、家族皆不詳。據《新唐書》記載，李白爲興聖皇帝（凉武昭王李暠）九世孫。少有逸才，志氣宏放，飄然有超世之心。天寶初，客游會稽，與道士吴筠隱於剡中。既而玄宗詔筠赴京師，筠薦之於朝，遣使召之，與筠俱待詔翰林。後浪迹江湖，終日沉飲。時侍御史崔宗之謫官金陵，與白詩酒唱和。嘗月夜乘舟，自采石達金陵，白衣宫錦袍，於舟中顧瞻笑傲，旁若無人。初賀知章見白，賞之曰：「此天上謫仙人也。」禄山之亂，玄宗幸蜀，在途以永王璘爲江淮兵馬都督、揚州節度大使，白在宣州謁見，遂辟爲從事。永王謀亂，兵敗，白坐長流夜郎。後遇赦得還，竟以飲酒過度，醉死於宣城。有文集二十卷，行於時。

兖州任城縣令廳壁記

風姓之後，國爲任城，蓋秦之古縣也。在《禹貢》則南徐之分，當周成乃東魯之邦，自伯禽至於傾公，三十四代。遭楚蕩滅，因屬楚焉。炎漢之後，更爲郡縣。隋開皇三年，廢高平郡，移任城於舊居。邑雖屢遷，井則不改。魯境七百里，郡有十一縣（《英華》云十三縣），任城當其要衝，東盤瑯琊，西控巨野，北走厥國，南馳互鄉。青帝太昊之遺墟，白衣尚書之舊里也。土俗古遠，風流清高，賢良間生，掩映天下。地博厚，川疏明。漢則名王分茅，魏則天人列土。所以代變豪侈，家傳文章，君子以才雄自高，小人則鄙樸難治。況其城池爽塏，邑屋豐潤。香閣倚日，凌丹霄而欲飛；石橋横波，驚彩虹而不去。其雄麗坱圠，有如此焉。故萬商往來，四海綿歷，實泉貨之橐籥，爲英髦之咽喉。故資大賢，以主東道，製我美錦，不易其人。今鄉二十六，户一萬三千三百七十一（《英華》云一十七）。帝擇明德，以賀季真宰之。公温恭克修，儼碩有立，季野備四時之氣，士元非百里之才。撥煩彌閑，剖劇無滯，鏑百發克破於楊葉，刀一鼓必合於《桑林》。寬猛相濟，韋弦適中。一之歲肅而教之，二之歲惠而安之，三之歲富而樂之。然後青衿向訓，黄髪禮履。耒耜就役，農無游手之夫；杼軸和鳴，機罕嚬蛾之女。物不知化，陶然自春，權豪鋤縱暴之心，黠吏返淳和之性。行者讓於道路，任者并於輕重，扶老攜幼，尊尊親親，千載百年，再復魯道。非神明博遠，孰能契於此乎？白探奇東蒙，竊聽輿論，輒記於壁，垂之將來。俾後賢之操刀，知賀公之絶迹者也。《文苑英華》第八〇四卷第四二五一頁。

杜頠

杜頠（約七四一年前後在世）（一作顔），字、里、生卒年均不詳，約唐玄宗開元末前後在世。工詩。開元十五年（七二七）與王昌齡同登進士第。

兵部尚書壁記

《周官》「大司馬」，即今兵部尚書官屬，掌邦國之政。以九法封國，以九伐正邦，以籍我畿，以倡我牧。宏有萬類，阜成兆民，討謨戎馬之事，密勿鈞衡之地。自我唐受命迄於今，居夏官者衆焉，或列於台階者蓋寡矣。所以任必以親以德，以勛以賢，穆如清風，翼我元化。率惟兹有典，用保乂有邦。二十一年冬十二月，詔工部尚書李公典之。政敷於時，道濟於物，優游學府，蔚爲詞宗。以公族之英，受親賢之寄。屬冢宰虚位，官吏要才，載委天衡，是掌邦理。東巡歲夏四月，皇帝將崇厥德，報厥功，乃命再從兄開府儀同三司持節朔方節度副大使兼禮部尚書上柱國信安郡王禕。禮樂天付，衣冠人秀，忠以匡濟，文以經綸，謀明道高，功格化洽。昭乃王度，簡於帝心，九命可以見其賢，四征可以觀其績。鎮朔方以無方之討，八年而北虜平；攻右堡以不陣之師，一旬而戎狄服。榆關之役，用兵以奇，故杖鉞而兵勝；大河之戰，戒軍以嚴，故坐帷而軍捷。建奉常之禮，則神人協，上下和；從夏卿之政，則萬國平，六卿睦。辨九州之國，知其奸宄，同其貫利；掌六馬之物，駕理以則，講獻以時；握五兵之要，以辨功理，以待軍事。此九職，司馬政之所統也。王勤政以和，是以戎翰允輯。振旅以搜，茇舍以苗，理兵以獮，大閱以狩。此四田，司馬教之所被也。王敦教以就禮，是以祀典孔明。初則以法，示其令也；終則以伐，明其德也。九功惟敘，九敘惟歌，是用陳既往之烈，繫今來之美，以書於壁。《文苑英華》第七九八卷第四二二一頁。

陳章甫

陳章甫，江陵人，曾長期隱居嵩山。開元進士，官至太常博士。因無意仕宦，乃辭歸林泉。

亳州糾曹廳壁記

《漢官儀》：郡主簿秩四百石，綱紀一郡，糾整不法。岳牧無政，蒼生有瘼，則天子責我；污吏侵人，奸聲載路，則使臣責我；吏不述職，曹有留事，則二千石責我；役奪人時，官有虐典，則黎元怨我。由此觀之，録事參軍，待責之府也，所以天官署吏，獨難其人。觸邪外臺，禮隆其秩，由斯賞拔，多至重官。譙亳都上應星火，《禹貢》屬徐州分野。隴西李公，負王佐之才，所以顧盼廳壁，嘆曰：「官猶四序，功成者去，屋壁無記，吾將安仰？」始編舊政，令余敘之。天寶九載七月十日記。《文苑英華》第八〇三卷第四二四七頁。

元結

元結（七一九——七七二），字次山。少不羈，年十七，乃折節向學，事元德秀。舉進士，蘇源明稱與肅宗。代宗時，以親老歸樊上，著書自娱。始號琦玗子，繼稱浪士，亦稱漫郎。既客樊上，更稱聱叟。晚拜道州刺史，免徭役，收流亡。進授容管經略使，身諭蠻豪，綏定諸州，民樂其教，立碑頌德。罷還京師，卒。

道州刺史廳壁記

天下太平，方千里之内，生植齒類，刺史能存亡休戚之。天下兵興，方千里之内，能保黎庶，能攘患難，在刺史耳。凡刺史若無文武才略，若不清廉肅下，若不明惠公直，則一州生類，皆受其害。於戲！自至此州，見井邑丘墟，生人幾盡。試問其故，不覺涕下。前輩刺史，或有貪猥惛弱，不分是非，但以衣服飲食爲事。數年之間，蒼生蒙以私欲，侵奪兼之，公家驅迫，非奸惡强富，殆無存者。問之耆老，前後刺史，能恤養貧弱，專守法令，有徐公履道、李公廙而已。遍問諸公，善或不及徐、李二公，惡有不堪説者。故爲此記，與刺史作戒。自置州以來，諸公改授，遷黜年月，則舊記存焉。《文苑英華》第八〇〇卷第四二三二頁。

獨孤及

獨孤及（七二五——七七七），字至之，河南洛陽人。天寶十三載（七五四），舉高第，補華陰縣尉。唐代宗召爲左拾遺，改太常博士。遷禮部員外郎，歷濠、舒二州刺史，以治課加檢校司封郎中，賜金紫。徙常州刺史，謚號爲憲。有《毗陵集》三十卷。

吏部郎中廳壁記

太微五帝星座後十五星曰郎位，秦漢之君，則而象之，乃建郎官。至魏世祖分尚書曹爲六，郎各六人。今之吏部，魏之選曹也，掌選舉銓核，以正公卿大夫士群吏之品位。凡廢置之柄，官府之序，歲終令天下郡縣會計致事，而郎官起草立議，操而成之，然後尚書受成於郎中。郎中之選，非楚金百煉、巯弓六鈞弗與也。故居官者不由選曹而進，罔以見其才之餘地，亦猶劍刀之刃，未嘗刲大軱、切大玉，則雖曰我且必爲鏌鋣，人猶疑之。由其途而升，必驟周三臺，翰飛兩掖，登喉舌、秉刀尺者什六七，諸曹郎莫敵也。歲在乙巳，河南賀若公用貞幹諒直，實莅厥位。往歲公爲員外郎也，東曹朗然如得水鏡；治餘杭也，吴人熙熙若逢陽春。今也來斯，八法在手，操割成務，彌綸舊章，悉如初政。嘗以前哲軌躅，我之韋弦，而武德以來，廨署鼎新者數，官曹易名者五，若姓不表、年不紀，是廢德也，將來何觀？故謹而列之，俾我曹之春秋存乎座右。其選部司列天官文部之目，各因其所革時之先後，冠於其首，以爲志云。《文苑英華》第七九八卷第四二二二頁。

太常少卿廳壁記

太常掌玉帛鐘鼓等威文物，以報本乎天地神祇人鬼。凡吉凶賓軍嘉之禮，唐虞謂之秩宗，周謂之宗伯，秦謂之奉常，漢謂之太常，其掌一也。後魏太和十五年，始建少卿官。少小也，用别二卿大小之序，亦猶宗伯有小宗伯、列國有上卿下卿、郡有守丞，亦位亞一等，以少參長，而佐其成務焉。故事自御史中丞、給事中、中書舍人遷秩爲亞卿者，必於是司。故官因職雄，地以人貴，餘八卿不敢與太常齒。廣德中，上尤審官，注意禮樂。其選也，以才能不以資，以恩澤不以勞。謂李公卿材也，是用超拜。公將以忠孝敬慎肅恭神人，且懋其官府政令，俾無不恪。方議酌前賢之遺塵而損益之，乃瞻屋壁，所記漫滅。於是夏五月己丑，皆姓而名之，使如珠之貫，盱衡指顧，儼若對面。曰：「賢者吾得而師之，不賢者吾韋而弦之。賢遠乎哉？」既進牘，然後命博士河南獨孤及爲之志。《文苑英華》第七九九卷第四二二六頁。

江州刺史廳壁記

古者國有史氏，君舉必書，倚相、董狐、史鰍、史嚚，即其人也。秦已來國化爲郡，史官廢職，策牘之制浸滅，記事者但用名氏歲月，書於公堂。而《春秋》《檮杌》，存乎屋壁，其來舊矣。是州也，在荆之域，於潯之陽。江從岷山東注渤澥，洪濤至是派分爲九。而廬山溢水，周於雉堞；洞庭、彭蠡，爲之襟帶。故自晋元康訖於梁陳，出入五代四百餘載，世稱雄鎮，且曰天府，匪親匪賢，莫苛其寄。唐有天下，六合一軌，設險斯廢，惟民是恤，則命官擇任，與列郡等矣。至德已來，戎馬生而楚氛惡，猶以是邦咽喉秦吴、跨躡荆徐，而提封萬井，歧路五裂，每使臣計郡縣之財入，調軍府之儲峙，璽節旁午，羽書絡繹，走閩禺而馳於越，必出此路，而防虞供億，功倍他郡，故亦大其任而難其人。今年春，渤海封公繼踐厥位。夫爲政猶工之攻木也，得於手，應於心，則盤曲擁腫，迎刃而解，况美材乎？故公以發硎之利，導勝殘之俗，布政三月，而人從乂。每嘆曰：「茫茫舊壤，千載在目。覯乎版築，則灌嬰之業，朗而存焉；披乎圖牒，則温太真、庾元規之車塵，若可窺焉。義寧已來，百四十有九載，纂斯位者，風聲相聆，軌躅相躡，前賢後賢，纍纍如貫珠。善惡成敗，我之元龜，酌而行之，吾師存焉。」於是徵諸故老，鳩其名氏之存者，凡若干人，揭而書之，以爲《九江郡國志》。《文苑英華》第八〇〇卷第四二三二頁。

楊　炎

楊炎（七二七——七八一），字公南。鳳翔府天興縣（今陝西省鳳翔縣）人。早有文名，入河西節度幕府。唐代宗時歷任禮部郎中、知制誥、中書舍人，與常衮同撰詔敕。因與宰相元載有戚誼，而受其提拔。元載被殺後，遭貶道州司馬。唐德宗李適即位後，受宰相崔佑甫舉薦入朝，官至門下侍郎、左僕射、同中書門下平章事。建中二年（七八一），爲盧杞所陷害，貶爲崖州司馬，旋即遭賜死，年五十五。後復官，追謚「平厲」。有文集十卷，制集十卷。

河西節度使廳壁記

皇帝肇建節制之任，位以上將，主四方之兵。濟河而西，五侯四將，十有六縣。大海磅礴乎終始，山河迴流其左右，旄頭虎力之勁，劍服穹廬之長，煌煌乎長轂千乘，横合萬里，皆主乎是邦。故秦已上爲戎都，漢已下爲巨防，有城府襟帶焉，有良將大勛焉，有五都污雜焉。其風悍，其國險。鮮車龍服，囂然相蕩，非古之戰守，曷以成其業而樹其風者哉？昔在武德之初，上用雄武大才，則我隴西李王肅明乎神化，大冢宰宇文公尉，馬喬公出將我前軍。中興之後，循吏繼作，則館陶侯郭公、爽鳩氏司馬公、相國韋公、蕭公庶績交修，以被升平之化。當今王室多故，雲海沸騰，則僕射哥舒公以縱横之奇，判總軍國，其意者將復用雄武大才乎！君子曰：武德之官，神以略，其化成。中興之政，儉以行，其俗阜。當今之理，動以闔，其人安。宜乎盡天下之才，隨質文之變，以永來裔，大康乎斯。時天寶十二年夏六月記。《文苑英華》第八〇〇卷第四二三〇頁。

於邵

於邵（约七一三——七九三），字相門，其先家於代，爲京兆萬年人。邵天寶末進士登科，書判超絶，授崇文館校書郎。累歷使府，入爲起居郎，再遷比部郎中，尚二十考第於吏部，以當稱。無何，出爲道州刺史，未就道，轉巴州。貞元初，除原王傅，後爲太子賓客，與宰相陸贄不睦。八年（七九二），出爲杭州刺史，以疾請告，坐貶衢州別駕，移江州别駕，卒年八十一。有集四十卷。

漢源縣令廳壁記

周克殷，列爵惟五，實分子男之位。洎秦漢以降，或令或長，雖小有差，其揆一也。皆銅印墨綬，秩六百石。非理道之君，愛人如子，則不能爲官擇人矣。國家坐進此道，至於憂勤，爰增禄秩，以勸能者。皇帝觀兵朔方之歲，始上禄縣更名漢源，將復禹舊績，以從人欲。其山川形勢，土地風俗，近鎬千里，華風不閑，多乎哉！蓋小國以聚大國之義也。且夫南呀蜀門，東豁雍時，西走連磧，北逾大漠，四郊憧憧者，於是乎終。故有獄市之煩，供億之費，上咨郡府，下用臨恤。非貞固不足以幹事，非廉慎不足以率人，清静則可乎不擾，忠恕則可乎求瘼。時謂京兆韋子，當公府之選，推而有之。至於今，人易受賜，邑則稱理，聞之見之，政參乎前。從事雖疲於改易，用舉自多於穎脱，我則無貳，不其難乎？嗟乎！絆驥已久，及瓜將代，顧此屋壁，何其寥寂！前芳無聞，後進奚睹？記者史家之流也，亦所以發揮廳事，啓迪人物。又知韋公授受之始，其或繼之者，從而記之，前後相映，光采洽人。乾元三年孟夏之日記。開元中，有柴希言自滏陽縣尉拜，以清白名聞，遷洛水縣令。天寶中，有郭瞻自永康縣尉拜，甚有能事，秩滿游河朔，遇亂未知所適。至德中，有郭伯陽自某官拜，恂恂如也，遷洋州司馬。其餘日月某通名氏失之，不得次於公之列耳。《文苑英華》第八〇四卷第四二五三頁。

李翰

李翰，生卒年不詳。字子羽，第進士。天寶中，寓居陽翟。爲文精密，用思苦澀，常從陽翟令皇甫曾求音樂，每思涸則奏樂，神逸則著文。禄山之亂，從友人張巡客宋州。巡率州人守城，賊攻圍經年，食盡矢窮方陷。當時薄巡者言其降賊，翰乃序巡守城事迹，撰張巡姚誾等傳兩卷上之，肅宗方明巡之忠義，士友稱之。上元中爲衛縣尉，入朝爲侍御史。大曆中卒。

淮南節度行軍司馬廳壁記

司馬，蓋元武之官號。周官大司馬，掌王之六軍，將皆命卿。諸侯大國三軍，次國二軍，小國一軍，將亦命卿。軍有司馬，見於古矣。周衰，惟晋秉禮尊主，屢因大搜，以正三軍。鄢陵之役，韓厥爲司馬；鷄澤之會，魏絳爲司馬。絳將新軍，張老代之。蓋今之行軍司馬，出於周制矣。秦罷侯，鑠天下之兵，列郡不復有軍，軍司馬由此廢矣。漢制將軍不常置，四夷背誕，則命將征之。趙充國以軍司馬從貳師，班超以軍司馬從竇固，討虜皆其職也。自魏至周，南北分王，建置不同。時方戰争，衆軍恒設凡將軍杖節鎮仍開府者，以將軍開府居刺史者，皆有其官。隨將廢置，隋開皇混一天下，省罷衆軍，司馬之官不專武事廢爲州吏員矣。國家修唐虞大同之化，庭周漢不賓之俗，邊雖有防，示不久設。軍出於内謂之將，鎮於外謂之使，佐其職者謂之行軍司馬。行軍司馬之職，弼戎政，掌武事。居常習搜狩之禮，有役申戰陣之法。凡軍之攻，戰之備，列於器械者，辨其賢良。凡軍之材，食之用，頒於卒乘者，均其賜予。合其軍書契之要，比其軍符籍之伍，賞罰得議，號令得聞，三軍以之，聲氣行之哉。雖主武，蓋文之職也。舊制朱衣銅印墨綬，開元故事多選臺郎爲之。淮南節度行軍司馬尚書户部郎中兼侍御史王公，以經邦緯俗之才，佐淮夷方面之寄，敦詩説禮之學，當節府大賢之舉。政協乎邦要，慮通乎事微，奉中權之旗鼓，戒群帥之鐃鐲。師律既和，軍容丕肅，淮南之府，有功宣王室，身佩侯印，將門良家，藩國貴種，以禮綏之則恭。淮南之衆，有吴楚鋭士，燕韓勁卒，奇材劍客，猿臂虬鬚，以恩撫之則順。淮南之地，提封千里，徵令百役，税以足食，賦以足兵，以寬徵之則安。淮南之衝，南走閩越，北通幽朔，關梁不閉，朝聘相望，以歡交之則固。自韋公統戎旅，王公翼戎行，威加於大，則將不驕；惠及於細，則卒不惰。減役輕斂，則人不困；待賓省旅，則境不危。堂堂然混一體以爲力，雄雄然鼓衆心以爲氣。封疆之外，隱如敵國；封疆之内，不知有軍。古人云：懸勢於上，而下自定；置器於平，而物自安者，蓋用是也。兹所謂銷患於未形，制危於未萌。伐謀之功，大於積甲山齊；攻心之術，强於虎賁百萬。彼善師不陣，未戰先勝，却軍於談笑之際，折衝於樽俎之間，今古一時也。夫舉善人以行其教，大則四海服，小則邦國寧。舜舉皋陶，蠻夷率服，帝王之事也。秦任百里奚，巴戎致貢，諸侯之舉也。國僑爲政，乃子皮之功；晋侯勤王，信魏絳之力。任賢用善，合契同德，盛府有焉。翰獲庇於有禮之俗，遂安於無虞之境，書績示後，豈待命乎？揚州本大都督府，親王居中，長史理人，有府號而無兵甲。至德初，羯胡難作，始以長史爲節度，而有行軍司馬。古者敬其事，則命以始，乃自初置，列敘之於壁云。大曆五祀夏五月丁丑記。《全唐文》第四三〇卷第四三八〇頁。

喬潭

喬潭，字源，梁人。天寶十三載（七五三）進士，官陸渾尉。

饒陽縣令廳壁記

千里之外，設方伯帥其屬，屬有長，今之縣尹焉。故縣之庶富尹以賢杰，不可冗而庸也。自齊桓匡合，制我饒陽，歷戰國以還，遂美其城邑。西邇全趙，東拒河間，燕之南郊，冀之北土，其有吕尚之遺風乎？多奇士，好帶劍侈服；多佳人，善彈弦跕躧。其地虜口，近擊柝之虞；其川滹沱，有泛舟之役。廣輪七十里，編户二萬計。行或擊轂，市或駕肩，日中奇羸，雜弊爲竊。機女狹其幅利，染工多其奸色。業不可廢，訟由是興，非夫寬猛以濟之，則不能用乂宵人，課居异政，固亦明已。我茂宰裴公，河汾鼎族，公卿門子。識經之，文緯之，教才設而耆幼歸心，刑不施而權豪斂迹。惠行爲膏雨，令出爲清風，君子謂裴公於是乎君子，其高蹈近密，翰飛清冥，未可涯也。余味之久矣，豈縣公能事，而屋壁不書，召彼故老，詢於前政，莫知其數，遠者闕如，權輿先天置郡之後，凡名士改轉，列於左偏，庶幾將來，亦克用勸。《文苑英華》第八〇四卷第四二五三頁。

會昌主簿廳壁記

會昌行在也，新邑作焉；主簿糾曹也，我公吏焉。公名摯，字某，由秘書正字而拜。初蒙泉秘涌於山下，陰火潛燃於地中，是開湯池。以御宿獲靈符之三載，有詔留之，冠新豐渭南而爲畿縣。以明年，復詔廣之，齒萬年長安而爲京邑。非良才無以紓劇，非美誠無以鈞賢。邑改其名，官遷其秩，宜矣。北陸寒苦，東郊豫游，萬乘入郛，百司在宇。温泉之宫齊乎下，集靈之臺禱乎上。物或過求，難於抱影；事或倚辦，急於奔星。雖務分官聯，而我實綱紀，編王侯於尺籍，惣豪猾於伍符。皆此之自闕，（疑）以簡書追胥，以薄書詰盗，皆此之自決，縣大夫無能專達，野司寇不獲僅成，咸在公之鈐鍵矣。不言而政每游刃，不速而人常應弦，申之以豐盈甚都，加之以藻麗尤絶。非鄭桓公之邁德，不存孝孫；非少宗伯之允文，不有令德。籲懷兹邑，必復康侯，進吾往也，夫仰東井倉期天帝。山木冬繁，其浴日之温流乎；水雲晝積，其濯龍之靈液乎。矧乃才之甚，器之甚，游泳恩波，膏沐聖澤，將濯軒拖紅，顧盼千里，豈俟辭蒲而階漸，我君子謂是言也。潭忝以詞賦見知春官，欽惟教忠，即簿領之能事，敢序施政，有門人之直詞。乙酉歲抄，志於南軒之東壁，誰謂來者不承乎權輿？《文苑英華》第八〇五卷第四二五八頁。

馬總

馬總（？——八二三），字會元。扶風（今屬陝西）人。唐朝中期大臣、學者，歷任方鎮，終於户部尚書，卒贈右僕射，謚曰「懿」。著有《意林》。

鄆州刺史廳壁記

唐受天修命，用古道理，仁覆德載，與二侔大，宏煦丕冒，與三并曜。繼明嗣睿，萬葉其始於十一聖；聖謨熙載，千祀其初於十四歲。歲二月丁巳，平巨寇，復齊魯地，三月己丑，乃命臣總，授節分閫，撫安餘衆，且理於鄆，而觀察曹濮。故荷皇澤，來濯污俗，人既沐浴，咸以潔清，物無夭傷，各遂性命。不化化，不楙楙，感聖德也，豈待守臣施諸政術，而革訛止謬乎？於以見周公太公之遺風，仲尼之禮教，有所不泯者焉。何以言之？先是元凶事猶未順，唯此邦衆，尚或率從，及顯逆謀，多不爲用，其所寵任，皆亡命之徒與皂隸耳。故義聲一呼，厥衆咸應，乃知斯人可與爲不唯備，不可與爲逆，此其明驗與！夫州郡廳事之有壁記，雖非古制，而行之已久，其所記者，搜籍索圖，遷授，書名氏，將以彰善識惡，而勸戒存焉。其土風物宜，前政往績，不俟咨者訪耋，一升斯堂，皆可辨喻，原兹邦域，其來遠矣，曰太昊之墟，曰魯之須句，曰漢之東平，曰今之鄆州，其地一也，武德中爲總管府，亦爲都督府，而蔣曹戴濮兖五州隸焉。貞觀初廢府復爲州，八年始自鄆城移於是，就高爽也。自逆帥攘據，罔率訓典，改易升降，名稱溷淆，蓋無取焉。今以平寇之初，魏博田公，奉詔權兼勾當，則位同正牧，宜書爲首，亦春秋始魯隱公，賢之也。其國初以來刺史名氏及遷改之次，既遭蔑弃，難以究詳，訪諸史官，异日備於東壁。時聖曆元和，紀號己亥，直歲十二月己卯，檢校禮部尚書兼鄆州刺史御史大夫馬總記。《文苑英華》第四八一卷第四九一七頁。

權德輿

權德輿（七五九—八一八），字載之，天水略陽（今甘肅省秦安縣東北）人，後徙潤州丹徒（今江蘇鎮江）。少有才氣，未冠時即以文章稱，杜佑、裴胄交辟之。唐德宗聞其才，召為太常博士，改左補闕，兼制誥，進中書舍人，歷禮部侍郎，三次知貢舉。唐憲宗時，累遷禮部尚書、同平章事。後坐事罷相，歷任東都留守。複拜太常卿，徙刑部尚書，出爲山南西道節度使。元和十三年（八一八）去世，年六十。追贈左僕射，謚號「文」。《新唐書·藝文志》著録其《童蒙集》十卷，又有文集五十卷、《制集》五十卷、《元和格敕》三十卷。

昭文館大學士壁記

聖人南面以理天下，在崇起教化，緝熙於光明。太宗文皇帝敷文德，建皇極，始於弘文殿側創弘文館藏書以實之。思與大雅閎達之倫，切劘理道，金玉王度。盛選重名虞世南褚亮而下，爲之學士，更直密侍於其中，其論思應對，或至夜艾。誕章遠猷，講議啓迪，武德貞觀之澤，洽於元元，厥有助焉。其後徙於門下省，景龍初始置大學士，名命益重，多以宰司處之。所以登閎古先，腴潤大政，則漢廷之金馬石渠，蘭臺延閣，方斯陋矣。按六典，常令給事中一人判館事，每二府爰立，則統於黄樞，而或置或否，不爲恒制。後二十年間，斯職闕焉。前年秋八月，今河中司空公居之。今年夏五月，相國蕭公居之。公粹清莊重，山立泉塞，苞孔門之四教，藴洪範之三德，静若彝器，扣如黄鐘，由小司徒升左輔乃莅斯職。於是戒官師，稽憲令，貴游青衿，辨志樂群，皆循其方而遜其業。且以左户之羨財百萬附益而修飾之。公署書府，静深華敞，清禁之内，輔臣攸居，宜乎舒六藝而調四氣於此室也。初公之王父考功府君，在中宗朝爲直學士，懿文含章，休有厥聲。至公則聿修之宏大，貽厥之昌阜，盡在是矣。至若命館之名，再爲修文，終爲昭文，改復歲月，傳諸故志，前賢名氏，宜列屋壁。公以德輿交代於中臺之任，踊躍於大冶之中，惠然授簡，使得論次。自景龍二年李趙公嶠始受命爲大學士，至公凡若干人，楬而書之，所以備文館之故實，廣台臣之年表，抑公之命也，不敢辭焉。元和二年秋九月記。《文苑英華》第七九七卷第四二一八頁。

吏部員外郎南曹廳壁記

漢廷尚書郎辨章制度，主文章起草之任，東漢方冠以曹名，用諸曹功次超卓者，轉遷選部。

魏晋已還，其任浸劇，國家紀律昭明，官修其方，凡薦紳之倫未命爲大夫者，滿歲皆調於轂下，啓事賦録，必先有司。初上元中，天官趙郡李敬元號爲稱職，以覆視官簿，差次裁成，端本肇末，不得不重，乃請外郎一人顓南曹之任。其後或詔同曹郎分主之，或詔他曹郎權居之，皆難其才而慎斯舉也。大抵膺是命者，多士必屬耳目焉，以其公私能否之聞，不可遏也。以事之委會，吏之奇衺，因緣詭故，中若市道。居之者通則闊略，守或深刻，苟成績於是，則翰飛不暇。登二掖，贊六職，得之夷易，疾若傳置。太原王仲舒字宏中，温毅廉直，清方敦實，風概資才，邁乎群倫。貞元十年冬，繇諸侯部從事賢良對策，歷左右諫列儀曹考功郎，十八年實受斯命，類能故也。於是用心堅明忠恕，循理官業，程品具舉，尢違自絶。然後以狀之成，質於冢宰小宰，罷遣者不讟，受禄者不誣，恢恢然投其虚而芒刃不頓，君子以弘中之道爲折中矣。昔《春秋》書士毅曰：「堪其事也。」《魯語》曰：「署所以朝夕虔君命也。」今因官署而舉事任，春秋丘明之志也。至若龍朔咸亨，改復之説，此皆不書。《文苑英華》第七九八卷第四二二二頁。

司門員外郎壁記

《周官》司門爲司徒之屬，今爲司寇之屬。員外郎於周爲上士，後數更其名，至隋爲承務郎，武德初方定爲今制，秩從六品上。大凡自漢魏以還，典曹理事，雖時有污崇，官有輕重，或百職耗廢，雜而多端，而郎位皦然，未嘗有鹵莽進越非其任者。蓋宗公貴仕，多由此塗出，所以儲明才，練官業，必於是焉。方今車書尉候，通道旁午而斯任尤劇。彭城仲子陵，修詞而筮仕，説經有師道，自博士祠部郎稍遷於兹。且以南轅銓藻之勤，久次而後至，循（一作修）性自牧，暗然君子之道也。况大雅之匪懈，孔門之政事，古誼家法，久於講貫，遵修砥礪，其可量耶？至若門闑出入之籍，設險閑邪之義，譏而不征，守而不紊，列在令典，端如貫珠，故可略於此。仲侯以故志屋壁之隙壞磨滅，使鄙夫書而補之。貞元辛巳歲夏六月記。《文苑英華》第七九八卷第四二二三頁。

秘書郎廳壁記

按《六典》，秘書郎四人，從六品上，分掌四部書，以甲乙丙丁爲之目。昔漢武帝聚天下文籍於廣内，謂之中秘書。魏晋之際，秘書與中書，或分或合，故云職近日月，宜居三臺之上。丞郎之位，與南宫相亞，歷代辨論，與時輕重。國初思漢廷延閣之制，薄江左貴游之選，始以岑江陵、虞永興、褚河南迭爲之，厥後彬彬多文學之士。然則先王之法制，官師之訓典，九流百氏，如貫珠然。學與仕皆優，而旋相爲用者，其在兹乎！今年春，滎陽鄭君具瞻，自涇陽尉承詔授任，鄭君質重而有敏行，坦夷而含明識，且今中書相君之令弟也。方以結綬滿歲，調於選部，言吏資者，積三遷而後至。今超居之，有以見擇賢審官，與恰恰綽綽之道，爲盡美矣。在晉鄭默領中外三閣，始删煩文，而朱紫不雜。開元初，君之王考潁川府君叔祖刑部府君，皆繇禮官博士繼登其任，諸父諸兄，或解巾以司讎校，或功次而奉朝請，含章筮仕，多在於斯，猶桓公武公之代爲卿士，蓋善於其職而宜之之義也。謂鄙人嘗學舊史，能知書府官業之所繇，是俾編次郎位，彰施屋壁，時貞元庚辰秋七月記。《文苑英華》第七九九卷第四二二七頁。

京兆少尹西廳壁記

漢制：三輔丞秩六百石，至東漢秩千石，魏晋爲京兆郡，則曰治中，至隋則曰司馬，又曰贊治。國家沿前代之故，再更其名，至開元初，命爲少尹，其員二，其品四。綱紀衆務，而分貳之，上助官師表則之重，而佐其慈惠，下董掾史屬城之理，而推其功善。大積而不撓，中行而有倫，和協輯睦，宣明教令，非文行政事之全者，不得居之。貞元十六年春二月，詔弘農楊於陵字達夫自吏部郎中莅其職。先是達夫之佐元侯也，四入御史府，登天臺也，五爲劇曹郎。懿文菁華，履行直温，折中憲令，克勤細大，是宜典司名命，列侍左右，而猶以吏理揚歷於浩穰之府，抑天之愛人，俾覆露於轂下耶？或姑閲其能，而將大授之耶？初西廳少尹視事之堂。大曆中，其長黎氏，以勝勢之近，取爲亭沼，故移創於是。自後厥官罕備，居之者不推本所代，而斯宇浸廢。及達夫之拜未浹旬，其僚繼之，於是達夫徵缺員以循舊常，弘必葺以辦攸處，用宿其業而修其方。凡所顓督，武備厩置，刑書糾禁，工徒啓塞，三右曹之事，大凡天子縣内之理，無不贊也，無不抗也。稱職者或退其品而選於近侍，或進其材而擢爲大吏，佐六官，分十聯，皆其遷次然也。以舊記湮落，慮失其傳，今斷自太極元年而下，列其名氏歲月，俾風采相屬，且爲故志云。《文苑英華》第七九九卷第四二八八頁。

黔州觀察使新廳記

古者諸侯路寢，成則考之。今刺史頒詔條，而都府兼支郡，辯章命令，必有攸處，署者位之表也，一方之所屬目焉。黔中爲楚西南徼道，在漢爲武陵，莊蹻循江以略地，唐蒙浮船以制越，五溪襟束，爲一都會。長人者急之則愁擾以走險，緩之則横猾而犯禁，故分命者得持節按部而輯綏之，視他邦授律之不若也。元和二年夏六月，制詔商州刺史隴西李君，以中執法剖符兹土，凡四使十五郡五十餘城，裔夷岩險，以州部修貢職者，又數倍焉。察廉經理，招徠教化，以柔遠人，以布王澤。先是兵火焚如之後，公堂庳陋，饗士接賓，禮容不稱。君乃規崇構，開華軒，西厢東序，靚深宏敞，廣厦翼張，長梁翬飛，修廊股引，麗譙對起。自堂徂庭，陟降攸寧，耀昒爽乎光明，宣慈和以洽平，君子謂福黔人於此堂也信矣。李君敏肅而才，代爲宗室吏師，先尚書嘗繇大農賦政於此，凡七易守臣，而君嗣其職，老壯感泣，猶鄭人宜桓武之世焉。君之長壽安也，則泉曰噴玉；在湖也，則亭曰白蘋；在商也，則館曰丹水。皆得勝概，流爲咏歌。及兹則興事任力，休嘉宏大，此物此志，惠於斯人，其他可知也，其陟明可前知也。書事以志美，其古史記之遺乎？三年冬十月，兵部侍郎權德輿記。《文苑英華》第八〇〇卷第四二三一頁。

開州刺史新宅記

《記》曰：「目巧之室，則有奥阼。」况吏者人之師，宅者章之次，君子之所寧體，諸侯之所賦事，宜以車服視其等威。漢中支郡曰盛山，所理厄狹。乾元上元之間，歲比凶灾，萑蒲相聚，戕害燒夷，州壤蕭然。後之長人者，始葺蓬茨，僅蔽風雨而已。貞元八年夏四月，北海唐侯文編承詔爲郡。既至，則敷宣化條，簡易廉平，居者胥悦，流者自復，期月有成，三年大穰，獄有茂草，野無弃地。既均而安，既阜而蕃，官修其方，物有其容。乃喟然顧其屋曰：「是之不修，政將安寄？」度農功之隙，因悦使之衆，合於古常，得其時制。殖殖廣庭，渠渠中堂。堂下布武，席間函丈。工徒不勞，里旅不煩，攸介攸止，爲仁爲義。君子多之，邦人宜之，其潔而中禮，儉以成德。與夫臧文之山藻，趙武之輪奐异矣。先是地無井泉，人汲江流，挈瓶懸綆，力憊用寡。乃并北山之下，習坎疏蒙，股而引之於闤闠之東，順其性而流不竭，通其變而人不倦。蔭以新亭，漻然而清，州閭幼艾，得以齊飲食而蠲疵癘矣。便安之政，觸類而長，始於郡齋，洽於封内。初文編以文行馨香，爲左史儀曹郎，記事而爲《春秋》，含章而陳奏議。及是則推誠以愛人，條啚而休嘉，連帥丞相，以爲表率裕於才者，其無方乎！蓋陟明翰飛，將激而遠之於是邦也。古之成室，主人落之，賓亦發焉。德輿與文編游久，聆其功善，寓此直書，用代發禮，且以釃泉之智，因而廣之。時十三年冬十月，文編居部之六歲也。《文苑英華》第八〇七卷第四二六七頁。

戴叔倫

戴叔倫（約七三二——約七八九），字幼公，潤州金壇人。師事蕭穎士。劉晏管鹽鐵，表主運湖南。嗣曹王皋領湖南、江西，表在幕府。皋討李希烈，留叔倫領府事，試守撫州刺史。民歲爭溉灌，爲作均水法，俗便利之。耕餉歲廣，獄無繫囚。俄即真。期年，詔書褒美，封譙縣男，加金紫服。齊映、劉滋執政，叔倫遷容管經略使，綏徠夷落，威名流聞。其治清明仁恕，多方略，故所至稱最。德宗嘗賦中和節詩，遣使者寵賜。代還，卒於道，年五十八。

江西節度觀察判官壁記

開元二十年，四方都會之州各置采訪使，以總覆囚按察之任。使臣有土，自此始也。乾元二年，天下聚兵。罷采訪而加防禦，尋代之以專徵。而討逆伐叛，則以節度主之。其間復置觀察，而悉與三使并。《雲麓漫鈔》卷八。《全唐文再補》第三卷第二一二一頁。

撫州刺史廳壁記

漢置十三郡刺史，以察舉天下非法。通籍殿中，乘傳奏事。居靡定處，權不牧人。《雲麓漫鈔》卷八。《全唐文再補》第三卷第二一二一頁。

梁肅

梁肅（七五三——七九三），字敬之，一字寬中，隋刑部尚書毗五世孫，世居陸渾。建中初，中文辭清麗科，擢太子校書郎。蕭復薦其材，授右拾遺，修史，以母羸老不赴。杜佑辟淮南掌書記，召爲監察御史，轉右補闕、翰林學士、皇太子諸王侍讀。卒，年四十一，贈禮部郎中。

河南府倉曹參軍廳壁記

倉曹掾禄秩位次，載於甲令。在漢魏間，與參軍事其職各异，五府州及郡皆有其官。北齊天保中，又授參軍以繫官曹之號，蓋取夫以文吏而參武事。隋由之，國家亦因之。河南府領二十六縣，爲主東郡，環地千里。邦畿之内，征賦之入，凡蓄聚之物，皆於其司。一郡之移用，郡吏之稍食又出焉。故其務殷，其事積，常爲他曹劇。居之者不勤則廢，不廉則敗，不明則耗斁干没之患生。其職或擢登南宫及御史府，故有司常綜其名實，考其功績，然後授之。伊陽張君、閿鄉李君，今并爲其官。李以貞固稱，張用文敏著。予謂命官之職事，與二掾之才美，不可以不紀。遂直筆書之，其兩曹位次，與前政名氏，端如貫珠，列於記之左右。《文苑英華》第八〇四卷第四二五〇頁。

吳縣令廳壁記

在春秋時，列國各有屬邑。其主者，魯謂之宰，楚謂之尹，晉謂之大夫。秦時天下始置令長，宅一同之内，操賞罰之柄。有民人焉，有社稷焉，風俗成敗本乎身，黎元安否繫乎政，其體大矣。自京口南被於浙河，望縣十數，而吳爲大。國家當上元之際，中夏多難，衣冠南避，寓於兹土，參編户之一。由是人俗舛雜，號爲難治。加以州將有握兵按部之重，邑居當水陸交馳之會，承上撫下之勤，征賦郵傳之繁，百倍他縣，夥乎其中，不可勝紀。大曆十一年，天官精選可以長民者，於是范陽盧公由太原府祁縣令爲之。公外寬内明，敬事而信，政本於仁，飾身以文。下車三年，闔境之人，安土樂義，而不知安樂之所從來，蓋平之以和也。士君子立身，論道之通塞，不論位之升降。吳縣下畿服一等，公俯而爲之。抑選部爲官擇人，而公履道從政，所由然也。予知公者，敢録其實，書於東序，以播其令聞。時十四年二月甲子，翰林學士梁肅記。《文苑英華》第八〇四卷第四二五四頁。

鄭縣尉廳壁記

自華而東，東距洛師，抗雄都，臨大道，其縣有七，若壤接天府，號因舊國。鄭爲之首，又斜璘其六焉。天官每銓士補吏，常屬意於此。三科之選，其人尤精，比畿服之偏者，難易相隔，不啻數等，其地望可知也。元年春，光正之後，賢侯才子，曰蘭陵蕭倕，以貞敏恪慎，再命爲尉，掌倉曹出納，與工德修飾之事。事舉職修，而令名隨之。暇日謂予曰：「是邑之作非舊也，初在於州東北隅。廣德中，以賊臣周智光以河潼叛，放暴兵爇官寺，且脅誘將吏，生立巳祠，而棟宇斯崇。及王師致誅，牧民者從便宜而重改作，乃刷滅凶慝之遺塵，徙而治焉，是廳蓋祠之餘也。嘻！曩者憑而爲妖，今乃即而爲政。合於大順，用鑒將來，是宜書之，以告昧者。予於是著之屋壁，且以紀夫人之美。若風俗疆土，與置邑之年代分於尉，今監察御史黎逢嘗編爲《鄭志》，藏在州府中，可覆視也，故不書。時御史中丞董公爲邦之三載，秋九月，安定梁肅記。《文苑英華》第八〇六卷第四二六〇頁。

顧況

顧況（约七二七——约八一五），字逋翁，蘇州人。能爲歌詩，性詼諧。柳渾輔政，以校書郎徵。復遇李泌繼入，自謂己知秉樞要，當得達官，久之方遷著作郎，況心不樂，求歸於吴。而班列群官，咸有侮玩之目，皆惡嫉之。及泌卒，不哭，而有調笑之言，爲憲司所劾，貶饒州司户。有文集二十卷。

宋州刺史廳壁記

商丘之地，辰火之宿，孟諸之湄，閼伯所遷，微子所封之國也。厥貢絺紵，厥篚纖纊；有蒙盧二門，有睢涣二水。炊骨易子，隕星退鶂；仲尼之伐樹，子罕之弃甲，皆此地焉。梁孝王時，四方游士鄒生、枚叟、相如之徒，朝夕晏處，更唱迭和。天寒水凍，酒作詩滴，是有文雅之臺。清泠之地，雁鶩之所栖集，園苑三百餘里，制度法於長安。漢末始置爲睢陽郡，皇家大臣房梁公嘗牧此州。今相國彭城劉公勛德有光，亦典此郡。前破李靈曜，後破李希烈，爲梁開路。而東方諸侯，井賦鹽泉，所入歲約三千萬緡，商在其外。明年，西朝天子，天子嘉之。俾平水土，乃拜司空；俾敷五教，乃拜司徒。入參大政，出曜威武。范陽君以智略佐之，由御史中丞行軍司馬節度留後而領於是邦，幕府得人，於斯爲盛。下車之日，無土不殖，桑麥翳野，舟艫織川，城高以堅，士選以飽。《詩》所謂「誰謂宋遠」，「誰謂河廣」者矣。自貞觀以來，列名氏者，以房梁公爲首，存乎東壁。大曆之後，繼聲躅者，宜司徒公爲首，遂刊於座右。貞元五年四月十九日記。《文苑英華》第八〇一卷第四二三六頁。

湖州刺史廳壁記

江表大郡，吴興爲一。夏屬揚州，秦屬會稽，漢屬吴郡，吴爲吴興郡。其野星紀，其藪具區，其貢橘柚、纖縞、茶紵，其英靈所誕，山澤所通，舟車所會，物土所産，雄於楚越，雖臨淄之富不若也。其冠簪之盛，漢晋以來，敵天下三分之一。其刺史沿革不同，或稱太守，或稱内史，或稱都督。他州或否，如魯史晋乘，侯牧一也。其鴻名大德，在晋則顧府君秘、秘子衆、陸玩、陸納、謝安、謝萬、王羲之、坦之、獻之，在宋則謝莊、張永、褚彦回，在齊則王僧虔，在梁則柳惲、張謖，在陳則吴明徹，在隋則李德林，國朝則周擇從令聞也，顔魯公忠烈也，袁給事高讜正也，劉員外全白文翰也。洎於頔大夫作塘貯水，溉田三千頃。

今使君詞，唐景皇帝七代之孫，先公尚書先公大夫奕葉之勛，有功於民，公實嗣之。孔悝銘鼎，天下重器。天王褒拔於公陟襄陽節度，李公陟當道觀察，統諸道鹽鐵轉運。二牧既陟，唯公盤桓。鴻鵠不飛，飛即摩漢。其逋者復，其危者安，其憂者泰，所謂善緝。於是拓郛耰萊，就便除害。政之餘力，作消暑樓於南端，復亭署於白蘋洲。聿興廢土，光明敞豁，涌出溪谷。其舊記吏部李侍郎紓撰。其圖經竟陵陸鴻漸撰，使君命況總兩家之説，俶落晋宋，訖於我唐，凡一百九十七人，及歷代良二千石，儀形略也。鋪張屋壁，設作存勸，竦神告人，《春秋》不朽之義也。貞元十有五年十二月哉生魄，華陽山人顧況述。《文苑英華》第八〇一卷第四二三七頁。

宛陵公署記

博陵崔公端，憲臺出九江，涉吴换號，三牧作乂，仁聲上騰，上褒之以宣歙等，州團練觀察采石軍使。内栖茂行，外傳純德。德鋪生人，生人受賜。所部無事，緝乎井屋，高棟大廡，樓傳高亭，署以崇牙，虔君命也。略五千架，圬墁赭堊，燭乎一川，竹釘木屑，皆適所用，前鎮未之有也。其辟一士，未嘗不當其任；其裁一簡，未嘗不以憂人爲心。兵馬使南陽張伯陽，承公指揮，應接不暇，廣而不費，華而中儉，堡有嚴柝，封有巨防。巢洞之寇，化爲平民。銅官戰馬牛渚姑熟之隘，籠波絡谷，莫不帖焉。夫宣户五十萬，一户二丁，不待募於旁郡，而宣男之半，已五十萬矣。跖勁弩，耀雄戟，吞敵如脯，戎心不啓。其或有啓戎心，備鋭而襲之，淮海之援，過賓之寵，亦所以補凡例也。庚辰年正月下旬日，前秘書著作郎顧況記。《文苑英華》第八〇七卷第四二六七頁。

李觀

李觀（七六六——七九四），字元賓，先爲隴西人，後家江東。生於唐代宗大曆元年，卒於德宗貞元十年，年二十九歲。年二十四，舉進士後三年，爲貞元八年（七九二）與韓愈同登第。明年，試博學宏辭，觀中其科，而愈不在選。官太子校書郎。又一年，病卒。唐末陸希聲輯其文爲《李觀文集》（後人或題《李元賓文集》）三卷，宋初趙昂另輯《後集》二卷，今皆存。

浙西觀察判官廳壁記

觀聞國朝置觀察判官故事於今之老成人，則曰邇乎哉，乃本而言之。厥自兵興，上憂天下列郡無綱紀文章，是用命忠臣登車爲觀察使，而鎮撫其民人，今來亦三紀於兹。古者所謂出連城守，今則大者或十數城，或七八城，小者或四五城。觀其所以，察其所由，使亂不得長，使理不得渝，猶川之有防，猶户之有樞，其繫厚矣，其臨高矣。其下賓佐，實有常任。其大者曰觀察判官一人，謀以濟美，佐以成能，必求賢者，禮而居之；無則闕如，不苟其人。

允矣乎浙右之疆，包流山川，控帶六州，天下之盛府也，國之盈虚，於是乎在。太原王公廉察之七年，署監察御史李公士舉爲觀察判官。公從事浙右，十有餘年，能事備乎游章，光烈灼乎簡書。始從韓公，多辨疑獄，多釋冤囚，疑似得昭，糾紛得寧，四方翕然，籍甚於公。後從王公，盛德日新，六州人殷，奸宄易容，民不淳良，吏不廉清，無日無之。公乘軺車，日往月還，剖斷善惡，明白可觀，六州之士，爲頌作歌，天下名賢，罕不咨嗟。

九年冬，蘇州刺史有丁憂去官，連城命公來撫吴，德化憸人，如春之和，吴人樂康。嗟乎！夫有其任，無其事，十有八九，豈虚耳哉？非其任，有其事，如公之作者，百無一二焉。議者以爲視公之爲佐，可謂忠於佐矣；視公之斷獄，可謂敏於獄矣；視公之理人，可謂達於理矣。諒哉！有以頌連城之表賢，有以見吴人之多幸，有以見李公之攸宜矣。從侄觀拜命而書，愧爲公羞。九年十一月十四日記。《文苑英華》第八〇三卷第四二四四頁。

常州軍事判官廳壁記

常州列郡也，天下有緊，我居其一焉；軍事亟務也，天下有三，我備其屬焉。於是求厥人，任厥事，觀厥能，不亦難乎？則汝南袁德師，今在選焉，夫三軍稱帥，萬夫之望，誠不若也，其於輯睦，亦何貳焉？夫大臣開幕，多士委質，誠不若也，其於裨補，亦何貳焉？袁生恢恢然，晢晢然，寬而有紀，明而無鄰，行飾以貞，言飾以温。始韋公以給事匪躬之故，出厘是邦，生方尉於義興，褒然見嘉，乃殊常寮。軍事之機，議之堂上，軍事之宜，開之府中，誠舊制也。韋公答其人以禮，盛其居以華，揚其智以文，美焉哉！韋公遇生以善，生報韋公以誠。

某嘗聞生南陽公之孫也。夫維嵩之於天下，非常之山也；黄河之於地中，非常之川也；南陽之於時，非常之人也。嵩以喬天蓋之，河以流地載之，南陽大忠，以子孫嗣之。六年冬，皇帝郊昊天，理百神，修廢繼絶，求舊惟新，生以尋南陽之孫，一命兹官。九年冬，復命襲爵南陽公。某以爲古人曰：「賞延於世。」又曰：「善人雖十世，猶將宥之。」其是之謂也。

是年十一月，某赴京師，自蘇州至常州，會袁生。引廳前軒，如翬斯飛；植竹新欄，如鳳斯食。乃白府公留爲記，韋公歡然不見逆。且自天下稱兵，三四十年間，擁旄曰使持節，曰州使，曰節度，曰團練，有副使判官。大曆中，宰臣常公以爲費，不能去其大，而去其細，乃罷團練，今之軍判官猶是也。命某記書其事，實始於今。請以生之官氏冠乎將來，非以媚生也，願以光乎非常之人後也。記之年月，在乎記中。《文苑英華》第八〇三卷第四二四五頁。

韓愈

韓愈（七六八——八二四），字退之，河南河陽（今河南省孟州市）人。自稱「郡望昌黎」，世稱「韓昌黎」「昌黎先生」。唐代杰出的文學家、思想家、哲學家、政治家。貞元八年（七九二），韓愈登進士第，兩任節度推官，累官監察御史。後因論事而被貶陽山，歷都官員外郎、史館修撰、中書舍人等職。元和十二年（八一七），出任宰相裴度的行軍司馬，參與討平「淮西之亂」。其後又因諫迎佛骨一事被貶至潮州。晚年官至吏部侍郎，人稱「韓吏部」。長慶四年（八二四），韓愈病逝，年五十七，追贈禮部尚書，謚號「文」，故稱「韓文公」。元豐元年（一〇七八），追封昌黎伯，并從祀孔廟。

韓愈是唐代古文運動的宣導者，被後人尊爲「唐宋八大家」之首，與柳宗元并稱「韓柳」，有「文章巨公」和「百代文宗」之名。後人將其與柳宗元、歐陽修和蘇軾合稱「千古文章四大家」。他提出的「文道合一」「氣盛言宜」「務去陳言」「文從字順」等散文的寫作理論，對後人很有指導意義。

徐泗豪三州節度掌書記廳石記

書記之任亦難矣！元戎整齊三軍之士，統理所部之氓，以鎮守邦國，贊天子施教化，而又外與賓客四鄰交，其朝覲、聘問、慰薦、祭祀、祈祝之文，與所部之政，三軍之號令升黜，凡文辭之事，皆出書記。非閎辨通敏兼人之才，莫宜居之。然皆元戎自辟，然後命於天子。苟其帥之不文，則其所辟或不當，亦其理宜也。南陽公自御史大夫豪壽廬三州觀察使授節移鎮徐州，歷十一年，而掌書記者凡三人：其一人曰高陽許孟容，入仕於王朝，今爲尚書禮部郎中；其一人曰京兆杜兼，今爲尚書禮部員外郎觀察判官；其一人隴西李博，自前鄉貢進士授秘書省校書郎，方爲之。南陽公文章稱天下，其所辟，實所謂閎辨通敏兼人之才者也。後之人苟未知南陽公之文章，吾請觀於三君子；苟未知三君子之文章，吾請觀於南陽公可知矣：蔚乎其相章，炳乎其相輝，志同而氣合，魚川泳而鳥雲飛也。愈樂是賓主之相得也，故請刻石以記之，而陷置於壁間，俾來者得以覽觀焉。《文苑英華》第八〇三卷第四二四五頁。

藍田縣丞廳壁記

丞之職，所以貳令，於一邑無所不當問。其下主簿、尉，主簿、尉乃有分職。丞位高而逼，例以嫌不可否事。文書行，吏抱成案詣丞，卷其前，鉗以左手，右手摘紙尾，雁鶩行以進，平立睨丞曰：「當署」。丞涉筆占位署惟謹，目吏，問可不可，吏曰「得」，則退，不敢略省，漫不知何事。官雖尊，力勢反出主簿、尉下。諺數慢，必曰「丞」，至以相訾謷。丞之設，豈端使然哉！

博陵崔斯立種學績文，以蓄其有，泓涵演迤，日大以肆。貞元初，挾其能，戰藝於京師，再進再屈（闕一字）人。元和初，以前大理評事言得失黜官，再轉而爲丞茲邑。始至，喟曰：「官無卑，顧材不足塞職。」既噤不得施用，又喟曰：「丞哉，丞哉！余不負丞，而丞負余。」則盡蘖去牙角，一躡故迹，破崖岸而爲之。丞廳故有記，壞漏污不可讀，斯立易桷與瓦，墁治壁，悉書前任人名氏。庭有老槐四行，南墻巨竹千梃，儼立若相持，水灦灦循除鳴，斯立痛埽溉，對樹二松，日哦其間。有問者，輒對曰：「余方有公事，子姑去。」考功郎中知制誥韓愈記。《文苑英華》第八〇五卷第四二五七頁。

李道古

李道古（约七六八——八二〇），唐朝宗室，隴西成紀人。其先祖爲唐太宗第十四子曹王李明。嗣曹王李皋之子。曾任鄂岳觀察使，在任期間以「贪暴」闻名。道古長於交接，游公卿間，故少有美名。著有《文輿》三十卷。

睦州大廳記

任地列封，有國之恒制；張官考績，王者之六轡。故監部分刺，世官爲重，秦漢之來也。隋新定郡，武德四年改爲睦州。嘗析桐盧爲嚴州，复爲東睦州，尋并爲屬邑。領縣六：建德、桐盧、清溪、分水，遂安、壽昌。幅員一千二百里。大山經川，陵陸畏壘，居七十；萑蒲斥澤，田植之壤，居十二；其餘中田小畝之數，一農夫而食十人官或旁詔，殘以漁利，單户危鄉，歲虚籍計肆，朝廷難其任也。洎於山峻二江合會之勢，龍門疏鑿矣，轘轅東扼矣。丹巘闊聳，遠通海水，岩險呀豁，斗絶鄰部，士族豪家，望走洞穴，刑理不直，或頓機網。故郡其新定，州其睦，若日親敬大化其封也。自國家有兵甲之費，不實内府，經用所入，浙右重於江淮，兹郡重於它郡。加以鐵官鹽策，盡服其籍，調租過於太半，自息而應征，蓋所以天不奪時，人無其力也。前時兹郡多命德賢，風化所浸，父兄成教，君子爲之，斯可一變而至於道也。始自永徽，仰書名氏，森然在列，以識遷授。元和七年甲子歲記。具録累代刺史名銜除授年代如後。（《嚴陵集》七），《唐文拾遺》第二十六卷第一〇六六一頁。

柳宗元

柳宗元（七七三——八一九），字子厚，河東（現山西運城永濟一帶）人，唐代文學家、哲學家、散文家和思想家。世稱「柳河東」「河東先生」，因官終柳州刺史，又稱「柳柳州」。柳宗元一生留詩文作品達六百餘篇，其文的成就大於詩。駢文有近百篇，散文論説性强，筆鋒犀利，諷刺辛辣。游記寫景狀物，多所寄托，有《河東先生集》，代表作有《溪居》《江雪》《漁翁》。

監祭使壁記

《禮·檀弓》曰：「祭禮，與其敬不足而禮有餘也，不若禮不足而敬有餘也。是必禮與敬皆足，而後祭之義行焉。」

《周禮》：「祭僕視祭祀有司百官之戒具，誅其不敬者。漢以侍御史監祠。」《唐開元禮》：「凡大祠若干，中祠若干，咸以御史監視，祠官有不如儀者以聞。」其刻印移書，則曰監祭使。寶應中，尤异其禮，更號祠祭使，俄復其初。又制，凡供祠之吏，雖當齋戒，得以决罰，由是禮與敬無不足者。

聖人之於祭祀，非必神之也，蓋亦附之教焉。事於天地，示有尊也，不肅則無以教敬；事於宗廟，示廣孝也，不肅則無以教愛；事於有功烈者，示報德也，不肅則無以勸善。凡肅之道，自法制始，奉法守制，由御史出者也。故將有事焉，則祠部上其日，吏部上其官，奉制書以來告，然後頒於有司，以謹百事。太常修其禮，光禄合其物，百工之役，先一日咸至於祠而考閲焉。御史會公卿有司執簡而臨之，故其粢盛牲牢酒醴菜果之饌，必實於庖厨；鐘鼓笙竽琴瑟戛擊之樂，簨虡綴兆之數，必具於庭内；樽彝罍洗俎豆盞斝之器，必潔於壇堂之上。奉奠之士，贊禮之童，樂工舞師洎執殳而衛者，咸引數（「引數」一作「列若」）其實，設梐枑於堂下，以修官刑，而群吏莫敢不備物，羅奏牘於几上以嚴天憲，而衆官莫敢不盡誠。而祭之日，先升立於西階之上，以待卒事。其禮之周旋，樂之節奏，必周知之，退而視其燔燎瘞埋，終之以敬也。居常則飭四方祀貢之物，以時登於王府。服器之修具，祠宇之繕理，牛羊毛滌之節，三宫御廪之實，畢備而聽命焉。

舊以監察御史之長居是職，貞元十九年十二月，御史多缺，予班在三人之下，進而領焉。明年，中山劉禹錫始復舊制。由禮與敬以臨其人，而官事益理，制令有不宜於時者，必復於上，革而正之。於是始爲記，求簿書，得爲是職者若干人書焉。《文苑英華》第七九八卷第四二二四頁。

四門助教廳壁記

周人置虞庠於四郊，以養國老，教胄子。《祭統》曰：「天子設四學。蓋其制也。」《易傳・太初篇》曰：「天子旦入東學，晝入南學，夕入西學，暮入北學。蔡邕引之，以定明堂之位焉。」《大戴禮・保傅篇》曰：「帝入東學以貴仁，入南學以貴信，入西學以貴德，入北學以貴爵。」賈生述之，以明太子之教焉。故曰爲大教之宫，而四學具焉。參明堂之政，原大教之極，其建置之道宏也。

後魏大和中，立學於四門，置助教二十人，隋氏始隸於國子，而降置五人。皇朝始合於太學，又省至三人。員位彌簡，其官尤難，非儒之通者不列也。四門學之制，掌國之上士、中士、下士凡三等，侯、伯、子、男凡四等。其子孫之爲胄子者，及庶士、庶人之子爲俊士者，使執其業而居其次，就師儒之官而考正焉。助教之職，佐博士以掌鼓篋檟楚之政令，分其人而教育之，其有通經力學者，必於歲之杪，升於禮部，聽簡試焉。課生徒之進退，必酌於中道，非博雅莊敬之流，固不得臨於是，故有去而升於朝者。賀秘書由是爲博士，歸散騎由是爲左拾遺。舊制以拾遺爲八品清官，故必以名實者居於其位。

貞元中，王化既成，經籍少間，有司命太學之官，頗以爲易。專名譽、好文章者，咸耻爲學官。至是，河東柳立始以前進士求署茲職，天水武儒衡、閩中歐陽詹又繼之。是歲，爲四門助教凡三人，皆文士，京師以爲异。余與立同祖於方輿公，與武公（「武公」一作「武君」）同升於禮部，與歐陽生同志於文。四門助教署未嘗紀前人名氏，余故爲之記，而由夫三子者始。《文苑英華》第七九九卷第四二二八頁。

武功縣丞廳壁記

《殷頌》曰：「邦畿千里。」周制，千里之内曰甸服。《穀梁》謂之寰内諸侯，爲王内臣，其制甚重。今京兆尹理京師部二十有三縣，幅員之廣，其猶古也。縣吏之長曰令，曰丞。丞之位，正八品下，蓋丞述六職以輔其令也。秦、漢有丞相，今（一作令）尚書有左右丞，御史有中丞，至於九卿之列，亦皆有丞，下以達天下之縣。政有大小，其旨同也。

武功爲甸内大縣，案其圖，古后稷封有斄之地。秦作四十一縣，斄、美陽、武功各异，至是合焉。蓋嘗爲稷州，已而復縣。其土疆沃美高厚，有丘陵墳衍之大；其植物豐暢茂遂，有秬秠藿菽之宜。其人善樹藝，其俗有禮讓，宜乎其《大雅》之遺烈焉。

貞元十五年，改邑於南里，既成新城，凡官署舊記，壁壞文逸，而未克繼之者。後三年，而潁川陳南仲居是官，邑人宜之，號爲簡靖，因其族子存持地圖以來謁余爲記。夫以武功疆理之大，人徒之多，而陳生以簡靖輔其理，斯固難矣。漢高帝嘗詔天下，凡以戰得爵，七大夫公乘以上，令丞與抗禮，故爲吏益難。今天子崇武念功，與漢初相類，分禁旅以守縣道，武功爲多。陳生爲丞於是，而又職盜賊。其爲理無敗事，吾庸可以度哉！爲之記云。《文苑英華》第八〇五卷第四二五七頁。

諸使兼御史中丞廳壁記

古者，交政於四方謂之使。今之制，受命臨戎，職無所統屬者，亦謂之使。凡使之號，蓋專焉而行其道者也。開元以來，其制愈重，故取御史之名而加焉。至於今若干年，其兼中丞者若干人。其使絶域，統兵戎，案州部，專貨食，而柔遠人，固王略，齊風俗，和關石，大者戡復於内，拓定於外，皆得以壯其威，張其聲，其用遠矣。假是名以莅厥職，而尊嚴若是，况乎總憲度於朝端，樹風聲於天下，其所以翼於君、正於人者，尤可以知也。武公以厚德在位，甚宜其官。視其署，有記諸使中丞者而多闕漏，於是求其故於詔制，而又質於史氏，增益備具，遂命其屬書之。且曰：由其號而觀其實，後之居於斯者，有以敬於事。《文苑英華》第七九八卷第四二二五頁。

邠寧進奏院記

凡諸侯述職之禮，必有棟宇建於京師。朝覲爲修容之地，會計爲交政之所。其在周典，則皆邑以具湯沐；其在漢制，則皆邸以奉朝請。唐興因之，則皆院以備進奏，政以之成，禮於是具，由舊章也。

皇帝宅位十一載，悼邊氓之未乂，惡凶虜之猶阻，博求群臣，以朗寧王張公爲能。俾其建節剖符；守股肱之郡，統爪牙之職，董制三軍，撫柔萬人。乃新斯院，宏我舊制。高其閈閎，壯其門閭，以奉王制，以修古典，至敬也；以尊朝覲，以率貢職，至忠也。執忠與敬，臣道畢矣。公嘗鳴珮執玉，展禮天朝。又嘗伐叛獲醜，獻功魏闕。其餘歸時事，修常職，賓屬受辭而來使，旅賁奉章而上謁。稽疑於大宰，質政於有司，下及奔走之臣，傳遽之役，川流環運，以達教令。大凡展采於中都，率由是焉。故領斯院者，必獲歷閶闔，登太清，仰萬乘之威，而通内外之事。王宫九關而不間，轅門十舍而如近，斯乃軍府之要樞，邠寧之能政也。

惟公端明而厚，温裕而肅，宏略特出，大志高邁。施德下邑，而黎人咸懷；設險西陲，而戎虜伏息。茂功溢於太常，盛烈動於人聽，則斯院之設，乃他政之末者也。贊公於他政之末，故詞不周德；稱公於天子之都，故禮不稱位，斯古道也。貞元十二年十月六日，河東柳宗元爲記。《文苑英華》第八〇七卷第四二六六頁。

歐陽詹

歐陽詹（七五五——八〇〇），字行周，福建晋江人，舉進士，爲國子監四門助教，年四十餘卒。

泉州六曹新都堂記

貞元八年，刺史安定席公爲邦之二祀，冬，造六曹之都堂，公表微而慮遠也。天子建六官以紀綱天下，分刺史六司，用經緯封中，猶天之有四時，而人之有四肢：一時不若，則歲罔成功；一肢不和，則體莫全用。公以六司之掾如股肱，思安之，與身之安也。火流定中，將壞城郭，親覽廨宇，首視斯署，既隤而隘，非凝神揆務之所。日撫人民不則有國，營宫室是亦爲政，乃量羨府以度用，指斯宇而命易。又曰：「處湫居卑，非智也；煩人蠹財，非仁也。吾欲全仁而就智，蕆事者志之。」有司於是審基址，程廣袤，山節藻棁，僭也；削而不取，土階茅橺，逼也。革而是捐，非約非豐，允執厥中，然後計具材，量日力，山木則酬之如市，人功則税之若時。物樂民願，未旬而畢。飛梁五道而通負，連楣六接以都豁；陽軒遐引，陰室旁啓；挹以重屏，翼以迴廊；晻黕黕以秘邃，屹崇崇而宏敞。夏處其達，則炎天以凉；冬居其隩，則凄風以温。足以寧肌静心，以厘厥職者也。

夫哲人有作，不唯利身在利人，不惟利今在利後。相斯堂者，公侯卿士，禮隔殊品，公不之降也，斯不亦利人不唯利於身歟？堅壯固護，存延千祀，人不之逮也，斯不亦利後不唯利於今歟？睹斯堂，見公之意，時某處某乙爲司功，某處某乙爲司户、司倉、司法、司兵、司田，皆外莊内融，懷材抱忠，無回邪以莅下，有謇諤以承上，當時之彦也。請列於記左，庶後之君子，睹名訪德，知夫是日，堂有人焉。《文苑英華》第八〇四卷第四二四九頁。

右街副使廳壁記

使有副，副之言繼也，其一繼之輔也，所以繼其或缺，而又輔其違焉。其亦總使之務歟？皇街使之副，其職大矣。天子外有六合，故内闢六街以達之，彼爲庭除，此爲堂室。静諸外必先諸内，乃置使以清之，我唐新典也。蓋以警正天衢，糾逖王慝，領環游式遏之卒，專扞搁徼循之令。夫京師，豪杰英俊之都會，蠻夷戎狄之來萃，排輪重足，馮衆多撓。我防則户，伊動必由；我察則目，伊瑕必見。繇是九城之中，乘避貴，負敬長。金玉可拾，遺則猶土；幼弱可欺，遇則如傷。出門若有賓，讓路若有神。雲興烏合而無暴，自東自西以咸萃。憧憧焉斯焉而能在其中，悖悖焉斯焉而謹在其中。六合澄晏，六街源之，則街使之功，副使攸同也。

貞元八年，上以元舅兵部尚書大金吾濮陽公兼右街使，俾訪忠良以自佐。濮陽公先以節行選，次以材能擇，加之以更歷，因之以故舊，得建州別駕前尚衣奉御高陽許公以聞。上素知公名，即日召見，敷對器實，有符曩聲，當錫紫綬金章於殿庭，而允其請。濮陽公本官用視茲佐得人，街之政悉以相付。公静而敏，清而貞，堅鑰禁樞，深鋤事根。不誡而部伍增肅，不案而逵陌倍理。日出作，日入息。三條四出，風恬月静。職斯有述，公此無怍。遷蘄州別駕，副使如故，旌其勞，且藉能也。夫迹以行生，言由事立。公厘斯署之績，得國家建斯署之義，遂書其義，昭其績，爲公廳之壁記云。其或接公之武踐茲位者，任是既重，德亦無輕，列公之左，雖百代可也。《文苑英華》第七九九卷第四二二九頁。

同州韓城縣西尉廳壁記

《説文》曰：「尉，畏也，亦慰也，主也。故字從尸、示、寸。」寸者，寸量禮度以敬上；示者，示陳教令以諭下；尸者，典職司以居位。敬上所謂畏，諭下所謂慰，居位所謂主：全茲三者，以莅王爵，則仕義周。是以古之人嘉用尉字爲官號，陶唐有太尉，周有軍尉，秦亦有太尉、輿尉、東、南尉。洎漢則復命縣掾曰尉，自是以名，至於我唐無或易，所命善也。我唐極天啓宇，窮地闢土，列縣出於五千，分爲七等：第一曰赤，次赤曰畿，次畿曰望，次望曰緊，次緊曰上，次上曰中，次中曰下。赤縣僅二十，萬年爲之最；畿縣僅於百，渭南爲之最；望縣出於百，鄭縣爲之最；緊縣出於百，夏陽爲之最；上縣僅三百，韓城爲之最。上之最次於緊之最，非最之緊無與焉；緊之最次於望之最，非最之望無與焉；望之最次於畿之最，非最之畿無與焉；畿之最次於赤之最，非最之赤無與焉。最之縣長於餘縣，如麟鳳五靈之長於群靈也。數長不數類，則韓城之稱，與萬年、渭南、鄭縣、夏陽并。自緊而上，簿尉皆再命三命已往而授，資歷至之而至也。上縣而下，則自解褐授。

韓城既上縣之最，簿尉解褐之貴者，唯三員伺其闕，非年年之有。或一員之闕，天下皆知之；授之日亦皆知之，曰某人授韓城尉。是其人則頌，非其人則誹。雖一命之官，其爲人尚也如此，則主司慎擇才地精美。縣亦有六曹，尉二人，一判功户倉，其署曰東廳；一判兵法士，其署曰西廳。兹廳兵法士之廳也，根之州，則司兵、司法、司士盡在；形之國，即兵部、刑部、工部盡在。兵主武，法主刑，士主工。今武未大威，務尚繁；刑未大措，訟尚生；工與人興，無時休。州縣司或雙曹，六人分其職，國則部屬僚，八九十人分其職。一人理六人、八九十人之理，雖大小有异，而揆國重之，則國必重之；人無敢易之，則人無敢易之。能至於易者，其官不易；其緒不殊，其緒不殊。則踐洪鈞大柄，所由乎此也。

貞元十五年春，余友人滎陽鄭伯義授焉。鄭自上，累葉聲名爲天下聞。鄭以明經登科，又三舉進士，屈於命，詞學亦流輩推内行第一。其受命之年，五月，余詣焉；十月，又詣焉。見東廳有記，西廳無記，因請書其姓氏，序於左。其或先於鄭，芳馨猶在者，亦得之；至於鄭，繫於鄭譜皆繫之。若土壤廣狹，物産有無，尉非得主，不敢僭序。《文苑英華》第八〇六卷第四二五九頁。

劉禹錫

劉禹錫（七七二——八四二），字梦得，河南洛陽人。貞元九年（七九三），進士及第，初在淮南節度使杜佑幕府中任記室，爲杜佑所器重，後從杜佑入朝，爲監察御史。貞元末，與柳宗元，陳諫、韓曄等結交於王叔文，形成了一个以王叔文爲首的政治集團。後历任朗州司馬、連州刺史、夔州刺史、和州刺史、主客郎中、禮部郎中、蘇州刺史等職。會昌時，加檢校禮部尚書。卒年七十，贈户部尚書。

天平軍節度使廳壁記

元和十四年春二月，王師平河南負固之地十有二州。憲宗視地圖户版，俾參其地。三月，有詔：其以曹、濮隸鄆爲一隅，案部三郡，統兵三萬。乃新其軍，錫號天平。蓋承天威以平暴悖，志動揚休，在稱爲雄。新邦始徠，污浴猶用。朝廷革之以漸，故命功臣或辦吏以帥焉。大和三年冬，天平監軍使以故侯病聞。上方注意治本，乃以牙璋玉節鼎右僕射官稱賜東都留守。令狐公曰：「予擇文武惟汝兼，前年鎮汴州有顯庸，往年弼憲宗有素貴。徒得君重，剛吾四支。」公西拜稽首，登車有耀。不逾旬抵治所，夾清河而域之。

惟鄆州在春秋爲須句之國，涉漢爲濟東，蓋《禹貢》兖州之域。宣精在上，奎爲文宿；畫野在下，魯爲儒鄉。故其人知書，風俗信厚。天寶末，大憝起於幽都，虜將因兵鋒取其地。右勇左德，積六十年。公之來思，如古醫之治劇病，宣泄頤養，氣還神復。大凡抗詔條國式於身以先之，示非約以裕人，信賞罰以格物。物力日完，人風自移。涉月報政，逾年鼎治。牙門之容，暨暨而恭；壘門之容，仡仡而和；里門之容，闐闐而遂。勞者以安，去者以歸。分星不摇，田祖降福。凡革前非：罷供第無名錢歲巨萬，蔌粟如之，錦繒且千兩；去苛法急徵毁家償租之令，故流庸自占四萬室。衆無吁咨，和氣乃來。三田仍稔，草木咸瑞。豈偶爾哉？

初，斯堂西墉有刺史記，而元戎雄尊之位虚其左方，豈有待邪？公命愚志之，俾來者仰公知變風之自。大和五年四月二十六日記。《全唐文》第六〇六卷第六一一八頁。

山南西道節度使廳壁記

文皇帝初元，始畫天下爲十道。古荆梁之地舉曰山南，厥後析爲東西。天漢之邦，實居右部。案梁州爲都督治所，領十有五州，縣道帶蠻夷，山川扼隴蜀，故二千石有采訪防禦之名。兵興多故，其任益重。澄清節鉞，二柄兼委。

建中末，德宗南巡狩，偃翠華而徘徊，簫勺之音洽於巴漢。戡難清宫，六龍言旋，乃下詔復除徵繇，升州爲府。等威班制，與岐、益同。地既尊大，用人隨异。故自興元至大和，五十年間，以勛庸佩相印者三，以謨明歷真相者九，由台席授鉞未幾復入相者再焉。磊落震耀，冠於天下。去年夏四月，今丞相趙郡公征還泰階，遂命左僕射敦煌公往踐其武。嚮之真相，及公而十焉。

初，公自河陽節度使入操國柄。其後鎮宣武以禮悛獷悍，治天平以清去掊克，居大鹵以仁蘇薦饑。今來是都，躡二三大君子之躅。道同氣協，無所改更，如鼓和琴，布指成韵。羌夷砥平，旱麓發生。人無左言，樂有夏聲。俗既富庶，居多閑暇。圜視府局、素闕者補之。

先是，公堂嘗爲行殿，人不敢斥，另營侯居。應門有閌，棨戟未具。公乃條白上言，詔下有司，可其奏。軍門肅清，方有眉目，趨而入者聳然生敬焉。惟梁、山國也，其節用虎。出揚其威，入貯宜潔。舊處仄陋，黷其雄棱。公遂分宅之别齋，且據便地，署曰節室，卜剛日乃遷焉。敬君命而壹民心，軍中增氣而知禮。戟衣既垂，師節既嚴，流眄屋壁，見前修之名氏列於座右。第以梁州刺史鼎興元尹記，與今稱謂不合，因發函進牘於不佞，且曰：「我已飾東壁，以新志累子。」於是案南梁故事起自始登齋壇之後爲記云。時開成二年歲在丁巳春二月某日記。《全唐文》第六〇六卷第六一一八頁。

夔州刺史廳壁記

夔在春秋爲子國，楚并爲楚九縣之一，秦爲魚復，漢爲固陵，蜀爲巴東，梁爲信州。初城於瀼西，後周大總管龍門王公述登白帝嘆曰：「此奇勢可居。」遂移府於今治所。是歲建德五年。隋初楊素以越公領總管，又張大之。唐興，武德二年詔書：其以信州爲夔州。七年，增名都督府，督黔、巫一十九郡。開元中，猶領七州。天寶初，罷州置郡，號雲安。至德二年，命嗣道王煉爲太守，賜之旌節，統峽中五郡軍事。乾元初，復爲州，偃節於有司，第以防禦使爲稱。尋罷，以支郡隸江陵。案版圖方輪不足當通邑，而今秩與上郡齒，特以帶蠻夷故也。故相國安陽公乾曜嘗參軍事，修圖經，言風俗甚備。今以郡國更名之所以然著於壁云。凡名殊必以國，事建必以年，謹始也。長慶二年五月一日，刺史中山劉禹錫記。《全唐文》第六〇六卷第六一一九頁。

連州刺史廳壁記

此郡於天文與荆州同星分，田壤制與番禺相犬牙，觀民風與長沙同祖習，故嘗隸三府，中而別合，乃今最久而安，得人統也。案宋高祖世始析郴之桂陽爲小桂郡，後以州統縣，更名如今，其制譁也。

郡從嶺，州從山，而縣從其郡。邑東之望曰順山，由順以降，無名而相欽者以萬數，迴環鬱繞，迭高争秀，西北朝拱於九疑。城下之浸曰湟水，由湟之外，交流而合輸以百數，淪漣汩潏，擘山爲渠，東南入於海。山秀而高，靈液滲漉，故石鍾乳爲天下甲，歲貢三百銖。原鮮而膴，卉物柔澤，故紵蕉爲三服貴，歲貢十笥。林富桂檜，土宜陶瓬，故候居以壯聞。石侔琅玕，水孕金碧，故境物以麗聞。環峰密林，激清儲陰，海風驅温，交戰不勝，觸石轉柯，化爲凉飈。城壓赭岡，踞高負陽。土伯嘘濕，抵堅而散。襲山逗谷，化爲鮮雲。故罕罹嘔泄之患，亟有華皓之齒。信荒服之善部，而炎裔之凉地也。

永貞元年，予始以尚書員外郎坐黨累，出補兹郡。居無何，吏議以是遷也不足償其責，故道貶爲朗州司馬。後十年，詔書徵還，抵京師，俄復前命，佩故印綬而南。曩之騎竹馬北向相徯者，咸仕郡縣，巾韝來迎。下車之日，私咍且笑。既視事，得前二千石名姓於壁端，宰臣王晙、幸卿劉晃、儒官嚴士元、聞人韓泰僉拜焉。或久於其治，功利存乎人民；或不之厥官，翹禺載於歌謡。余不佞，從群公之後。肇武德距於今，凡五十有七人，所舉者四君子，猶振裘之於領袖焉。元和十一年七月二十四日，刺史中山劉某記。《全唐文》第六〇六卷第六一二〇頁。

和州刺史廳壁記

歷陽，古揚州之邑。於天文直南斗魁下，在春秋實句吴之封，後爲楚所取。秦并天下，以隸九江，而亦爲九江治所。晋平吴，復隸淮南。至永興初，自析爲郡，益之以烏江。宋臺建，目爲南豫州，又益之以龍亢。梁之亡也，北齊圖霸功，擁貞陽侯以歸，王僧辯來迎，會於兹地，二國和協，故更名和州。陳、隋間無所革，國朝因隋。武德中，更龍亢爲含山。初，開元詔書以口算、第郡縣爲三品，是爲下州。元和中，復命有司參校之，遂進品第一。

案見户萬八千有奇，輸緡錢十六萬，歲貢纖紵二篚，吴牛蘇二鈞，糝鱘九瓮，茅蒐七千兩。元元鎮曰梁山，浸曰歷湖，田藝四穀，豢全六擾。廬有旨酒，庖有腴魚。神仙故事，在郊在藪。元有臺，彭鏗有洞。名山曰鷄籠，名塢曰濡須。异有血闌，祥有沸井。城高而堅，亞父所營。州師五百，環峙於東。南瀕江，劃中流爲水疆，揭旗樹葩，十有六戍。自孫權距陳，出入六代，常爲宿兵之地，多以材能人處之。本朝混一，號爲善部。然用人差輕，非復曩時之比也。

始余以尚書郎得譴刺連山，今也由巴東來牧。考前二邦之籍與版圖，纔什五六，而地征三之。究其所從來，生植有本。女工尚完堅，一經一緯，無文章交錯之奇；男夫尚墾闢，功苦戀本，無即山近鹽之逸。市無嗤眩，工無雕形，無游人异物以遷其志。副徵令者率非外求。凡百爲一出於農桑故也。繇是而言，瘠天下者其在多巧乎！寶曆元年六月二十一日，刺史中山劉某記。《全唐文》第六〇六卷第六一二〇頁。

鄭州刺史東廳壁記

古諸侯之居公私皆曰寢，其他室曰便坐。今凡視事之所皆曰廳，其他室以辨方爲稱。今年鄭州刺史楊君作東廳，既成而落之，且以書抵余爲記。案國章以甲乙第方域，大凡環天子之居爲雄州。鄭實邇王畿，故望雄。視其版多貴人，且當大逵，故務劇。君侯始來三日，司税掾舉七縣菫租之吏累百，君曰：「此百螣也。」悉罷之。用户符而輸入益辦。司貢掾舉梨林之徵請户曉，君曰：「盡弛之勿籍。」用平賈而果益精。里無吏迹，民去痼疾，授牘占租，如臨詛盟。土毛人力，日夕相長。故周歲而完焉，比年而愈肥。雖軍興饋挽旁午，大將牙旗往復相踵，而里中清夷，鷄犬音和。人既寧而物有餘，政既成而日多暇。圜視舊宇，宜有以更之，且書得時，亦以謹始。因列名氏授受月而日之，庶乎繼踐於兹者知貫珠之首。其山望澤浸土風氓俗，與前賢之耿光，備於正位，有天寶中詞人杜頠之文在。大和四年某月日。《文苑英華》第六〇六卷第六一二一頁。

汴州刺史廳壁記

本朝以浚儀爲汴州刺史治所。自隋釃新渠，吸黄河而東行，州含其樞，爲天下劇。内屏王室，東雄諸侯。居無事時，常帶廉察使。兵興已還，益以節旄。用人得否，繫國輕重。長慶四年，詔書命河南尹敦煌令狐公來莅來刺，錫之介圭，使印兵符。汴人交賀，肴醳騰貴。惟是邦始都於魏惠王，始郡於宇文周。星躔回環，天駟垂光。地爲四戰，故其俗右武；人具五都，故其氣習豪。公自爲宰相時，已熟四方之利病。凡所戾止，參然前知。既視事三日，揭群吏與之言曰：「吾食止圭田，吾用止公入。凡他給過制，傷廉浼潔者悉罷之，壹歸乎公藏。凡曲防苛禁不情乖體者悉剗之，壹出乎令典。凡關徵船算，奪時專利者悉更之，壹遵乎詔條。」然後刑罷事而詳，賞以時而均。興學以勸藝，示寬以化勇。居數月，而汴州人恂恂然無復故態。明年大成。議者若曰：「奕奕浚都，國之咽頤。咀清咽和，旁暢四支。東夏黠馬，由我以肥。」是浚之治，非所澤於所履而已。

初，公七代祖在隋爲納言。大業中持節居此，亦號刺史，距今餘二百年。公實能似。既拜闕，發魚書合左右契，由阼階躋，遐踵前武。歆然如聞其馨香，肅然如睹其形容。信乎，君子之澤遠而有光輝也。他日，命游梁客志之，書於廳事。謹案前賢之在此堂者，張平原首之，陸氏撰《節度使記》，揭於東壁，詳矣。今公命爲刺史記，書於右端，謹月而日之，以公爲冠。大和元年夏五月某日記。《全唐文》第六〇六卷第六一二一頁。

韋紓

韋紓，貞元進士第，元和朝官户部郎中。

栝郡廳壁記

處州溯浙江東南七百里，連山洞溪，負海逾嶠。綿歷更置，至隋始爲處州，後復號栝。國朝置十道，處州列在江南，第居於上。天寶初爲縉雲郡，大曆末復之。刺史更置迭廢，州郡沿革，官則隨之。大凡親人輔化，任莫重焉。大和五年，紓自司駕員外郎奉符典州，大懼不稱其職。且以地險而瘠，人貧而勞；繭絲之税，重倍他郡。故逢穰歲，亦未若他郡之平年也。爲是邦者，得不謹節而乃自封乎？夫爲惻隱可以安疲羸，忠信可以美風俗，待物以誠，飲人以和，可以去刑法矣。是三者，紓未之逮，而有志焉。因書之壁以自儆。《全唐文》第六一三卷第六一九四頁。

李直方

李直方，生卒年不詳，元和四年（八〇九）在世。德宗朝官左司員外郎，歷中書舍人，試太常卿，貞元二十一年（八〇五）自潮州刺史移贛州刺史，遷司勛郎中。

邠州節度使院壁記

自西漢始置幕府，得顓辟士，其聘舉之盛，與公府署吏、王國命官爲比，於是有班固、傅毅、崔駰、蔡邕、陳琳、阮瑀之徒出焉。大抵多巡禦封略，經參戎事，居無恒處，秩靡常品，故命之曰賓。國朝篤方岳之任，慎求其佐，頒以職貢，爲之定制。或辟自諸侯，或降於朝廷，皆命於天子。其所司也，調政教之和，策軍算之秘，出入聘覿，應對賓客；其立署也，行有戎次，處有公堂，與方伯周旋，彌縫潤色而已。王畿之腋，劃爲巨防，外殿朝那，作捍西疆，中拱皇都，以臨諸夏。漆沮之仁既遠，華夷之俗相猾。非瑰材英杰，莫典封守，非莊明純固，莫參氓佐。六年春，皇帝勞韓侯牧圉之勤，俾尹西夏，申命御史中丞王君等九人爲之使介。既而師貞於律，農勤其功，惠和威武，澤浸火烈。孟秋述職，耀兵河塞。亭障蕭條，千里晏清。然後用虎旗蛇矛，定功於蒲，入覲皇都，增秩受賜，旋師舊服，勛明德舉。非元臣雄略，能賢嘉績，蔑用濟此。先是尚父郭公開府是邦，搜賢勿貳，俊乂咸集。不十數年，持樞衡治邦憲司誥命者，咸布職於清朝。今韓侯亦能詳延端士，輔相威德。是府將來宜爲俊賢之郊藪，榮達之閫閾。衛多君子，邠其有之。夫敬其事則命始，《春秋》之誼也。是邦當徵號朔方，而以名師，建爲三郡，肇基於我，書事舉德，宜始韓侯。此記舊題於堂之北牖，慮他日文字湮滅，作者之文莫傳，遂刻石以紀之。《文苑英華》第八〇二卷第四二四二頁。

吕温

吕温（七七一——八一一）字和叔，又字化光，唐河中（今永濟市）人。德宗貞元十四年（七九八）進士，次年又中博學宏詞科，授集賢殿校書郎。貞元十九年（八〇三），得王叔文推薦任左拾遺。貞元二十年夏，以侍御史爲入蕃副使，在吐蕃滞留經年。順宗即位，王叔文用事，他因在蕃中，未能參與「永貞革新」。永貞元年（八〇五）秋，使还，轉户部員外郎。歷司封員外郎、刑部郎中。元和三年（八〇八）秋，因與宰相李吉甫有隙，貶道州刺史，后徙衡州，甚有政聲，世稱「吕衡州」。吕温詩文，是卒后由好友劉禹錫爲他編定的，共一〇卷，并爲之作序。今傳《吕衡州集》，仍爲一〇卷，但已非原帙，是又經后人輯編的，共二一〇餘篇，與劉禹錫当時所編篇數，大體相符。

道州刺史廳後記

壁記非古也。若冠綬命秩之差，則有格令在；山川風物之辨，則有圖牒在。所以爲之記者，豈不欲述理道、列賢不肖以訓於後，庶中人以上得化其心焉？代之作者，率异於是，或誇學名數，或務工爲文，居其官而自記者則媢己，不居其官而代人記者則媢人，《春秋》之旨，蓋委地矣。賢二千石河南元結字次山，自作《道州刺史廳事記》，既彰善而不黨，亦指惡而不誣，直舉胸臆，用爲鑒戒。昭昭吏師，長在屋壁，後之貪虐放肆以生人爲戲者，獨不愧於心乎？予自幼時讀《古循吏傳》，慕其爲人，以爲士大夫立名於代，無以高此。前年冬，由尚書刑部郎中出爲此州，雖履劇自課，而未能逮其意也。往刺史有許子良者，輒移元次山《記》於北牖下，而以其文代之。後亦有時號君子之清者莅此，熟視焉而莫之改。豈是非之際，如是其難乎？予也魯，安知其他，則命圬而書之，俾復其舊，且爲後記，以廣次山之志云。

湖南都團練副使廳壁記

湘中七郡，羅壓上游，右振牂蠻，左馳甌越，控交、廣之户牖，扼吴、蜀之咽喉，翼張四隅，襟束萬里，半天下之安危繫焉。聖唐理雖偃革，制不去備，消息變化，必惟其時。由是部分荆、衡，復古南鎮，輕其兵徒而重其統帥，易其將校而難其參佐，所以顯仁藏用，明道晦權，成師於禮樂之中，講武於文章之内。雍容易簡，四十餘年，名迹風流，冠於當代。始則裴諫議虬，以逸材奇略，傲視而静荒寇；次則趙相公璟，以高標雅望，鬱起而爲國楨；其餘馮郎中嶷之碩重，房容州孺復之英達，鄭評事洌、張著作季文之美秀；洎張和州惟儉、盧侍御澥佐、我先大夫宣慈明允，實有成績：是皆焯於朝論，清在人謠者矣。元和三年冬，天子命御史中丞隴西李公，以永嘉之清政、京兆之懿則，廷賜大旆，俾綏衡湘。威如秋霜無私凋，惠如冬陽無私煦，用人如止水無私鑒。始下車，表前副使殿中侍御史扶風竇君常字中行以本官復職，於是監察御史河南穆君寂、河内司馬君紓、范陽盧君璠、太常寺協律郎河東薛君存慶、前咸陽縣尉吳郡顧君師閔、前太子正字隴西李君礎、前太常寺奉禮郎京兆杜君周士、前延陵縣尉同郡杜君賓，群材響附，各以類至。文雅器用，歲餘大備。錯金碧於晴壑，綷孔翠於春林，遐邇翕然，稱爲盛府。中行感會知己，竭其誠能。黃鐘音韻，調於嶰谷之竹；太阿鋒鋩，拭以華山之土。其吟鸞鳳，斷犀兕，不足怪也。竇氏伯季，同時七人，一居方伯，二列華省，四在諸侯之館。名教之樂，搢紳慕焉。以温近守支郡，且知故實，得請連帥，俾書公堂。愧於不文，安敢堅讓。元和五年七月五日，東平吕温記。《文苑英華》卷八〇三第四二四四頁。

元稹

元稹（七七九——八三一），字微之，别字威明，河南府東都洛陽（今河南洛陽）人，唐朝著名詩人、文學家，父元寬，母鄭氏，爲北魏宗室鮮卑族拓跋部後裔，北魏昭成帝拓跋什翼犍十四世孫。

元稹聰明機智過人，少時即有才名，與白居易同科及第，并結爲終生詩友，二人共同倡导新樂府運动，世稱「元白」，詩作號爲「元和體」。但是元稹在政治上并不得意，雖然一度官至宰相，却在覬覦相位的李逢吉的策劃下，被貶往外地。晚年官至武昌節度使等職。死後追贈尚書右僕射。

元稹現存詩八百三十餘首，收録詩賦、詔册、銘諫、論議等共一〇〇卷，留世有《元氏長慶集》。

翰林承旨學士廳壁記

舊制，學士無得以「承旨」爲名者，應對、顧問、參會旅次班第以官爲上下，憲宗章武孝皇帝以永貞元年即大位，始命鄭公絪爲承旨學士，位在諸學士上，居在東第一閣。乘輿奉郊廟，輒得乘厩馬，自浴殿由内朝以從；揭鷄竿，布大澤，則升丹鳳之西南隅；外賓客進見於麟德，則止直禁中以俟。大禮大誥令、大廢置、丞相之密畫、内外之密奏，上之所甚注意者，莫不專受專對，他人無得而參。非自异也，法不當言。用是十七年間，由鄭至杜，十一人而九參大政，其不至者，衛公詔及門而返，事適然也，至於張，則弄相印以俟其病間者久之，卒不興，命也已。若此，則安可以昧陋不肖之稹，繼居九丞相、二名卿之後乎？俛仰瞻睹，如遭大賓。每自誨其心曰：「以若之不俊不明，而又使欲惡欹曲攻於内，且决事於冥冥之中，無暴揚報效之慮，遂忿行私易也。然而陰潛之神，必有記善惡之餘者，以君父之遇若如是，而猶舉枉措直，可乎哉？使若之心忽而爲他人盡，數若之所爲而終不自愧，斯可矣。」昔魯共王餘畫先賢於屋壁，以自警臨；我以十一賢之名氏，豈直自警哉！由是謹述其遷授，書於座隅。長慶元年八月十日記。《文苑英華》第七九七卷第四二一九頁。

白居易

白居易（七七二——八四六），字樂天，號香山居士，又號醉吟先生，祖籍太原，到其曾祖父時遷居下邽（今陝西渭南），生於河南新鄭。白居易的詩歌題材廣泛，形式多樣，語言平易通俗。官至翰林學士、左贊善大夫。公元八四六年，白居易在洛陽逝世，葬於香山。有《白氏長慶集》傳世，代表詩作有《長恨歌》《賣炭翁》《琵琶行》等。

江州司馬廳記

自武德以來，庶官以便宜制事，大攝小，重侵輕，郡守之職，總於諸侯帥，郡佐之職，移於部從事。故自五大都督府至於上中下郡，司馬之事盡去，唯員與俸在，凡内外文武官左遷右移者遞居之，凡執役事上與給事於省寺軍府者遥署之，凡仕久資高耄昏軟弱不任事而時不忍弃者實莅之。莅之者，進不課其能，退不殿其不能，才不才一也。若有人蓄器貯用急於兼濟者居之，雖一日不樂；若有人養志忘名安於獨善者處之，雖終身無悶。官不官，繫乎時也；適不適，在乎人也。江州左匡廬，右江湖，土高氣清，富有佳境。刺史守土臣，不可遠觀游，群吏執事官，不敢自暇佚，惟司馬綽綽，可以從容於山水詩酒間。由是郡南樓、山北樓、水溢亭、百花亭、風篁、石岩、瀑布、廬宮、源潭洞、東西二林寺、泉石、松雪，司馬盡有之矣。苟有志於吏隱者，捨此官何求焉？案《唐典》，上州司馬秩五品，歲廩數百石，月俸六七萬。官足以庇身。食足以給家，州民康非司馬功，郡政壞非司馬罪，無言責，無事憂。噫！爲國謀則尸素之尤蠹者，爲身謀則禄仕之優穩者。予佐是郡，行四年矣，其心休休如一日二日。何哉？識時知命而已。又安知後之司馬，不有與吾同志者乎？因書所得，以告來者。時元和十三年七月八日記。《白氏長慶集》卷二六。

許昌縣令新廳壁記

民非政不乂，政非官不舉，官非署不立，是三者相爲用，故古君子有雖一日必葺其墻屋者，以是哉。許昌縣居梁、鄭、陳、蔡間，要路由於斯，當建中、貞元之際，大軍聚於斯，兵殘其民，火焚其邑，大田生荆棘，官舍爲煨燼，乘其弊而爲政，作事者其難乎！去年春，叔父自徐州士曹掾選署厥邑令，於是約己以清白，納人以簡直，立事以强毅。以清白故，官吏不敢侵於民；以簡直故，岳訟不得留於庭；以强毅故，軍鎮不能干於縣。由是居二年，民用康，政用暇，乃曰：「儲蓄邦之本。」命先營困倉。又曰：「公署吏所寧。」命次圖廳事。取材於土物，取工於子來，取時於農隙，然後豐約量其力，廣狹稱其位，儉不至陋，壯不至驕，庇身無燥濕之憂，視事有朝夕之利。官由是而立，政由是而舉，民由是而乂。建一物而三事成，其孰不韙之哉？嗚呼！吾家世以清簡垂爲貽燕之訓，叔父奉而行之，不敢失墜，小子舉而書之，亦無愧辭。若其官邑之省置，風物之有亡，田賦之上下，蓋存乎圖諜，此略而不書。今但記新廳之時制，與叔父作爲之所由也。先是邑居不修，屋壁無紀，前賢姓字，湮泯無聞。而今而後，請居厥位者，編其年月名氏，自叔父始。時貞元十九年冬十一月一日記。《文苑英華》第八〇五卷第四二五四頁。

皇甫湜

皇甫湜（七七七——八三五），唐代散文家。引字持正，唐睦州新安（今浙江建德淳安）人。唐憲宗元和元年（八〇六），皇甫湜考中進士，歷陸渾縣尉、工部郎中、東都判官等職。

吉州廬陵縣令廳壁記

在《易》之爻，二與四同功，其善不同。二多譽，四多懼。四之多懼，以近君也。今州之近縣，當刺史理所，其難爲與支縣相百，宜矣哉。廬陵户餘二萬，有地三百餘里，駢山貫江，扼嶺之衝，材竹鐵石之贍殖，苞篚韗緝之富聚，土沃多稼，散粒荆揚，故官人率以貪敗。令日兩趨州衙，退祇承録判將校，事之紛錯，率相關臨，煩言易生，凡事難專，故愈不理。近年百姓創罷，徵賦發斷，其人益訛，與處險易以亡匿，尤輕犯禁。夫以不專之理，理益訛之俗，承積弊之餘，雖使冉季復生，將不能也。今清河張君僎爲之理，適得良二千石，俾顓其政而展其材，居未再稔，最於一郡。張君恂恂以奉上，煦煦以字民，剸繁决劇以通敏，彈豪糾黠以沉斷，清白之操，較然絶類，便安之謡，流而遠聞，宜舉其卓卓，以敦沮勸。縣之故習，令將之邑，佐發斂，盛粻糈，具車航，千里迎拜，君以讓却之，單艇赴官，則吏皆廉。縣之故習，令始至，取官羨物，益備器用，團鄉次役，以供芻粟，君以法諭之，一切禁絶，則民知耻。布其大信，推以至誠，促嚴吏家慰懋民户，故秋夏之税，先期而集。宥過以容不逮，奬能以勸不修，爲魁而萃頑者，取一以警百，故政刑之簡，期月而治。以俸錢葬枯而恩浹，以家飲救渴而澤周，蕚合兄弟之析居者，而民以養，麋復老弱之流庸者，而疆以實。和氣潛通，連歲大穰，庭内間間，似密與蒲。餘既堙厄，斥置於此，始來而宏農楊君敬之具爲餘話君美談，既接益久，得實其聞，乃刻山石，鑱廳壁，盛之以觀永久。《文苑英華》第八〇五卷第四二五五頁。

吉州刺史廳壁記

自江而南，吉爲富州，民朋吏嚚，分土艱政。蓋以近歲，適兹不幸，紹繼無狀。大官以降爲者，羞薄而不省務；子弟以資授者，縱欲而不顧法，州遂瘡痍。御史中丞張公歷刺緡、雲、潯陽，用清白端正之治，詔書寵褒，賜以金紫，移莅於吉。下車之初，視簿書，簿書棼如絲；視胥吏，胥吏沸如糜。召詰其官，皆眊然如醒；登進其民，皆薾然而疲。公噫眙良久，於是大新其典，爲之開之以修省簡便，鍵之以勤强練密。凡事從宜處約，以躬率之，省費一倍。法防既周，銖兩之奸無所容，墨俗斯息，單民得職。威令神行，惠利川流，未及再期，庶富而教，至於無事。百姓扶老提稚，載路而歌曰：「昔吏訑訑，今吏詹詹。公能馭之，鉛亦爲銛，跖亦爲廉。始紲而苦，終優以恬。昔民嗷嗷，今民咍咍。公能撫之，鰥寡有怡，流亡既來。傜税先具，污茨尺開。繒覆官倉，倉無斗糧。公來幾時，積粟埋梁。繒閲官庫，庫無尺繒。公來幾時，山積層層。瑞露溶溶，降味公松。瑞蓮猗猗，合蔕公池。公有异政，神之祚之。民歌路謡，冀聞京師。天子明聖，恩光遠而。」於是掾吏將卒，趨伏固請，願書於公堂之北壁。夫堂壁有記，本以志善悛惡，名氏遷次末也。矧東西之舊則備，今用紀編，以首能爲政，垂爲後式。《全唐文》第六八六卷第七〇二八頁。

睦州録事參軍廳壁記

入州門東，六曹之聯事所署，都其任者，廳於門西。經始之意，衆未喻也。前刺史李君爲政更年，大惠一州，記徵始聞，而未至也，思宜利所遺。步覽庭内，顧以兹爲不厭，慮材鳩庸，即日即工。馮寬顯構，相前增葺，儼然華就，翩然樂遷。六縣之駿奔，於是乎肅序；百胥之事，於是乎總齊；郡官之退食，於是乎逶迤矣。利不十，不變法，其斯之謂乎？録事參軍既荷寵飾，有懷章示，具以廳壁爲記，宜昇也，謂湜書之。元和八年四月三日記。《全唐文》第六八六卷第七〇二八頁。

荆南節度判官廳壁記

荆山之南，府壓上游，置尹視京河，置使視揚益，同巴蜀吴越之治。臻自上古，爲天下敵，在今爲咽腴之地，置荆南之治否，乃天下低昂也。夫根之堅，扶之必以枝，轂之環，運之必以輪，其宜介之庸賢，乃使之幽光也。御史大夫河東裴公，尹正大都，節度群州，置幕束盡敬之誠，以序賓客，得宏農楊用乂，首分於其軍。膏宣燭明，風助震聲，蹲蹲貔螭，萬肺如串，乃新治所，爰奠賓客。前是相承，即據而安，以耆容菆，以稚憑頑，既謬既瀆，瑟縮未帖。兹止厥位，俾齊厥務，於是用乂立廳於此，不逼不豐，退食從公，式治於中，爰得我容。思耆定於永久，莫若書壁之白，故用乂索我以文。《全唐文》第六八六卷第七〇二九頁。

符載

符載，生卒年未詳，又名苻載，字厚之，武都（今四川綿竹西北）人，官終監察御史。元和中（八〇六——八二〇）卒。

鄧州刺史廳壁記

國家自禄山犯德，五兵勃起，毒流天下，於鄧最劇。是州也，地宜政事，與他郡不類，故得詳備而記之。案《天官書》：「角亢之下爲鄧。」鄧侯，吾離之國也。本楚地，六國時屬韓。秦昭王三十五年取韓地，置南陽郡，既滅韓，徙天下不軌之人而實之。至兩漢間，多封勛庸大臣、外戚主家。氣高野曠，地方千里，控二都之浩穰，道百越之繁會，藩闔桐柏，陂池江漢，商於臨汝，環我股臂，故自前代至於我唐，戰爭攘奪，千載不息，多爲暴强者攻取之。其望雄，其俗豪門伉健，尚畋獵，藏亡匿死，横猾難制。其有臨之者，疏緻不中，輒失聲實。

天寶十五年春，魯炅自商州刺史御史中丞領是州牧。是年六月，二京陷於胡虜，虜帥阿史那、王立、李節來寇我焉，魯接戰，大敗之。其明年春，逆將武珣復圍我焉，魯培墉補卒堅峙，自據正月至於八月不下。他日絶食，整旗犯出，彼將乘病而困之，反手與鬥，賊頗横潰，因退保我城焉。魯屯居順陽山谷中，積數月。肅宗皇帝升寶位於靈武，詔加御史大夫襄鄧節度，復牧我壘，完葺如故。至德初，寇仇滅定，潁國公來瑱以御史大夫代魯公之政。先是有驍將李釗、梁崇義者，二人素齊名，皆負威望，會來朝京師，釗得授權柄，崇義不欲出其下，攘城縱迹，因殺而并之，代宗含垢務理，未即顯戮，遂署爲襄陽節度，是州隸焉。崇義以受命之際，狀不明白，蒙穢跋扈二十餘年，晚節謀叛，無臣子道，天子命淮西節度李希烈誅之。希烈無妄生釁，復以怒取，使宿賊封有麟主張焉。建中四年，希烈僭逆於梁，諸侯之師荷戟四會，有麟亦嬰城自守，連攻不拔。景寅歲，皇帝厭亂，淮西始定，連帥陳仙奇裨將李季汶來討之。季汶雅有膽略，以機擒敵，以誠誓衆，遂梟有麟以聞。是時天子尤寶鄧爲咽喉之地，以爲兵戎之後，黎人破碎，苟非賢哲，不能生活，乃詔尚書金部郎中王公綏而治之。

其始至也，宣天子之恩澤，使民沐浴之，垂方伯之教令，使民承受之，然後以大誠受物，以至信結物，以元機運物，以嚴禁肅物，構壞竿爲廬舍，銷遺鏃爲鋤耜，伐蒿萊爲場圃，掘腥穢爲泉井，交父子之歡，正夫婦之倫，依仁化者，如水赴壑。首年而富，中年而教，季年而政成，其籍版自四千户至於萬三千户，其藏屯粟自三千斛至數（一作四）萬斛，其餘飾傳遽之舍，作栖旅之館，儲什器之用，蓋餘力也。先是有奉天禦侮臣十數輩，上多其功，既侯王之，復賜得公田五十萬畝，以我郡壤寬且腴，將并力焉。公以爲鄧在邦畿千里之內，詭隨授與，則上以耗天子之地，下以貽齊民之困，堅秉古制，不輸尺土。此又政之殊尤者也。

於戲！民之生也，如鳥獸然，饑食渴飲，難馴易駭。名公端士，承時之平，因俗之阜，或以智力理之可也。若移之於瘡痏毒痛之後，非德信積中，和粹發外，以誠被物，如父愛子，則何以臻於此！夫人君在上，百辟在下，其欲正生人之性命，敷大中之教化，扶淫僭之風俗，行明白之刑賞，非有功者，則不得操其柄焉。故刺史於他官爲重，漢制秩中二千石，冠進賢，銀印青綬，隼旟龍節，蓋所以大其威而昭其德也。今天下郡國，僅四百餘所，上憂黔首，垂意於理，有淳政被民者，增秩賜金，如漢宣帝時。濟濟多士，作民父母，遐邇一德，同思於理，則雍熙仁壽之化，豈其遠乎？載寓游樂土，聞公撫凋瘵之民也善，故書宇下，以貽爲政，或足文行佞，亦無取焉。自貞元二年夏五月，郡公名氏品秩，遷授雄劇，年代浸遠，亦列敘其次，使將來者覽之，端如貫珠也。五年八月十五日記。《文苑英華》第八〇一卷第四二三六頁。

江州録事參軍廳壁記

録事參軍之於郡縣，紀綱也，車轄也。綱弛則目疏，轄抗則載輸，政之成敗，亦繇是也。自漢魏以還，歷江左，郡有督郵主簿；後魏、北齊、後周、隨文，州有録事、參軍，煬帝時罷州置郡，有東西曹掾主簿。國朝省掾主簿，復爲録事參軍。其於勾稽失，糾愆謬，省抄目，守符印，一州之能否，六曹之榮悴，必繫乎其人也。其人强，其務舉，其人困，其務削，循名考實，豈容易哉！况潯陽古郡也，地方千里，江涵九派，緡錢粟帛，動盈萬數，加以四方士庶，旦夕環至，駕車乘舟，疊轂聯檣，威猛則騰口以飛訕，阿懦則腹非而生誚，重輕之得，尤難其人。隴西李尹少昌，切玉剸鐘之利也，恪勤强毅，當官而行。其於公家也，不掩善以蔽才，不隱過而貸非，不苛細以作煩，不闊略而破方，剛柔疏緻，雅得其度。繇是官府有程準，案牘無留閑，游我宇下，清風凛然。是時郡守李公，以巨鹿超异之政，來領此郡，内用六條，外理百姓，使人人門户興行孝睦，井賦均一，然後從容郡閣，時與羽衣縫掖講黄老言，其餘枝葉節目，委於有司而不領。故李君得以息心奉法，上事牧守，下督寮吏，暢於中，發於外，人無間言也。夫士無貴賤，尊有道也；位無大小，觀有政也。苟素飡碌碌，俾躬處厚禄，雖多亦奚以爲？是宜書録事之美於壁間，聳善而儆不肖，蓋《春秋》之微旨矣。先是此庭此宇荒凉褻黷，端士不履。今前後有修竹，左右有廓廡，穆然清邃，皆自我焉。聊記述之，序遂以李君爲首，亦所以重績而新廳也。《文苑英華》第八〇三卷第四二四七頁。

李德裕

李德裕（七八七——八五〇），字文饒，趙郡贊皇（今河北贊皇）人，唐代政治家、文學家、战略家，牛李黨争中李黨領袖，中書侍郎李吉甫次子。

李德裕出身於趙郡李氏西祖房，早年以門陰入仕，歷任校書郎、監察御史、翰林學士、中書舍人、浙西觀察使、兵部侍郎、鄭滑節度使、西川節度使、兵部尚書、中書侍郎、鎮海節度使、淮南節度使等職。他歷仕憲宗、穆宗、敬宗、文宗四朝，一度入朝爲相。大中三年十二月（八五〇年一月）在崖州病逝。懿宗年間，追復官爵，加贈左仆射。

掌書記廳壁記

《續漢書·百官志》稱三公及大將軍皆有記室，主上表章報書記。雖列於上宰之庭，然本爲從軍之職，故楊雄稱軍旅之際，飛書馳檄用枚皋。非夫天機殊捷，學源浚發，含思而九流委輸，揮毫而萬象駿奔，如庖丁提刃，爲之滿志，師文鼓瑟，效不可窮，則不能稱是職也。昔安豐侯竇融徵還傅、班固、京師，光武問曰：「所上表章，誰與參之？」融曰：「皆從事班彪所爲。」及竇憲貴寵，班固、傅毅之徒，皆置之戎幕，以典文章，憲邸文章之盛，冠於當代。魏氏以陳琳、阮瑀管記室。自東漢以後，文才高名之士，未有不由於是選，其簡才之用，亦金馬、石渠之亞。況河東精甲十萬，提封千里，半雜胡騂，遥制邊朔，惟師旅之威容，爲列藩之儀表，典兹羽檄，代有英髦。間者吴少微、富嘉謨、王翰、孫逖，咸有制作存於是邦，其所不知，蓋闕如也。暨太尉臨淮王總節制之師，德裕叔父與斯職，尋以才識英妙，肅宗召拜監察御史。厥後僕射高貞公、今河陽節度令狐公以人文掌宸翰國子司業鄭公、給事河南尹杜公以才華登貴仕，繼斯躅者，不亦盛歟。丙申歲，丞相高平公始自樞衡以膺謀帥，以右拾遺杜君爲主記。明主惜其忠規，復拜舊職，尋參内庭視草之列。次用殿中侍御史崔君。德裕獲接崔君之後，文學空虚，才術莫逮，繼清塵於吾祖，挹芬烈於前賢。先是廡廊之下有豐碑，紀其名氏而不書職業，今再刊斯記於本署西垣，以高平公統戎爲始。元和十四年四月十一日記。《全唐文》第七〇八卷第七二六四頁。

韋處厚

韋處厚（七七三——八二九），原名淳，爲避憲宗諱改名處厚，字德載。京兆萬年（今陝西西安）人。唐代官吏。元和（八〇六——八二〇）初年進士，初任校書郎，後歷任左補闕、禮部員外郎、考功員外郎、户部郎中等。穆宗時召任侍講學士、中書舍人，後任史館修纂撰修《憲宗實録》。敬宗時擢兵部侍郎加翰林學士。文宗時任中書侍郎、同中書門下平章事，監修國史，加授銀青光禄大夫。其爲人忠厚寬和，立身正直，耿介無私，官員不敢私下拜謁。病卒後追贈司空。撰有《德宗實録》五〇卷、《大和國計》二〇卷。

翰林院廳壁記

魏晋已後，復典綜機密，政本中書，詔命詞訓，皆必由焉。唐有天下，因襲前代。爰自武德，時有密命，則温大雅、魏徵、李百藥、岑文本之屬視草禁中。乾封年則劉懿之、周思茂、范履冰之倫秉筆便坐，自此始號北門學士。皆自外召入，未列秘署。元宗開廣視聽，搜延俊賢，始命張説、陸堅、張九齡、徐安貞輩待詔翰林，厥後錫以學士之稱。蓋由德成而上，與夫術數工藝，禮有所异也。逮自至德，台輔伊説之命，將壇出車之詔，霈洽天壤之澤，導揚顧命之重，議不及中書矣。尺牘旁午，章奏叢至。指踪中外之略，謀謨帷幄之秘，陰陽造化，嘉猷密勿。萌制乎將然，事構乎無形，皆功歸元后，而德播興運。循名迹者，莫窺其轍；想風彩者，孰究其端？雖然，臧否無得而稱矣。貞元中由此而居輔弼者十有二，元和中由此而膺大用者十有六。近日丞相府不由内庭者，斷國論，宰法度，雖有利器長材，未免缺折掉撓。建中以來，簡拔尤重，故必密如孔光，博如延州，文如卿雲，學如向歆，器如黄顔，直如史魚，然後得中第。士之游心處已景行於六如者，而又飾之以潔球璋之行，貫金石之誠，雖潛聲匿迹莫能脱。漢時始置尚書郎五人，平天下奏議，分直建禮，含香握蘭，居錦帳，食太官。則今之翰林，名异而實同也。時論以爲登玉清翔紫霄，豈蓬山瀛州而足喻乎。齊桓公納厩人編棧之説，以爲直木傅直，則曲無由至；曲木傅曲，則直無由至。後之君子，戴明聖，協盛時，推厩人之規，移於引賢，使如貫珠駢璧，則瑕瑜不雜矣。内給事李常暉、内謁者監王士政并掌院事，延於十年，與直徇公之議，聆於朝端。中書舍人杜元穎、兵部侍郎沈傅師洎諸學士，皆涉歷歲久，備乎前文者也。李常暉以北閣舊記，室别堵殊，義非貫通，改於前廳，僉以爲便。聖上紹復墜典，留神太古，處厚因與司勳郎中路隋職參侍讀，通籍近署，紀述之事，前托沈傅師。沈公以爲稱善之在己，不若使其人讓，於處厚無以辭。時皇帝統臨四海之初元也。《文苑英華》

第七九七卷第四二一八頁。

呂讓

呂讓，（約七九七——？），呂洞賓爲其季子。祖呂延之，父呂渭。

楚州刺史廳記

稽聖人棟宇之用博矣。太上垂典法，利衆庶；其次革壞弊，鎮形勝，其次辨尊卑，示升降；最下炫彩色，飾土木，華其視榮其體而已。若參而合之，則賢智公侯之居也；若捨其本而務其末，則貨殖匹夫之居也。能是制者，不亦鮮乎？揚州屬都，楚實甚大，提兵五千，籍户數萬，其事雄富，同於方伯。然則刺史大廳，卑而且儉，紊諸侯之等威。每冬至歲首，文武畢集，内不足以陳俎豆，外不足以容卒衛。及夏秋之交，淮海蒸濕之氣，中人爲病，多至煩熱憒悶，居常無以逃其虐，有事宴於斯，皆翕翕流汗，往往仆於地，不卒其會而散。自刺史至將校百吏，盡知其不可，思欲改造。而久遠已來，爲日者巫人稱陰陽鬼神之事以沮之，且曰：「歲深有物來憑，更之則不利，小以罪貶，大以凶終。」雜然其説，如出一口。前守或有構材定日，視之惕息，卒不敢毁而止。

太和七年，天子以大理少卿滎陽鄭公活無辜當刑者四十餘人，殊其績，命守於楚。既至累月，威肅仁覆，罔不得理，戎行農室，遽告無事。公將易前非，誠詢於衆。衆果以咎徵止公，公笑而諭曰：「吉凶由己，灾不自起。况陰陽變化，人事之符，勿忌勿拘，以道爲模。苟不失正，無貳其圖。敢斷不疑，鬼神隨之。與衆共利，曷慮於危？秉直在公，余爲蓍龜。」乃築崇基，乃創宏規。悦使樂成，不亟不遲。法度既備，丹素亦施。清氣和風，旦暮飀飀。氛厲不干，笑語自怡。大會其中，寒暑皆宜。駢羅鼓鐘，間發塤篪。劍士伎兒，飲食熙熙。以寬以容，逮於養廝。觀邇及遠，何物不綏。不祥之詞，沉寂無爲。守正之報，必及其期。則鄭公持大權，臨大節，不撓其惑者，用此心也。昔賢行事，亦有據經合道，不奪陰陽鬼神之説，然未有决然違俗與衆禍福之見，牢甚不可破，如此其著者，豈非明識達量，以義忘私，不苟一時，遺利後代耶！使有士二千石，去蠹除弊，悉若是舉，天下何憂於不理哉？且《詩》咏《斯干》，《易》規《大壯》，皆美居處有制度，可以化人成俗也。八年夏，予罷郡西歸，道出於此，而是廳新成。忝春秋之徒也。見不朽之作，而無述焉，心竊耻之，請書本末，以告來者。其他善政能事，有風俗言，故不采列於記上。太和八年八月一日記。《文苑英華》第八〇二卷第四二三九頁。

吴武陵

吴武陵（約七八四——八三五），初名侃，信州人，一説貴溪人，一説上饒人。係吴面力之子。唐元和二年（八〇七）舉進士，拜翰林學士。吴元濟叛，武陵遺詩曉之，元濟不悟。裴度東討，韓愈爲司馬，武陵數因愈獻計，决賊必亡。太和初，爲太學博士。後出爲韶州刺史。以贓貶潘州司户參军，卒。

陽朔縣廳壁題名

群山發海嶠，頓伏騰走數千里而北；又發衡巫，千餘里而南。咸會於陽朔。朔經四百里，孤崖絶巘，森聳駢植。類三峰九疑，析成天柱者，凡數百里。如樓通天，如闕凌霄，如修竿，如高旗。如人而怒，如馬而歡。如陣將合，如戰將散。難乎其狀也。而又灕江荔水，羅織其下。蛇龜猿鶴，焯耀萬怪。縣界山間，其土壤方百里。其勢險，其形蹙，千人守之，十萬不能攻。東制邕容交廣之衝，南扼賓巒岩象之隘。一日有盜，則吾扼其吭而制其變，皆由善命理者常選於地。縣治西七步有石渠，其浚十仞。渠之下有洞，洞有水，水深百尺。上有亭，可以宴樂游處。肆在亭西，廩在肆西。士宦胥吏，黎民商賈，夾川而宅，基置山足。山多大木，可以堂，可以室。其花四時紅紫，望之森然，猶珊瑚瓊玖。予又不知夫昆侖崆峒，其名安取而勝兹。籍户五千，其税緡錢千萬，於桂爲大。俗獷人狡，尤難於正。寶曆元年，正大夫有事罷，渤海李湜以能賢補其闕。浹時而俗咸變，斯又以見吾宰之官人也。明年春，予使番禺，湜因謁於亭。予視其吏肅然，視其亭修然，無喧嘩之异。惟城無隍，予勉之鑿，曰：「諾。」惟門無臺，予勉之修，曰：「諾。」惟廨宇之傾圮，予勉之葺，曰：「諾。」其應響然如轉圜，是其材不啻爲是縣邑矣。思薦天下士以補其大小之任，可爲滕薛，舍是何稱？遂書其垣曰陽朔攝令廳壁記，以旌湜勤。縣在吴爲始安，在隋而易之。更二百年以前名氏，予不得聞。彼奇偉倜儻之難，有若人也如此，故記。後之從政者，可不仿哉。《全唐文》第七一八卷第七三八八頁。

杜元穎

杜元穎（七七五——八三八），京兆杜陵（陝西西安三兆村）人，杜如晦五世孫，貞元十六年（八〇〇）考中進士科，又考中宏詞科。以右補闕升任翰林學士。長慶元年（八二一）以本官同中書門下平章事，封建安縣男。長慶三年（八二三），出任劍南西川節度使、同平章事。後因鎮守蜀中不力，貶爲邵州刺史。又貶爲循州司馬。開成三年（八三八）杜元穎去世，終年六十四歲。

翰林院使壁記

聖明以文明敷於四海，詳擇文學之士，置於禁署，實掌詔命，且備顧問。又於内廷選端肅敏裕邁乎等倫者爲之使，有二員。進則承睿旨而宣於下，退則受嘉謨而達於上。軍國之重事，古今之大體，庶政之損益，衆情之异同，悉以關攬，因而啓發。若非有達識，有精材，一心守公，百志根正，則曷能保維密勿之際，傳導吁俞之間哉！故嘗由是職，必極其位，有若今之右軍梁特進樞密劉監焉。當先聖躬勤萬務，志清九有，築壇互登，持柄騤移。贊命於是乎出，號令於是乎發。急宣密付，波至飙去。二使之任，尤所重難。乃以今内給事李常暉内謁者監王士政繼領其職。既而掃殄淮蔡，廓平海岱，有魏以六州底貢，常山以二郡獻地，北逐犬戎，南剪溪蠻。凡兵事之所會，符檄之所至，籌略之所授，告諭之所加，决於一言，欻以萬里，得失以之而定，安危以之而分。降自九天之上，行乎四海之外，無不面奉宸斷，兢兢局蹐，喘汗之中，揣切必究，毫芒靡失。不有絶人之神用，其孰能處於此乎？勤勞夙夜，亦云至矣。我皇初纘寶祚，特加寵獎，榮以金印紫紱玉帶之賜，尋又就遷命秩，勛階兼崇，蓋舉勞以行賞也。爾其聳善嚮義，愛才好直，周旋蚤暮，率履無越。每聞激忠之詞，及有所論，必加慰勉，欣喜外形，此又列内庭者所共幸也。至於增葺院署，使群英有游處之安；，栽培松筠，使多士有吟玩之適。表裏融暢，始終堅全，固不易得也。若無題敘，則將來者何以景行之？因移學士舊記，遂徵前院使之官族，斷自元和已後，列於屋壁焉。《文苑英華》第七九七卷第四二二〇頁。

舒元輿

舒元輿（七九一——八三五），江州人。元和八年（八一三）登進士第，釋褐諸府從事。大和初，入朝爲監察，轉侍御史。五年（八三一）八月，改授著作郎，分司東都。九年（八三五），以右司郎中知臺雜。七月，權知中丞事。九年九月，拜御史中丞，兼判刑部侍郎。是月，以本官同平章事，與訓同知政事。後於「甘露之變」中被害。

御史臺新造中書院記

王者執生殺之柄造天下，使百度順而已矣。其或不順與順而不得其度者，皆屬於御史府。府之動静，爲朝廷紀綱之職，與百司絶類。蓋百司坐其署，但專局而已矣。入於朝與啓事於丞相府，亦不出乎其位，是以朝罷而各復其司，以無事於朝堂與中書也。若御史臺每朝會，其長總領屬官，謁於天子。道路誰何之聲，達於禁扉。至含元殿西廡，使朱衣從官傳呼，促百官就班。遲曉，文武臣僚列於兩觀之下，使監察御史二人，立於東西朝堂磚道以監之。鷄人報點，監者押百官由通乾觀象入宣政門。及班於殿廷前，則左右巡使二人分押於鐘鼓樓下。若兩班就食於廊下，則又分殿中侍御史一人爲之使以莅之。内謁者承旨喚仗入東西閤門，峨冠曳組者皆趨而進，分監察御史一人，立於紫宸屏下，以監其出入。爐烟起，天子負斧扆聽政，自螭首龍墀南屬於文武班，則侍御史一人，盡得專彈舉不如法者。由是吾府之屬，得入殿内，其職益繁，其風益峻。故大臣由公相而下，皆屏氣竊息，注萬目於吾曹。吾曹坐南臺則綜核天下之法，立内朝則糾繩千官之失。百官有滯疑之事，皆就我而質。故乘輿所在，下馬成府，厘朝廷之綱目，與坐臺之判决者相半。

是以御史府故事，於中書之南，常有理所。先時惟中丞得專寓於南舍一院，若雜事與左右巡使，則寓於西省小胥之廡下。遇大朝會時，吾屬皆來，則分憩於雜事、巡使之地。既寓於小胥，則我實客也。每亡事而去，則主人必坌而入，喧嘩狼籍，其態萬變，向之霜棱，盡爲涕唾矣。豈吾君以天下綱紀屬之於我意耶！上元二年，侍御史劉儒之作直廳記，初拜儀云，謝宰相訖，向南入直省院候端長。又入中書儀云，到直省院，入門，揖端公訖，各就房。嗚呼！以御史之貴重，而前時作者之記，恬然以直省院爲記，君子未嘗有非之者，神羊之神，何其翳而不光耶！

聖唐大和三年己酉歲，天子擢尚書吏部郎中河南宇文公爲御史中丞。詔下之日，不仁者相吊。御史府新例，知雜事一人，中丞得以選於廷臣。河南公既拜之日，上言請尚書司勛郎中瑯琊王君以自輔。識者曰：「河南、瑯琊，同心异質之人也。心苟同，雖堅金可斷，於御史乎何有。」他日，雜事果以寓直省院爲嘆，乃議於中丞，中丞深韙之，即時啓於中丞曰：「此前日之闕也，中丞能革之，豈直柏署之光乎，實羽衛吾府之多也。」皆佐其意，事得聞於上。上曰：「良有是乎？」俞其請如響應。即詔度支，出錢百萬以資焉。乃以政事堂直阡之南選地以作之。中書之南，實天下會計之地，不容咫尺之隙，非雄重清切之司，於此豈容足乎。我是以得規制爲之焉。

舊中丞院在西，與西院相絶。遂以其地易大京兆院，合三院爲一，東西四十六步，南北四十步。由東爲首，其一爲中丞，其二爲雜事，其三爲左右巡使。若中丞升爲大夫，改官不改院。若三院畢朝集，臺院附於雜事，殿察附於巡使，其名總號爲御史臺中書南院。院門北闢，以取其嚮朝廷也。其製自中書南廊，架南北爲軒。入院門分東西廂，爲拜揖折旋之地。内外皆有廡，蟠回詰曲，矚之盈盈然。梁棟甚宏，柱石甚偉。榱欒楶棁，麗而不華；門窗戶牖，華而不侈。名木修篁，新姿如舊，若升綠雲，若編青籥。以至於几案筆硯，簾幌茵榻，果籩茗器，皆新作也。從官胥士，役夫馬走，勾稽案牘，飲食休息之地，皆得其所。若百官之請事，群吏之來謁，入吾門，將祇伺於屏者，見吾軒堂階闥之嚴，固不俟戒而自肅焉。

爲此者何？尊天子也。吾府爲天子耳目，宸居堂陛，未有耳目聰明堂陛峻整而天子不尊也。天子尊，未有奸臣賊子而不滅也。奸臣賊子盡滅矣，可以自朝廷至於海隅，蕩蕩然何所不理哉！吾之作，豈是志小者近者之心耶！謹案高宗天皇大帝作大明宮，將二百年矣。當時有司經度，曾不自思將以待我而作，我之所以作，蓋前補二百年之遺事，後貽千萬年之不朽。縉紳觀者命爲御史北臺，聞者謂之知言。君子曰：「移中丞、雜事今之心於大柄，天下豈有遺事哉！」某備於寮屬，得聞君子之論，且承公命其記，於是乎書。仍題中丞、雜事洎三院至主簿官封名氏於其後，以爲一時之盛事。大和四年歲次庚戌八月十六日丁巳記。《文苑英華》第八〇七卷第四二六四頁。

沈亞之

沈亞之（七八一——八三二），字下賢，吴興（今浙江湖州）人。元和十年（八一五）第進士。涇原李滙辟掌書記，後入朝爲秘書省正字。長慶元年（八二一），補櫟陽尉。四年，升任福建團練副使，後累遷至殿中丞御史内供奉。太和三年（八二九）爲德州行營使柏耆判官。耆貶，亞之亦謫南康尉。後終郢州掾。

櫟陽兵法尉廳記

尉之曹，兵法居末。兵法之任，在天下郡首長之臣，且難其理，而况畿之在尉乎。櫟陽，其瘠沃相半。豪户寒農之居，三分以計，而豪有二焉。其父子昆弟，皆卒名南北東西軍，圜衛雜幸之侍，或籍書從事星臺樂局織館雕坊禽兒膳者之附，而又媵女爲之盤絡，是多類者。非獨不得爲縣民之衆馭之而已，亦且馮緣蔓横，以業吞漁。獄之所操，動繫於此，而禁局强曹，垂攀於前援者，持符以解之，固能移情以二法，使終决不必理。從高級下，相承而邪，而不能竟者，尤還於尉。其受役惟單産孱民。日徵之一人，輸徑宫門，至於内廡，遞漏嚴夜，給事諸王家及池園大厩，皆校尉遣之。豈尉之無慮也。永貞前，諸畿自進士而得尉而升班者十六七，他入之尉而升者百一二。是尉皆摩心清視，以事察决用，以此自價，朝之末以此市，若是今雖統曹，不能强尉於無當。近世恩臣負幸，惡其踵進自致，即白上約下，以爲尉未足拜。且塞譽排能，使升班之恩必有自，令視尉之風益賤，而今益輕矣。由觀爲尉者俛俛自度，民之吞者肆其慾，弱者甘其困，奸者隙其欺，邑是者畏其爲尤，屬而决之。其兵法之原，使無撓濁，其易乎哉！其易乎哉！古者盤盂有書，蓋誡其當器受量不陷也；鐘磬必銘，勖其全聲有待也。鑄鼎記刑，子産之爲也。尉也，兵法之曹，類此不復矣，敢不有記，故附署而屬誡焉。《全唐文》第七三六卷第七六〇〇頁。

盩厔縣丞廳壁記

盩厔道巴漢三蜀，南極山不盡三十里，北沮渭。短長之補，於南而近。其野半爲澤麓，故鼠倚穡而居。雖善捕伐，不能無傷於稼。説者以爲漢孝武帝嘗夜出射熊於是，而田人輒留執帝從者。由此觀之，民情阻狠，古爲難理。時猶逼畏指諫，即稍罷。然佞臣竟以帝耻不忘，遂籍民人田爲五柞長楊矣。今又徙甌越卒留戍邑中，神策亦屯兵角居，俱稱護甸。而三蜀移民，游手其閑。市閭雜業者，多於縣人十九。趨農桑業者十五。又有太子家田及竹囿，皆募其傭藝之。由是奸民豪農，頗輸名買横，緩急以自蔽匿。民冒名欺偷，浮詐相樛。雖賢宰處之，而丞與曹或不類，莫能盡枉直之情也。夫丞之職也，贊宰之政，以條諸曹。其有不便於民者，丞能得不可。今丞也，余從祖居之。既滿歲，民静不作。如此，則宰之所宰，丞之所贊，可謂知方也已。長慶初，余思相如進諫之風，南歷長陽，至於射熊五柞，訪其遺迹，因退舍是邑。遂悉論山川里俗之事，題於丞之署云。《文苑英華》第八〇五卷第四二五六頁。

櫟陽縣丞小廳壁記

便署所以接賓也。櫟陽岐諸陵，走左輔蒲、太原、燕、趙、魏，山東至於匈奴雜虜之道，而諸侯使者及戎王聘貢之臣，交馳出是無虚日。而邑頗瘠於擾費。然而游宦客子，出入往來者，則公賓爲寡也。夕館而晝饌，自宰丞簿尉，或不能支於給饋。而賓去，嘗悒悒不快。長慶初，燕、趙、魏侯者失理，卒亂，辱殺之，更自立新帥。大臣皆進意請討，圜其境之諸侯，咸會兵襲戰，飛蹄走轡之奏，傳呼相追。而又降嫁匈奴中，故使者日至。若是宜謂私賓不能加也。然又遣使陳、蔡、許、滑、大梁、彭城，皆發卒戍河北，督責米帛於兩江之間，使百郡所挽無西入。由是天子之使，出入潼關者，日數十輩。大者乘馬至百，小者不下十餘。郵馬盡死於道，凡往來乘馬畜者，無問其誰，皆奪之。故游宦客子，俱輳道櫟陽中，計其衆寡，復與公賓之數相高矣。是時櫟陽丞，當公主降匈奴，女使及迎者之部千人，天子使後宫貴御行餞於道，侍嫁大臣從官衛士亦數千人，夕頓田氏，遣丞供奉具，以能不擾民，一縣之吏稱善辨。及歸，乃計曰：「夫游賓四時之來，獨夏其（一作而）爲稀耳。我且與理一署，使其密，温禮以待之。然後以爲家之給，與賓僕相等，是寧有忿（一作忽）賓哉。」既以賓之來者，視其館之窮罄，雖勇寒猛餃，必抱愧自饜於所饗。嗟呼！隆否之迹，由夫履也。其構在公堂之左（一作右）正寢西南隅，其形類厢二間，覆厦於南陲。其就在長慶元年八月甲子也。《文苑英華》第八〇五卷第四二五六頁。

解縣令廳壁記

國家自誅叛以來，於今十年。徵徭息繁，不勝於籍，租榷之法居間，爲民起横，縣令不得專以子養之化理之。蒲鹽田居解邑下，歲出利，流給雍、洛二都三十郡。其所會貿，皆天下豪商猾估，而奸吏踵起，則解之爲縣，益不能等於他縣矣。鹽田主官用郎吏，其佐貳下不出御史，操法繩縻，十九關於縣令，而不得專，但奉府曹俟長之教而已。鹽田細吏皆縣民，其田園雖業籍於縣，而令不得親，但以縣民之衆，馭之而已。若是爲令，與尤悔日争焉，苟非智良，不能日脱於横。今令者，予之從祖也。且滿歲而尤不及，豈其厚於智乎？而又招亡民還業者數百。至於公堂便館，葺飾者凡十餘，構工不勞民，又何多方也！長慶二年，予客其地，因受命而著（一作書）記云。《文苑英華》第八〇五卷第四二五五頁。

河中府參軍廳記

國朝設官，無高卑皆以職授任。不職而居任者，獨參軍焉。觀其意，蓋欲以清人賢胄之子弟，將命試任，使以雅地出（一作任）之耳。不然，何優然曠養之如此？其差高下，則以五府六雅（一作雄）爲之次第。蒲河中界三京，左雍三百里，且以天子在雍，故其地益雄，調吏者必以其人授焉。噫！今之衆官多失職，不失其本者，亦獨參軍焉。長慶二年，余客蒲河中城（一作府），某參軍某族，世皆清胄，又與始命之意不失矣。乃相與請余記職官之本於其署。《文苑英華》第八〇四卷第四二五一頁。

東渭橋給納使新廳記

渭水東附河輸流，逶迤於帝垣之後。倚垣而跨爲梁者三，名分中東西，天廩居最東。内淮江之粟，而群曹百衛，於是仰給。惟平輕重之準爲難，即主官不職，其咎何如哉。長慶中，得儒臣杜生，以行御史主之。能謹法整吏，絶輕出重入之尤；明量信敘，無先貴後賤之弊。故官曹士衛之所仰給者，如取之家食焉。居再歲，加爲外郎。因指其署曰：「夫渭津傍控甸邑諸陵，道左輔出入河東藩，而公賓游士，過必臨我。我儒世家也，宜飾宇俟賢，以誠其敬。今公齋陋冗，無足爲禮。」於是盡去之，募市其杰棟巨楹，文梁勁桷。既已具構，顧其中可敘百榻。而儒良至者，必與講談其道，隨其能否而梯級之。得久留其下者，雖孱車弊衣，則名日彰矣。今觀渭津之創開署宇，爲嚴虚廣敞，意者得無欲天下之士，見其胸中之曠大乎。《文苑英華》第八〇二卷第四二四一頁。

壽州團練副使廳壁記

戰國南北書，更言故世諸豪，争據於壽春。或兵至百萬，有不能得者，豈地勢爲要津乎！自建中以來，淮夷窟叛於蔡。天子之詔，或討或赦，由是壽春備爲東塞矣。爲之守者，皆佩將軍印，募府符書之設，擬於方鎮。而有副使之官焉。元和中，韋公武以殿中侍御史爲之。九年秋，蔡州叛，壽春守令狐通引兵屯霍邱，副使得孱卒百餘人留郡中。冬，蔡兵大入馬塘，寇鄧家城，殺其將卒五千餘人，盡虜民男女，焚壞邑室而去。郡中驚駭，民人多流其家而東。副使因言壽春，其地塹水四絡。南有淠，西遮淮潁，東有淝，下以北注，激而迴爲西流，環郛而浚入於淮。此天與險於是也。假如愚民能弃其業西流，即爲蓬徙鹿走耳，安與國是爲利耶？乃出家奴與民户一丁，俱爲水工，決安豐已南陂池，會其流於城傍野中，浸注如澤。以故居民流心稍稍復定。時馬塘鄧家城既陷，霍邱方畏寇乘其虚，復飛語爲謡以惑其俗曰：「狐死首邱。」井閭多傳言之。耆老曰：「果守不能保是矣。」守聞之益恐，遂弃其城亡歸。是日霍邱焚。行未及郡，會日暮，使吏馳告副使以歸狀，令得夜開壁。吏至，壁卒捍關不得入，呼罵其卒。副使立城上曰：「某得命於詔，城書受即畫復之。今守獨入而卒露，無爲也。如驅與俱來，寧不知盗居其間，得夜則禍成矣。或幸止於郵。」平明闢關，介士陳兵夾道，驗其號以入，卒無敢越伍而趨。居有頃，守謫去，詔以李將軍代。將軍西出强兵臨萬勝城，復以副使掌留事。明年，陟其能，得加侍御史。是歲亞之東觀戰至壽春，得副使之迹，題之於署下，以記行事之時云。《文苑英華》第八〇二卷第四二四三頁。

隴州刺史廳記

昔制戎於西安瀚海之時，而隴汧去塞萬三千里。其處内居安如此，朝之命守，猶以爲重地，必拔其良能。當時之務，其難者不過理寵門大家之田園陂池而已。觀升平之基，其需賢如此。今自上邽清水已西，六鎮五十郡既失地。地爲戎田，城爲戎固，人爲戎奴婢。顧隴涇鹽靈，皆列爲極塞，而隴益爲國路。凡戎使往來者必出此，視其守由主人也。其言語威儀，豈容易而處近世者。朝之命守，殆未能注意耳。今清河崔公承寵世仕安西軍司馬。公生長於戎，然而神性杰异，行賢智之路，頗通諸書，又能博九州山川之理。而國中之士，知而仰者無幾人。近歲西戎累款塞。前年今上即位，欲以姻交北虜以輔中國。上書兩言蕃之事，天子覽書，以爲必能伺戎夷之情，故命使之。今年拜守隴州，拜之日，朝之卿士，咸謂隴之得賢爲賀。居郡而戎來者，必憚愛而去。嗚呼！何向之命守未能注意，而今之郡守得其人賢？何向之知者無幾，而今之稱者盈朝？豈一郡之事，有時而理耶？一郡之人，有時而幸耶？智者之道，有時而用耶？長慶初，余西視戎至於隴下。聞郡人之所美，故列署而刻記焉。《文苑英華》第八〇一卷第四二三八頁。

華州新葺設廳記

今天下邦郡之望，莫與太華等。然而公堂宴臺無別位，顧几硯與饒樂之具，日更廢置於其間。寧地勢之要，爲守者無久留於任，而經慮莫及此乎？隴西公爲守未滿歲，郡中既治。因窺其庶屋可攻（一作改）者，乃先問其吏曰：「政之爲困何始也？」吏曰：「累更其守耳。」公曰：「吏知其病哉，夫几硯者，公事之重器也。以宴而遷，以（一作徹）宴而復，則居不得常。屢更其所，政之爲困，不由此耶？且吏入公門，望其居則必莊，是几硯之處，宜其嚴也。今朝徹而暮置，事之者既勞，固以慢矣。而况酒行樂作，婦女列坐，優者與詼諧摇笑，譏左右侍立，或銜哂壞容，不可罪也。夫狎久則不敬，豈吾之獨患，其吏亦醜之。」明日，解冗宇一構於正寢西南隅，塹其外數步，土基之。飾故材以輳用，垢者磨其淄，弱者承其輕。決流於其所，以便塗者。補棟績楹，不涉旬而功就。沼沚之湄，隨而比矣。嗟乎！轉疣爲安，不費而功，吾知其由人。長慶元年四月甲子，吴興沈亞之仰公之迹，因請張文其下，紀其功焉。《文苑英華》第八〇六卷第四二六一頁。

劉寬夫

劉寬夫，生卒年不詳，伯芻子，洺州廣平人。工書。登進士第，歷諸府從事。寶曆中，入爲監察御史。俄轉左補闕。少列陳岵進注《維摩經》，寶曆中官終濠州刺史。

汴州糾曹廳壁記

郡府之有録事參軍，猶文昌之有左右轄，南臺之有大夫中丞也。糾正邪慝，提條舉目，俾六聯承式，屬邑知方。致上（闕）於坐嘯，舉綱維之未振，俾側者不敢挾其側，奸者不敢萌其奸。法令修明，典章不紊，此其任也。大梁當天下之要，總舟車之繁，控河朔之咽喉，通淮湖之運漕。丞相治所，鵷鷺成列。地闢土沃，兵多甲堅。人尚矜豪，氣率驕蹇。有梁園兔苑之遺事，當四會五達之通莊。雜燕、趙悲歌之人，邇吴楚剽輕之俗，爲吏之道，不倫他邦，滔滔來往，齗齗阡陌。任剛毅則失於突犯，守謙卑則病於委隨。剛則害身，隨則弛法。貞元以來，戎帥自擅，威令已出，無復國章，堤防不完，徽纆蕩失。調補斯任者，但疊迹斂手，以脱禍爲心，何有意於勾稽，而敢思其職業者哉！

太和二年，瑯琊郡葛公元方由天長令而莅焉。至則以爲當今聖上務治，丞相鎮静，以至清肅群下，以至公奉朝廷，凡所建啓，惟道是適。苟踵弊於斯日，不分晝於茲辰，則緣奸積蠹，無時而去。於是端誠守職，以正東邪。以儉慎律同僚，以直方吹屬邑。綽綽自立，職分隨來。故得上下叶和，遠近修整。法有刊定之制，軍無侵漁之患。人存政舉，其在於斯，游刃恢恢，肯綮無滯。主畫諾而克勝其任，司準繩而無忝厥官，從容其間，進退不苟。其唯葛君乎！元和中，憲宗皇帝勵進理道，注意法律，特設科以招士，欲問明廷後，詔有司核其妍否。先君僕射公時爲司績外郎，實專斯寄，絶因緣之舉，以公共爲先，於數十人中，得君充詔。故君之行實，敢不詳知。

夫公署有記，其來自遠，燦名氏於屋壁，示成敗於將來。俾善惡克彰，韋弦斯在，此蓋《春秋》之旨也，豈可闕哉！葛君以余從事斯文，叨官倚相，見托論撰，無愧直書。太和三年記。《文苑英華》第八〇三卷第四二四六頁。

劉三復

劉三復，生卒年不詳，润州句容（今江蘇句容）人。會昌中，累官至刑部侍郎弘文館學士。以文章見知於李德裕。聰敏絶人，善屬文，劉禹錫、李德裕深重其才。工八分書，尝書唐滑州節堂記。

滑州節堂記

諸侯之升壇胙土，服天子休命者，有弓矢鈇鉞之賜，生殺刑賞之柄。其爲任也蓋重矣，其受脤之日，秉節者得以王命傳信。俾先啓行。至則考善地，庇豐屋，麾旆以翼之，歌鐘以樂之。非征伐宴犒，申威行令未嘗出，此其大端也。是鎮股臂梁洛，咽喉齊魏，其氣强以勁，其人勇而忠。我連帥贊皇公，以全才上略，標柄中外。輟爲霖於將命，膺作翰之攸寄。歲值己酉，擁旄來斯。公以明誠報一人，以大信示三軍。膏潤慈惠，風馳教化。未洽旬日，群氓愛戴。纔越月而五校訓齊。及逾年也，則鰥煢咸樂業，豪奪不敢犯，戰備具而軍聲振矣。顧謂幕吏曰：「君之寵授，偉此瑞節。所處不嚴，人何以瞻。」於是建宏規，模大壯，去屑窗，圖宏敞。磴道迴廊繚其下，翬飛鱗葺攢其上。孑孑然倚静深而相合，渠渠然拂埃壒而孤峙。鄰墻藩而儷公署，實轅門之藴，抑外闑之雄歟！舉事必書，《春秋》之義，繇是秉筆硯於公之門者，承命纂述，謹志於堂陰。《文苑英華》第八〇七卷第四二六六頁。

杜牧

杜牧（八〇三——约八五二），字牧之，善屬文。第進士，復举賢良方正。沈傳師表爲江西團練府巡官，又爲牛僧孺淮南節度府掌書記。擢監察御史，移疾分司東都，以弟顗病弃官。復爲宣州團練判官，拜殿中侍御史内供奉。累遷左補闕、史館修撰，改膳部員外郎。宰相李德裕素奇其才。歷黄、池、睦三州刺史，入爲司勛員外郎，常兼史職。改吏部，復乞爲湖州刺史。逾年，以考功郎中知制誥，遷中書舍人。牧刚直有奇節，不爲齪齪小謹，敢論列大事，指陳病利尤切至。少與李甘、李中敏、宋邧善，其通古今，善處成敗，甘等不及也。牧亦以疏直，時無右援者。從兄悰更歷将相，而牧困躓不自振，頗怏怏不平。卒，年五十。牧於詩，情致豪邁，人號爲「小杜」，以别杜甫云。

同州澄城縣户工倉尉廳壁記

縣之所重，其舉秀貢賢也。今之自外諸侯之儒者，曠不能升一人，况尉乎？次乃户税而已。《史記·河渠書》曰：「自徵引洛水至商顔下，鑿井深者四十餘丈。」即此地也。徵者俗訛爲澄耳，其地西北山環之，縣境籠其趾，沙石相磚，歲雨如注，他皆淫灩不測，徵之土適潤，苗則大穫。天或旬而不雨，民則蒿然四望失矣。是以年多薄稔，復絶絲麻蔬果之饒，固無豪族富室，大抵民户高下相差埒。然歲入官賦，未嘗期表鞭一人。因徵其來由，耆老咸曰：「西四十里即畿郊也，至如禁司東西軍禽坊龍厩彩工梓匠善聲巧手之徒，第番上下户，互來進取，挾公爲首，緣以一括十。民之晨炊夜舂，歲時不敢嘗，悉以仰奉，父伏子走，尚不能當其意，往往擊辱而去。長吏固不敢援復，况其養秩安禄者耶？加以御女官多盤冗其間，遞相占附，比急熱如手足，自丞相、御史，咸不能與之角逐，縣令固無有爲也。非豪吏真工聯紐相姻戚者，率解去，是以縣賦益逋。徵民幸脱此苦者，蓋以西有通澗巨壑，叉牙交吞，小山峭徑，馳鞍馬、張機罝者，不便於此，是以絶迹不到。兼之土田枯鹵，樹植不茂，無秀潤氣象，咸惡之而不家焉。民所以安活輸賦者殆由此。儻使徵亦中其苦，則墟矣，尚安敢比之於他邑乎？」

嗟乎，國家設法禁，百官持而行之，有尺寸害民者，率有尺寸之刑。今此咸墮地不起，反使民以山之澗壑自爲防限，可不悲哉！使民恃險而不恃法，則劃土者宜乎墻山塹河而自守矣。燕趙之盜，復何可多怪乎？書其西壁，俟得言者覽焉。《文苑英華》第八〇五卷第四二五八頁。

淮南監軍使院廳壁記

淮南軍西蔽蔡，壁壽春，有團練使；北蔽齊，壁山陽，有團練使。節度使爲軍三萬五千人，居中統制二處，一千里，三十八城，護天下餉道，爲諸道府軍事最重。然倚海塹江、淮，深津橫岡，備守堅險，自艱難已來，未嘗受兵。故命節度使皆以道德儒學，來罷宰相，去登宰相。命監軍使皆以賢良勤勞，内外有功，來自禁軍中尉樞密使，去爲禁軍中尉樞密使，自貞元、元和已來，大抵多如此。

今上即位六年，命内侍宋公出監淮南，諸開府將軍皆以内侍賢良有材，不宜使居外。上以爲内侍自元和已來，誅齊誅蔡，再伐趙，前年誅滄，旁擊趙、魏，且徵師，且撫師，且誥且諭，勤勞危險，終日馬上。往監青州新附，卧未嘗安，復監滑州，邊魏，窮狹多事，今監淮南，是且使之休息，亦不久之，故内侍至焉。監軍四年，如始至日，簡約寬泰，明白清凈，恕惜軍吏，禮愛賓客，舉止作動，無非典故。暇日唯召儒生講書，道士治藥而已。内侍舊部將校，多禁兵子弟，京師少俠，出入閭里間，俛首唯唯，受吏約束。故上至相國奇章公，下至於百姓，無不道説内侍，稱爲賢人，此不虚也，宜其侍衛六朝，聲光富貴。某謬爲相國奇章公幕府掌書記，奉内侍命爲廳壁記。某再謝不才不足記序，内侍曰：「掌書記爲監軍使廳壁記，宜也。」某慚惶而書。時太和八年十月二十一日記。《文苑英華》第八〇二卷第四二四一頁。

丁居晦

丁居晦，生卒年不詳。約八三五年在世。唐文宗大和（八二七——八三五）中官起居舍人，集賢院直學士，擢拾遺改司勛員外郎，唐文宗開成（八三六——八四〇）中轉司勛郎中，知制誥，遷中書舍人；拜御史中丞，遷户部郎中。卒，贈吏部郎中。

重修承旨學士壁記

尚書元稹承旨學士廳壁記，舊題在東廡之右。歲月滋久，日爍雨潤，墻屋罅缺，文字昧没，不稱深嚴之地。院使郭公、王公，皆以茂器精識，參掌院事。顧是言曰：「吾儕厘務，罄盡心力。細大之事，人謂無遺。而兹獨未暇，使衆賢名氏，翳不光耀。失今不治，後誰治之？」遂召工賦程，不日而成。峭麗齊平，粉繪耀目。玉粹雲輕，隨顧而生。貫列豪英，使千萬齡。無缺無傾，工役告休。命予紀完緝之美，舊記所載，今皆不書。開成表號之二年五月十四日記。《文苑英華》第七九七卷第四二一一九頁。

鄭處誨

鄭處誨，生卒年不詳，字延美，於昆仲間文章拔秀，早爲士友所推。太和八年登進士第。

邠州節度使廳記

邠爲古國，其俗質而厚，其人樸而易理。業尚播種畜擾，有后稷、公劉之遺風。始皇并天下，地屬右輔。後漢析爲新平郡。後魏改置豳州，國朝因之。開元中，詔以豳、幽爲疑，因改爲邠。天寶已前，太平歲久，西通伊、凉，萬里而遠，邠實爲近郡。申王薛王以親賢之責居之，太尉房公以盛德之重居之。洎逆胡勃起幽、朔，西戎塵坌蕩涌，乘艱難際，盜據河右。蕃兵去王城，不及五百里，邠由是爲邊郡斥候，近郊鎮要害。大曆中，尚父汾陽王始以朔方軍壯其威容。後益選武勇驍健有膽决奇謀者繼之。

今大子三年，西戎款關，獻河湟數州故地，西鄙益拓。邠爲近蕃，上念兵戎方息，邊備愈遠，始詔司空白公，由丞相府持節來鎮。丞相功成繼命，文雅忠恕之風，煦然而起。邊人若寢痦拭目，心意蘇醒，始知禮讓文化之爲急務。廷議以我季父尚書公前爲夏帥，夷氓乂安，寇盜弭息，儲廩果實，兵械果完，懋賞休績。遷鎮是軍，季父又以理夏之政，移之於邠。邠人嬉嬉，薰爲太和。

嘗睹屋壁，志前帥是軍者之名氏，因曰：「曩之帥此者，豈不知是耶？始務公車，而角材堅壘，未暇及此爾。吾既承數君子大理之後，敢不勤督吾之未至者。況今戎醜既夷，不宜獨以鳴鼓鼙教擊刺爲事。」因命疏自開元以來，刺是郡帥是軍者，追書於屋壁。季父尚書公曰：「吾思將有以警於吾前警於吾後者。邠之土實，婦人無桑績，不能自衣；朔方之軍雄，男子勇於公戰，無他業以自厚。故郡之人以耕稼爲事，軍之卒以勇敢得賞。後之撫於人者，宜勉農畝，時其徵調，人不擾而完富矣；帥於軍者，宜嚴其刑賞，時其衣食，卒不驕而勇敢矣。人既完富，卒既勇敢，生聚之，訓練之，吾知青海之西，不數年爲内郡矣。」命處誨記其始終，序於前後。處誨謹以季父之言志於後，將允於後之人俾無怠。大中二年三月二十日記。《文苑英華》第八〇〇卷第四二三一頁。

裴素

裴素，生卒年不詳。平州（今河北卢龍縣）人。寶應初進士，太和二年舉賢良方正諫第三等，官中書舍人。

重修漢未央宫記

皇帝嗣位之年，衆靈悦附，日月所照，莫不祗屬。是以遠夷慕義，琛贐鼎來。用文明以爲理，洞風露之所啓。草木暢茂，山川景清，擊壤鼓腹，莫識由乎帝力矣。嘗因勝日，聖思閑遠。倦大厦之講習，想鮮原之游衍。乃命法駕，備宫馭。細草迎輦，神飆引衣。超然肆行，造適自得。視往昔之遺館，獲漢京之餘址。邈風光以遐矚，眇思古以論都。襟靈洋洋，周視若感者久之。於是召左護軍中尉志宏指示之曰：「此漢遺宫也。其金馬石渠，神池龍闕，往往而在。朕常以古事况今，亦欲順考古道，訓齊天下也。至是遐歷，恍然深念。且欲存列漢事，悠揚古風耳。昔人有思其人，猶愛其樹。况悦其風，登其址乎？吾欲崇其頽基，建斯餘構。勿使華麗，爰舉舊規而已。庶得認其風烟，時有以凝神於此也。」於是命工度材，審曲面勢，裁成法度，以就斯宫。

攢櫨栱，密玉石。碧瓦龍錯，層軒鳥跂。崇墉粉静，璇題月照。舒廊四注以雲委，隆臺分據而山屹。蟠虬蜿蜓，鱗動梠桷；蹲獸却騁，姿雄欄檻。宏袤乎豁達，跨臨乎涇渭。緑竹凝遠，繁松藹深；奇樹流光，丹墀迴繞。於是闢戲馬之廣場，開遠目之閑館。天地景新，山川勢重。迴太華之秀氣，列終南之翠屏。九嵏巀嶭而固護，八水分流以縈帶。而又揚太液之波，繚周帝之垣。原隰成文，丹素含華。翼樓杳以分張，雄虹直而中峙。神機一發，廓若懸寓。祥烟瑞彩，鬱鬱葱葱。瞻迴途以下濟，撫璇璣而高視。見秦川風物，漢原邐迤。感前王興廢，知稼穡艱難。吾君用此鏡是非，闡思慮。豈獨資耳目，縱游玩也。凡殿宇成構，總三百四十九間，工徒役指萬計。武夫奮力，將校呈規。然而材匪藻棁，塗惟儉静。經之營之，不日而成也。

按漢史，高祖初定天下，悦卜洛之邑，爲天地之中，有周室遺風，將都之。婁敬諫曰：「陛下取天下，與周室异，不可居也。夫洛陽四戰之地，豈若秦川天府之國，山河形勝，真百二之勢乎。」高祖是日駕如長安。其後七年，北擊韓王信，相國蕭何居守而營未央宫。因龍首山，作前後殿，建觀闕街道，周迴七十里，臺殿四十所。帝還見之，怒曰：「何治宫室之過度也！」何曰：「天子以四海爲家，非壯麗無以重威德。」帝悦而就居焉。

自漢元年乙未歲至聖唐會昌元年之辛酉，凡一千四十有七年矣。其傾頽毁圮，悠然邈然，竟無有存之者。我後緬慕古昔之興時，即其舊而新是圖，築摧基而繩修木。不侈不約，巍然嶷然。時以以績效而封國公，由忠義而位上將。自總右廣，貞心冠古。陛下龍升大寶，光啓帝運。左右同德，東西一心。變生人之耳目，焕大明之微懿武力忠壯，元機天啓。式是萬旅，吾唐有人。由是委以腹心，寄之環列。上曰：「忠爲令德，有若士良、志宏，爲吾左右矣。」明年，上親見祖考，郊天神。雪灑川原，塵清城闕。陽和風扇，緑野烟澮。是月也，三辰承初，以表無事。上乃顧新宫，迴玉輦，列騎雲動，彩仗天旋。乃出金風，由是乎造於未央。俯仰周視，肅威神而煌煌，游焉息焉，容與悦懌。晴山屏開以四繞，故城巉然而隱嶙。鮮風美景，薰然入座。上從容言曰：「吾今建是殿，且錫之以嘉名。其殿曰通光，其東曰韶芳亭，其西曰凝思亭，乃立皋門曰端門，其應門題曰未央宫。所以志大臣之忠力，且不忘吾好古也。」乃命侍臣曰：「爾爲我記之，刻以貞石，傳示乎不朽。」臣素任當承旨，不敢固讓，惶恐拜舞而文之。時會昌元祀濡大澤之明月也。謹記。《文苑英華》第七九七卷第四二一一六頁。

竇潏

竇潏，生卒年不詳，唐乾符三年（八七六）任池州刺史。

池州重建大廳壁記

岷巢虐池之二年，潏自平原郡得此郡。其始至也，無屋宇城壁之事，無市井人物之類。瓦骼凹亞，相毶雜視。一之月檢訪鄉籍，二之月完聚瘡痍。三四月後，病者起，亡者歸，瓦者投，骼者掩。明年春夏熟冬熟，其歸者起者，有風雨之備，而江盜未息，天租無寄，故郡人有廨宇城壁之請。既城壁焉，則人得以避寇。既廨署焉，則物得以營帑。鼓角器械，廳堂檐廡，自濠塹周於四隅。其間合建置者，一無所闕。木端鐵横，分別出入。於戲！自永泰至乾符戊戌歲，是城也以李僕射爲祖。自乾符至於中和癸卯歲，是城也。潏不敢讓勞。其基趾始末，存韓刺史裴晋公語中。鑾輿幸蜀之四年冬，是年王師始克宫闕記。《全唐文》第八二九卷第八七三四頁。

楊夔

楊夔，生卒年均不詳，约唐昭宗光化末年（约九〇〇）前後在世。

湖州録事參軍新廳記

度材者定曲直於繩，較物者決輕重於衡。蓋繩無欺，衡無私，故人所取鏡也。今使五邑之吏，枉正無所逃，千里之情，毫厘無所差，束其内外，必蹈乎規矩，戢諸桀黠，知攝於刑憲，斯郡主簿有繩衡之無私，爲得其任矣。

高陽許鏞，以前秋曹椽端於讞獄，詔寵之，遷陟斯任。自兵興十五載，事隳宿貫，守國之法制，禀朝之政令者，由關而東，郡亦無幾。惟吴興遵國經，體舊章，上下謙敬，確然不渝。然此數萬衆兵之所給，固繫於土賦。俾其役不重，斂不煩，吏不苛，民不疲，萬目自正者，全在提其綱乎？君制事以義，制心以禮。節不爲勢易，志不爲强奪。静以督其下，故其下肅。恪以莅其事，故其事簡。由是衆吏畏而庶務集，僅致於訟息而刑置矣。廣明中，妖巢揭竿以犯帝闇，遂俾翠華有西南之狩。梁鄭周秦之甲，皆閣手無所敵。凡五改火，鑾駕外駐。甲辰年，今太守以彭門之師，擒巢於萊蕪。提其顱薦於成都。明年春玉輦還闕，遂以功牧於吴興。帝念殊庸，位不配德，詔加防禦，以高其位。始開幕延賓，增吏拓制度。是取督郵之舊署，爲防禦使院。然後合功廪户三掾之廳，移居視印繩墮於此。夫檐楹迫則耳目泥，居處蕪則思慮昏。今兹視於前則淺而露，覘於後則湫而陋，得無泥與昏乎？而又蕠蓧雜卉，蔭翳階序。列衙者亂其次，授事者喪其局。交肩駢足，褻禮虧敬。君乃命梓人，擇瑰材，敞前楹，豁南榮，砥中唐，嚴層扃，設外屏以肅其入也，構環廊以莊其位也。撤舊增新，擁隘咸革。列目之物，罔不完美。睹其顯敞，則夏奪其暑。居其奥密，則冬却其寒。地斯清，境斯勝，足以豁聽視，爽精神，導中和之性，增冲澹之趣矣。君子是以知藴智者於事敏，負才者應用周。如水於器，方員無所滯。如絲於色，元黄無不入。如是則化圮爲完，易卑爲高。蓋出於餘力乎？况君行己之道，及物之利。其察也鑒焉，臧否無匿。其信也潮焉，朝夕不忒，俗茹其正，吏飫其直。叔向所謂明察之官，忠信之長者，於此而見矣。

斤塗畢役，君以夔業於文，且謂「紀年表事，春秋之曩志也。兹廳之立，既始於我，而載祀莫紀，無乃取議於將來乎？其爲我書之，無虚美，無加飾，惟實是編，足以貽後。」遂謹而日之。請題於東墉，以記廳之始。《文苑英華》第八〇三卷第四二四八頁。

沈顔

沈顔（？——約九二四），字可鑄，吴郡人。沈既濟曾孫。生年不詳，约卒於後唐庄宗同光中。唐末亂離奔湖南。吴國建，爲淮南巡官、禮儀使、兵部郎中、知制誥翰林學士。順義（吴楊溥年號）中卒。顔嘗疾當時文章浮靡，仿古著書百篇，取元次山聱叟之説，名曰聱書十卷，《全唐詩》録有《陵陽集》五卷，并傳於世。

宣州重建小廳記

界江南，宣州實爲奥區。凡厥貢之盛，厥土之饒，則古所良也。暨巨盗起芒碭，環弊於四方。是邦載罹窘厄，雖城隍僅免，而外無孑遺矣。及兵部裴公慶餘去任，賓常侍聿自池牧來臨。莅事未幾，遽爲秦彦所據。奸連鄰慦（一作憝），一旦擁兵渡江，引黨趙鍠以代己任。是歲南徐劉顥作亂揚州，繼喪師律，二境流離，人不堪命。宏農王方作自淝水，爰奮義旗，詢於同盟，則田公司空首決宏謀。及維揚克定，秦彦就誅，宣人有言曰：「何獨後予，傒其來蘇。」宏農王允惘是誠，我公復勵兵進討，鍠悉鋭逆戰，亟爲崩之。及追蹙保壘，兵食内空，而外不絶商，市無改肆。鍠知人和在彼，乃冒圍宵奔。我公追擒之，自此江表略定。大順元年建子月，孫儒大據維揚，又來寇我。舉不以義，自老厥師，復爲我公擒之，其衆盡潰。宏農王去寧揚土，我公嗣總藩條。天子嘉公之勛，就轉左僕射命觀察。於是明年建寧國節度，又明年加司空。宣城薦屬戎事，便廳久缺，司署者進言曰：「盍葺諸。」公曰：「民室未完，民逃未復。」於是用文德以來之，既來而安之，不期歲，車者闐闐，舟者聯聯，比屋滯貨，盈市溢鄽。司署者復進言曰：「民室完矣，民逃復矣。」公曰：「倉廪未實，田野未闢。」於是薄其賦而省其傜，給其乏而賑其饑。不期歲，荷耰秉犁，橇蟠於泥，如雲之稼，穰穰在畦。司署者復進言曰：「倉廪實矣，田野闢矣。」公乃許。然後度材相址，不愆匠事。横梁虹亘，山節峰峙。嶪嶪崇崇，觀者改視。公喜，退顧人曰：「凡事之治不治，無賢愚貴賤，顯然知异。觀此，當其未治，人咸慊之。及其治也，人咸榮之。則吾於爲政也，豈不榮乎治哉？我今欲刊成績，宜付所能，則沈氏子以文售，子其何可辭焉？」乾寧二年乙卯秋九月八日記。《文苑英華》第八〇二卷第四二四〇頁。

薛文美

薛文美，生卒年不詳。南唐保大時爲寧國軍節度推官，知録鎮事朝議郎，檢校尚書主客郎中。

涇縣小廳記

余自出周行，來治斯邑。竊覩圖籍，亦睹風土。歷代屢爲郡，復改縣，隸豫章焉。爾後割龍門鄉爲太平縣，沙城鄉爲旌德縣，石埭鄉爲石埭縣。可知古封疆遠近爾。太和中，裴明府焊惜其山勢雄峭，溪帶奔傾，翠鎖居人，烟和公舍，聞奏依萬年縣廨宇制置。縣署之後，池塘迂折，半里有餘。雖水涸草侵，波瀾不見，而斜灣曲岸，景致宛然。别有亭基五所古木修篁，交蔭若蓋。睹斯遺址，甚鬱於懷。然則民病未除，官方到任，不可追往，有害於今。終伺豐穰，以續故事。庚戌歲中秋，始創高亭一間兩厦。風來入面，目達四方。危擬鰲頭，静同天籟。乃命曰：「齊雲亭。」一小廳者，乃縣之古廳也。不記年代，屢曾增修。柱木傾斜，風雨不蔽。頹毁既甚，坐立非安。議始重興，量功采斫。先有洪水漂出巨材，久在溪堧。謂其蠹朽，試請少府邢公楷監工人往視，得直木數條，沿溯而來，如神所惠。爰運斤斧，遄就公廳。榱桷端堅，棟梁宏壯。威儀百里，花焕一方。復於廳後蓋廊屋三間，水閣三間。重梁續柱，架嶮飛空，檐影照波，荷香入檻，曰「來風閣」。東北隅茅亭一所，花卉藂雜，果實枝繁，翠色長在，嵐光不散，亦重修飾，別是幽奇，曰「烟鎖亭」。因記小廳，乃得總述。非衒功積，要載歲時。大唐保大十一年歲次癸丑七月二十六日，寧國軍節度推官知録鎮事朝議郎檢校尚書主客郎中賜紫金魚袋薛文美記。《全唐文》第八七二卷第九一二二頁。

劉仁贍

劉仁贍（九〇〇——九五七），字守惠，彭城（今江蘇徐州）人，五代時期南唐大将。后周攻唐，周世宗、趙匡胤攻壽春，破城外數寨，他堅守州城不降。後劉仁贍病得不省人事，其副使孫羽等率成余人奉表出降。翌日，劉仁贍卒。周世宗追封其爲彭城郡王。宋代加謚「忠肅」。

袁州廳壁記

南唐保大二年春二月，廉使彭城公新建大廳者，所以延賓旅，服不庭也。載筆之士，得以總敘興復叛亂。

始龍蛇之起陸，旋戎馬以爲墟。萬井之桑田垂變，由是群雄角立，諸化風行。而列郡之俗，猶尚草創。爰屬大統，土德中興。漢戀劉宗，寶祚重尊於光武；夏思禹力，鴻圖復霸於少康。我烈祖光文肅武孝高皇帝反正宗祧，光宅寰宇，雲龍自契，風虎相符。乃命我公解印黄岡，擁旌袁水。公半千應運，七葉襲勛。鄭武公則父子匡周，乃賦緇衣之什。賈太守則兄弟理洛，爰刊棠棣之詩。方枝幹以猶疏，比源流而未浚。夏日冬日，莫之與并。一酪一酥，俱弗如也。初客省司徒清河公監臨是郡，乃究尋往制，奏復舊基。召良工而方切運斤，奉急徵而遽迴丹闕。公纔臨理所，歷覽區中。公署則頗極欹邪，巷陌而仍多燥濕。翼日，與通判員外中山郎公議葴斯事，且曰：「馬文淵所過，都城皆理；叔孫婼所館，一日必葺。豈位居牧守，運叶昌期，而不崇廨署者乎？」矧又輿情攸願，帝命曰俞，乃蠲帑廩以市楩楠，創陶冶以備瓴甓。物無苛費，人不告勞。日居月諸，厥功克就。所建立郡齋使宅，堂宇軒廊，東序西廳。州司使院，備武廳毬場，上供庫、甲仗庫，鼓角樓、宜春館，衙堂職掌，三院諸司，總六百餘間。仍添築羅城，開闢濠塹。所役將士，皆均其勞逸，賑其饑寒。氣等指梅，言如挾纊。同孫仲謀之砌壘，咸矜鐵瓮之堅；异皇國父之築臺，取謗澤門之皙。終乃圖施丹雘，表進斯庭。飛章陳戮力之功，丹鳳降紫泥之詔。褒崇迥异，賞賜有差。先是兹郡鬻竹木柴炭者，有彫門之税。公乃復南頓之免，於是豐財足用。士庶易其居第，二載之内，闤闠櫛比。逮於三載，周而貌輯焉。公儉於身而富於人，孝理家而忠奉國。心惟惻隱。德契清寧。故千里之稼穡登豐，四序之雨風調順。昔漢宣帝有言曰：「與我共理者，其惟良二千石乎？」即我唐得斯人也。暨先皇晏駕，聖上御圖，慶賜遂行，無有不當。敕升袁州都團練觀察處置等使，賜明威將軍，食邑三百户，褒政績也。邸之大廳，舊有壁記，以紀方伯除任授代。自干戈俶擾，歲月微失其本末，唯存姓氏。乃命筆吏，敘而補焉。故使刊勒，復紀於壁。其年五月一日記。《全唐文》第八七六卷第九一五八頁。

裴禕

裴禕，武宗會昌四年爲巴州刺史。

巴州刺史廳壁記

匠流杯於西龕，植紅蕖於南沼。《輿地紀勝》卷一八七。《全唐文補編》（中）第七六卷第八九六頁。

韋宗卿

韋宗卿，生卒年及生平事迹不詳。

簡州刺史壁記

揆以氣候，較以土宜。雖自成都，俱不如也。《輿地紀勝》卷一四五。《全唐文補編》（中）第七六卷第九四二頁。

闕名

生卒年及生平事迹不詳。

茂州都督府壁記

貞觀初，置羈縻州九，曰：維、冀、筸、涂、炎、徹、向、冉、穹。《蜀中名勝記》卷七。《全唐文補編》（下）第一三七卷第一六七六頁。

李頌

李頌，後周顯德五年賜進士第。建隆年間以將仕郎守濟州任城縣主簿，又爲華州司户，擢贊善大夫。見所撰《濟州重修廳壁記》及《册府元龜》卷六四二，《古今紀要》卷一七。

濟州重修廳壁記〔一〕 建隆四年八月一日

郡齋舊址，乃巨野縣之廨宇也。頃自周室肇興，魯侯叛命，六飛薄伐，孤壘蕩平。天子乃迴法駕，儼環衛，考三壤之成賦，欲萬邦之作乂。以其大兵之後，厥俗未濟，斯地扼數州之要害，斯民據聚盗之泉藪，化之則從風者少，刻之則掛網者多。繇是宸襟屢謀，明詔乃下，爰廢兹邑，聿建是州。寇攘浸衰，城壘方堵。局促有同於晉儉，經營靡及於衛臧。雖露冕褰帷，無廢六條之政教；而上棟下宇，不揚五馬之威風。剖符載易於數朝，視事繼仍於舊宇。我太守譙公之下車也，一之歲，視民之所疾怨苦者除之，吏之不簿入錢穀者乂之，奸之巨蠹者夷之，猾之太暴者芟之，一境於是乎以寧。二之歲，犯四律者正之，冒時禁者繩之，孝悌者獎之，潔廉者用之，黎人於是乎知勸。三之歲，茂才者舉之，异等者揚之，墨綬之吏居官之治理者旌之，鄰邦於是乎仰化。公知化之克修，事之既簡，因追《大壯》之義，欲興必葺之功，且曰：「凡治一州，或刺一郡者，以化民唯先，致理爲務，豈特飾臺榭亭宇、悦心意耳目哉？然則舊政因循，廳事湫隘。廳者，聽也，將欲聽郡政而牧黎民；事者，功也，將欲崇化功而敷六察。若怠僝工之用，良辜共理之心。矧兹樂郊，攸同浩壤，上賦貞墳，草木條繇。鄉號獲麟，傍接溵沮之會；水鄰浮磬，遥分海岱之圻。秦争漢略獵其功，晋伐楚侵漁其利。驗九州之别，濟河密唯兖之封；稽十藪之名，大野乃降婁之分。苟儉不中禮，陋如之何？則曷以壯我劇郡，爲王甸服哉！」於是凡百官舍，咸命隆修，群司奔馳，百工鳩揆。準繩圬墁者雷動，剞劂板幹者風驅。周廊迴合以虹申，峻宇坱圠而烟聚。層城之樓閣相望，勝地之臺池聿興。麟趾應聖之鄉，居然丕變；馬頰名河之境，焕若唯新。郡容既嚴，公庭有翼，命有司敬其事以落之，燕僚屬修其禮以臨之，召樂工合其奏以娱之，發侑幣厚其意以將之。若乃鞅掌在公，朝夕聽政，决盈庭之訟，敷求瘼之言。法令既明，吏士咸肅，入其門者，莫不祗畏。又若怡神無事，宣德以詩，歌有道之風，涌如泉之思。酬和無斁，賓僚汁協，涉其級者，莫不敦穆。豈比夫崇飾峻宇，輪奂雕楹，徒爲燕息之所、娱樂之地而已哉！抑公之爲政也，化暴戾之俗，復禮義之風，申刑制之嚴，弭萑蒲之盗。有士民詣闕之請，有朝廷借治之稱，有行路游揚之頌，具美咸在，此不能盡書。下吏承命爲文，不遑牢讓。如紀貞珉，請俟才之杰者。時大宋建隆四年八月一日建。金紫光禄大夫、檢校司徒、使持節濟州諸軍事、濟州刺史、兼御史大夫、上柱國、彭城縣開國男、食邑三百户曹翰。《平津館金石萃編》卷四，臺灣新文豐出版公司石刻史料新編本。又見《山左金石志》卷一五，乾隆《曹州府志》卷二〇，乾隆《濟寧直隸州志》卷三一，道光《巨野縣志》卷二〇，《曹南文獻録》卷七四。

〔一〕題後原署：「將仕郎、守任城縣主簿李頌撰。」

張　咏

張咏（九四六——一〇一五），字復之。以「乖則違衆，崖不利物」自戒，因號乖崖子；又號九河生。濮州鄄城（今山東鄄城北）人。太平興國五年進士，即授大理評事，知鄂州崇陽縣。淳化初，由知浚儀縣擢爲荆湖北路轉運使。四年（九九三），官樞密直學士、知銀臺通進封駁司，兼掌三班院。咏歷遷外任，曾於淳化五年、咸平六年（一〇〇三）兩知益州，景德三年（一〇〇六），出知升州，皆以政績聞。大中祥符三年（一〇一〇），官工部尚書，同年秋，加禮部尚書。八年八月一日卒，年七十，贈左僕射，謚忠定。咏剛方自任，爲治尚嚴猛，「文章雄健有氣骨，稱其爲人」。有文集十卷，後人增爲十二卷。《宋史》卷二九三有傳，又見《乖崖先生文集》附録李燾《湖北漕司乖崖堂記》，錢易所撰墓志銘，韓琦所撰神道碑銘。

麟州通判廳記

今之通判，古之監郡。郡政之治，助而成之，郡政之戾，矯以正之，此足以宣天子之風，達窮民之志也。我國家開疆八荒，列郡五百。皇德所被，人用胥悦；皇威所加，罔不震恐。故使一儒者鞭制荒外，何其壯耶！麟州舊壤，實曰新秦。按：秦武王轉徙東民，以實此土，久用滋富，因以名之。漢隸朔方之郡，唐爲勝州之域。匈奴接荒，在河一曲，黨項部族，漢民混居。長城基其前〔一〕，屈野川其右，左帶樓煩之境，南遍赫連之鄉。惟府由兹，脣齒相輔。開元年中，群蕃構逆，燕公燕公張説致討，請城麟州，所以安餘種也。顯德之末，劉崇不賓，楊侯作藩，移壘斯堡，所以護并寇也。顯德五年移州小堡。通判之職，殆未嘗設。雍熙二年夏六月，某始拜命〔二〕，倅莅是邦。其輯兵綏民，禦侮致餉，判與守牧〔三〕，相爲表裏。爰卜安堵，以宅厥處。取材因舊，不奪民力。廳事敞閑，獨首陽位。故廳，停也，使停息其間；又廳，聽也，欲聽行其教。蓋禮之攸屬，民之是依，得不慎哉！於戲！君道惟艱，艱於審賢；臣道惟艱，艱於克官；民道惟艱，艱於能安。若是廳也，帝王之詔令存焉，千里之刑政繫焉。苟職君之務，如飢嗜食，待君之民，如子俟息，則明恕中出，刑政用清，內杜擅權之吏，外絶無告之民。謂斯廳也，宇覆疆內，人用休息。若忽君之令，寇君之政，掠民膏腴，爲妻子謀，則志辱於貪，事成於濫。既厚蘊櫝之責，亦速覆舟之咎。謂是廳也，醜甚屠肆，其何尤焉〔四〕？賢行難著，仁心易隳，敢鏤廳壁，取爲政規，後之君子，勿爲安也。時皇宋雍熙二年八月日記。《續古逸叢書》影印潘氏滂熹齋藏宋刊本《乖崖先生文集》卷八。

〔一〕其：原脱，據清黃丕烈校本（簡稱「黃校」）補。

〔二〕某始：原作「始某」，據光緒莫祥芝校刊本（簡稱「莫本」）乙。

〔三〕判：原作「利」，據黄校、莫本改。

〔四〕尤：原作「游」，據右引改。

馬亮

馬亮（九五九—一〇三一），字叔明，廬州合肥（今安徽合肥）人。太平興國五年（九八〇）登進士第，爲大理評事、知蕪湖縣，歷知福、饒等州，除殿中侍御史。咸平中除西川轉運副使。後歷知州府十餘，中間曾爲御史中丞，判尚書都省。天聖中累官工部尚書，以太子太保致仕，卒，年七十三。時其婿吕夷簡爲相，優謚忠肅。《宋史》卷二九八有傳。

建康郡守題名記序

金陵古之名地也。昔周太王長子避位奔江南，百姓從而君之，自號「勾吴太伯」。吴亡於越，越亡於楚，楚亡於秦，其間千餘年，不常厥居。秦有天下，置三十六郡。涉歷兩漢，其地尚屬丹陽郡。三國時孫權始建都邑。晋室渡江，宋、齊、梁、陳因之，無遷易焉。隋滅陳而禪唐，至玄宗時乃爲升州。唐祚告絶，五代繼立。當是時也，九州分裂、海内横流，擅其地而稱霸王者非一。江淮則楊氏據之而都廣陵，李氏承之而都金陵。憲章紀律，惟李氏可采，金陵則輒號江寧府矣。聖宋開基，混一區宇，後主以開寶八年乙亥歲十一月二十七日城陷歸闕，金陵復爲升州。至丙午歲凡三十二年，且牧守一十七人，慮年代浸遠，好事者無以詰其姓名。余忝守郡條，職參史氏，故爲題名記，欲使往者來者，得以顯其名位、到罷月日，庶幾乎千載之下，知皇宋之有人焉。《景定建康志》卷一三。

王禹偁

王禹偁（九五四——一〇〇一），字元之，濟州巨野（今山東巨野）人。太平興國八年（九八三）登進士第，授成武主簿。次年除大理評事、知長洲縣。端拱二年（九八九）拜右司諫、知制誥，未幾判大理寺事。爲徐鉉雪冤忤旨，貶商州團練副使。移解州，差知單州。召爲禮部員外郎，再知制誥。至道元年（九九五），兼翰林學士，坐謗訕，罷知滁州，移知揚州。真宗即位，召還，復知制誥。咸平初預修《太祖實録》，以直書史事，出守黄州。四年（一〇〇一），徙蘄州，病卒，年四十八。有《小畜集》三十卷（存）、《小畜外集》二十卷（今存七——一三卷）、《五代史闕文》一卷。另有《承明集》《奏議集》等。《宋史》卷二九三有傳。

單州成武縣主簿廳記

主簿之任，在名品間最爲卑冗。然臺府寺監洎郡縣皆署焉。總而言之，縣主簿又爲卑冗之魁者，是以古人或耻之。噫，士君子學古入官，不以位之高下，身之貴賤，在行乎道、利乎民而已矣。故中都宰、魯司寇，聖人爲之者，爲是也。矧百里之慘舒，繫一邑之令長，令長得其人，主簿又裨贊之，則人受其賜也宜矣；令長非其人，主簿又阿諛之，則人罹其苦也又宜矣。苟能曲盡規正，俾合於道〔一〕，則一邑之政有由主簿而化者，得輕其所任乎？至於理簿書、課農事、供賦調、求考績者，固主簿之職然爾。其間有鬥訟相高、婚田未決、畜産交奪、契券不明者，在乎察其情僞，正其曲直，助令長詳而決之，使刑罰得其中，則百里之人，手足知所措矣。有奸猾，有煢獨，有墮農，有無賴，有不孝，有不悌，在乎助令長遏撫之，誘導之，懲激之，則百里之人，耻格而移其風矣。有力田，有孝悌，有義夫，有節婦，在乎助令長申舉之，禮厚之，旌别之，則百里之人知勸而易其俗矣〔二〕。引而伸之，主簿之能事畢矣。然後可移之於郡，用是道佐佑長吏，則龔、黄循良之政可待也。復可移之於國，用是道弼諧帝皇，則堯舜雍熙之化可致也。夫如是，則爲主簿者，始能公於心而執乎道〔三〕，足下千里，毫末合拱，豈爲難哉，又何卑冗之有焉？某策名起家〔四〕，作吏斯邑。到任之明年，屬歲豐政簡，因筆其志於屋壁，所謂「知之非艱，行之惟艱」者也。亦欲使後來居是位、升是廳者，勿以下位而自敗其道焉。四部叢刊本（上海商務印書館影印常熟瞿氏藏宋刊配舊抄本）《小畜集》卷一六。又見《曹南文獻録》卷五九。

〔一〕俾：原作「碑」，據傳增湘校光緒二十五年廣雅書局刻聚珍本（簡稱「傳本」）改。

〔二〕其：原作「且」，據傳本改。

〔三〕始：原作「姑」，據傳本改。

〔四〕某：原作「其」，據影印文淵閣四庫全書本（簡稱「庫本」）改。

長洲縣令廳記

天下語宰邑之賢者，率以宓不齊爲稱首，以其彈琴化民，民不忍欺，謂得致理之要也。殊不知行是道者，不獨繫於人，亦將繫於時也。當時王室雖微，皇綱未絶。有周禮在魯，則單父豈曰亂邦；有聖人爲師，則子賤宜乎行道。居百里之位，得諸侯之權，社稷民人，自我而已。井田車賦，得均其輕重；刑罰教令，得濟其寬猛；凶荒水旱，得專其賑恤〔一〕；農時民力，得聽其休息。然則無私於心，克儉於身。辨田之腴瘠，定賦之上下。强暴者刑之以法，孝悌者旌之以禮。寬其教以誘人，峻其令以約吏。時豐則斂之，歲饑則賑之。農有力而不奪，役非時而不行。闢之以庠序，誨之以禮樂，使父子親、兄弟友、夫婦和，然後教祭祀以事鬼神，行慶吊以睦鄉黨。自然懷土不散，熙熙如春，弗知其然而然也，在上者不鳴琴而何俟哉！洎王道云亡，霸圖孔熾，大小相并，强弱相攻，區區子男，宗廟不保。故《傳》曰：「漢南諸姬，楚實盡之。」又曰：「楚縣陳，蓋縣之始也。」秦有天下，畫三十六郡，則小國皆爲縣而隸於郡矣。國之於郡，猶身之有臂也；郡之於縣，猶臂之有指也。國取於郡，郡取於縣，縣取於民，是以臂指捶民而自奉也。由是田有暴賦，丁有常傭，春役而夏不休，朝令而夕必具。小則懲之以殿最，大則懼之以刑法。豈唯道不能行，亦將身受其辱，遂使宰邑者苟禄食、免笞罵而已。昔人嘆「徒勞」而歌「歸去」者爲是也。向使子賤復生，亦將捨琴折腰，奔走不暇，况行道乎？雖欲不顧其時，不程其力，亦猶建一指而扶天柱，不其艱哉？時使之然也〔二〕。長洲之名〔三〕，見《吴都賦》，貞觀中分吴縣以建之，垂二百年，宰邑名氏，縣志闕焉。錢氏享國幾一百稔，專建屬吏，莫得而知。皇上嗣位之二載，淮海王歸於我〔四〕，國家始設官以理焉。袁仁鐵首之，王某次之。其土污瀦，其俗輕浮，地無柔桑，野無宿麥，飪魚飯稻，衣葛服卉，人無廉隅，户無儲畜。好祀非鬼，好淫内典，學校之風久廢，詩書之教未行。兼并者僭而驕，貧窶者欺而墮，田賦且重，民力甚虚，租調失期，流亡繼踵。或歲一不稔，則鞭楚盈庭而不能集事矣，至有市男女以塞責者，甚可哀也。是蓋隔中夏之政，浸列國之風使然也。今聖人求理於上，庶官陳力於下，斯民之泰，其有漸乎。某非循良之才，莅凋瘵之邑，仍以舊貫，民安仰哉！會到任之明年，大有年也。先是，司漕運者，轉民歲租，更送他郡，苦舟楫之役，糜堰埭之費者久矣。至是，始聽民以本屬郡輸之，從便宜也，亦小康之有萌矣。是歲獄訟靡繁，賦調中考，因鳩斂民瘼，評議政體，總而刊之，存諸廳事，待賢者以舉之，所謂能言而不能行者也。時大宋雍熙三年正月九日，守大理評事、知縣事王禹偁記〔五〕。《小畜集》卷一六。又見《吴郡志》卷三七，《吴都文粹》卷九，《長洲藝文志》卷一。

〔一〕賑：原作「賦」，據庫本及《吴郡志》改。

〔二〕使：原無，據《吴郡志》補。

〔三〕洲：原作「州」，據《吳都文粹》改。

〔四〕淮海王：原作「漢南王」，據黄丕烈校宋紹興十七年黄州刻遞修本（簡稱「黄本」），吳翌鳳、黄丕烈、張紹仁校乾隆二十五年趙熟典愛日堂刻本（簡稱「吳本」）改。按《宋史》卷四《太宗紀》一：太平興國三年五月，吳越王錢俶獻其兩浙諸州，「封錢俶爲淮海國王」。

〔五〕「時大宋」以下原無，據《吳都文粹》補。

待漏院記

天道不言而品物亨、歲功成者，何謂也？四時之吏，五行之佐，宣其氣矣。聖人不言而百姓親、萬邦寧者，何謂也？三公論道，六卿分職，張其教矣。是知君逸於上，臣勞於下，法乎天也。古之善相天下者，自咎、夔至房、魏可數也，是不獨有其德，亦皆務於勤爾。况夙興夜寐，以事一人，卿大夫猶然，况宰相乎？朝廷自國初因舊制，設宰臣待漏院於丹鳳門之右，示勤政也。至若北闕向曙，東方未明，相君啓行，煌煌火城，相君至止，噦噦鑾聲。金門未闢，玉漏猶滴，徹蓋下車，於焉以息。待漏之際，相君其有思乎。其或兆民未安，思所泰之；四夷未附，思所來之；兵革未息，何以弭之；田疇多蕪，何以闢之；賢人在野，我將進之；佞臣立朝，我將斥之；六氣不和，灾眚荐至，願避位以禳之；五刑未措，欺詐日生，請修德以厘之。憂心忡忡，待旦而入。九門既啓，四聰甚邇，相君言焉，時君納焉。皇風於是乎清夷，蒼生以之而富庶。若然，總百官，食萬錢，非幸也，宜也。其或私仇未復，思所逐之；舊恩未報，思所榮之；子女玉帛，何以致之；車馬器玩，何以取之；奸人附勢，我將陟之；直士抗言，我將黜之；三時告灾，上有憂色，構巧詞以悦之；群吏弄法，君聞怨言，進諂容以媚之。私心慆慆，假寐而坐。九門既開，重瞳屢迴，相君言焉，時君惑焉。政柄於是乎隳哉，帝位以之而危矣。若然，則死下獄，投遠方，非不幸也，亦宜也。是知一國之政，萬人之命，懸於宰相，可不慎歟？復有無毁無譽，旅進旅退，竊位而苟禄，備員而全身者，亦無所取焉。棘寺小吏王某爲文，請志院壁，用規於執政者。年月日記〔一〕。《小畜集》卷一六。又見《皇朝文鑒》卷七七，《五百家播芳大全文粹》卷一〇六，《文翰類選大成》一一二，《名世文宗》卷一九。

〔一〕年月日記：原無，據傅本、黄本增。

楊大雅

楊大雅（九六四—一〇三二），原名侃，避真宗諱改，字子正，錢塘（今浙江杭州）人。錢俶歸朝，挈族寓宋州。進士及第，歷新息、鄢陵縣主簿，改光禄寺丞、知新昌縣，徙知潯州。監在京商税，遷秘書丞、太常博士、直集賢院，知筠、袁、越、常等州及應天府，糾察在京刑獄。天聖六年（一〇二八）九月以兵部郎中知制誥。居二歲，拜右諫議大夫、集賢院學士、知亳州，卒。好學篤古，著述頗富，有《原治》十七篇、《大隱集》三十卷、《西垣集》五卷、《職林》二十卷、《兩漢博聞》二十卷、《家譜》一卷。《宋史》卷三〇〇有傳，又參《宋史》卷二〇三、二〇四，《藝文志》二、三。

新建郡小廳記　景德三年十二月

郡之有小廳，所以便於臨事也。長吏大其廳，峻其階，深居以自重，使下民之堂上千里。雖訴冤而來，必抱恨而出矣。其或公門大開，民見無阻，庭宇之制，不壯等威。階無尺高，坐與軒近，上下之言接，左右之壅開。臨問其是非，就辨其情僞，則何細而不察，何隱而不知乎！袁之於江南，中郡也。地接湖湘，俗雜吴楚，壤沃而利厚，人繁而訟多。自皇宋削吏權而責治術，天下之郡，吉稱難治，而袁實次之。何者？編户之内，學訟成風；鄉校之中，校律爲業。故其巧僞彌甚，錐刀必争。引條指例而自陳，訐私發隱以相報。至有訟一起而百夫繫獄，辭兩疑而連歲不决。皆謂弊在民知法也。抑法者，民之所御勒，嘗聞上執之可以御下，下持之可以犯上也。是故子産鑄之於鼎，鄭國不聞不治；商君令之於市，秦人不聞不畏。且民者冥也，以其冥然無知，所以難治也。今袁之民既皆知法，是非難治也。其在上者紊其政，故民得以紛紜於下也。嗚呼！吏不廉，法不平，非袁民口不可塞也；既廉且平，袁民其如予何！侃臨郡邑十有八年矣，去年秋自筠移治是郡，察弊問俗，不俟下車，然於布政亦未嘗一日敢變十八年之行也。既而獄訟清，郡事簡，比前所治不見其异。則知有不治吏，無難治民。溥天之下，莫非王土，安有袁吉易治郡乎！郡庭之西有複廳焉，巨梁中拆，别柱四扶，漏若疏網，檐溜斷飛，燕來不巢，人過恐壓。郡更數守，空而弗居。今歲田農之家，百穀大稔，營壘之士，復多休息。乃命凡民有州縣之役版圖者，均其財以助興葺。命工庀役，咸出卒伍，無勞民也。營缮既畢，規模咸新。不志以文，來者何睹！時歲在敦牂月次應鍾日記。正德《袁州府志》卷一三，天一閣藏明代地方志選刊本。

張景

張景（九七〇——一〇一八），字晦之，江陵公安（今湖北公安）人。咸平元年（九九八）進士，調大名館陶縣主簿，貶全州，會赦還，爲房、襄二州文學參軍。中廢，因陳堯咨薦，復選楚州寶應主簿，改大理評事、知泗州昭信縣，移掌真州榷茶務。天禧二年（一〇一八）九月以疾卒於官，年四十九。景幼喪二親，貧不治産，從柳開學，有集二十卷。事迹詳宋祁《張公墓志銘》（《景文集》卷五九），《宋史》卷二〇八《藝文志》七。

河南縣尉廳壁記〔一〕

縣尉能禦盗，而不能使民不爲盗。盗賊息，非尉之能；盗賊繁，過不在乎尉矣。上失其平，下苦其情，弱者困死，强者偷生，盗之常也，豈樂爲盗哉？無竭民力，民心安逸；無盡民物，民利豐實。居鄉聚族，有良有睦；履詐迹僞，有責有愧。民之常也，孰肯爲盗哉！故曰：能與過，不在乎尉，在時政之得失爾。若夫平鬥訟，懾凶狡，惟盗是禦者，尉之職也。苟失其人，則貪殘誣枉，民不勝弊，反甚於盗焉。今郡縣至廣，庸不知所得者幾何人哉！太原王昭度，字世範，登進士第，爲河南尉。尉之職，無所不舉焉。雖然，誠不足展世範之才。顧其所得，亦斯民幸矣。世範與景有舊，因求記刻於廳壁，庶有信於後，於是乎書。《皇朝文鑒》卷七七。又見《文章正宗》續集卷一三，《古今圖書集成》官常典卷六五九。

〔一〕此文《全唐文》卷三九七於張景名下收録。按是篇既見於《皇朝文鑒》，《苕溪漁隱叢話》更明言爲「本朝張景」，《全唐文》館臣以作者同名誤收。

曾會

曾會，字宗元，泉州晋江（今福建晋江）人，曾公亮之父。端拱二年（九八九）進士，授光禄丞、直史館。出爲兩浙轉運使，官至集賢殿修撰，知明州卒。見《東都事略》卷六九《曾公亮傳》，《宋會要輯稿》選舉二之二，《續資治通鑑長編》卷三〇。

臺州郡治廳壁記

臺州者，實取天臺山以立名，即甌閩之舊壤，而勾踐之遺風。原夫秦并天下，廢其君長，乃置郡縣。隋開皇九年，平陳，廢郡，則諸縣并歸臨海鎮，於大固山配一千守護其城，臨海縣移於鎮。前隸於括州，江南元帥沈法興將兵保鎮城，立爲海州。唐武德二年，東南面行臺僕射杜伏威改海州爲臺州，隸於括州，改總管府爲都督府。太宗皇帝貞觀六年，改臺、温二州并轉隸於括州都督府，□臺州置在大固山里人屈光公住宅〔一〕，以其地勝，故立屈氏次子惠坦爲太守，改家爲州。及今皇宋混一區宇，太平興國三載，凡一百二十六政，總三百六十一年，歷記存焉。今自武德後，至於混一區宇之始，凡刺史□□謹列於後。越明年，吴越王朝京師，納土田。夏六月，凡僞署官司咸一變易。毁城守，示無所備；滅器甲，示不復用。削繁苛，省徭役。自是中朝風教被於遐邇焉。炎漢季世，三國鼎分，臨海郡爲吴羈縻之地，憑山負海，民情多□勞於兵防，難以德化。六朝以來，率以獲罪者投於荒裔，故逃刑者亦相率偷安焉。唐室平一區宇，遂通正朔，良二千石稍申吏理，暨梁朝革命，有武肅王奮身草萊，專制江東。分符懋官，既失其道，頭會箕斂，不聊有生，數世百年，制度去矣。我太宗皇帝□□嗣明，文德柔遠，東南海隅率族肆覲，納符請吏，貞地籍於大司徒。於是申命文臣，下治郡國，尺刃不舉而萬里安定，島夷編户雍容揄揚，以樂大化，垂今二十餘年，豈非王者久於其道，然後浸在民心歟！今以皇朝歷任氏族繼於舊記之末，俾嗣治者書以廣之。《赤城集》卷二。

〔一〕屈光：釋景慧《敕臺州寧海縣龍母山玉溪院龍王記》（見後）作屈晃。

楊億

楊億（九七四——一〇二〇），字大年，建州浦城（今福建浦城）人。幼穎异，雍熙元年（九八四），年十一，詔試闕下，授秘書省正字。淳化中，命試翰林，賜進士第，直集賢院。真宗即位，超拜左正言，預修《太宗實録》。知處州，召拜左司諫、知制誥。景德初，知通進、銀臺司兼門下封駁事，俄判史館，與王欽若同修《册府元龜》。三年（一〇〇六），召爲翰林學士，又同修國史。大中祥符七年（一〇一四），知處州，代還，以爲參詳儀制副使，知禮儀院，判秘閣、太常寺。天禧二年（一〇一八），拜工部侍郎。四年，復爲翰林學士，兼史館修撰、判館事。十二月，卒，年四十七。仁宗時追謚「文」。億才思敏捷，工文章，詩學李商隱，詞彩華麗，號「西昆體」。著作甚富，有《括蒼》《武夷》《潁陰》《韓城》《退居》《汝陽》《蓬山》《冠鰲》《辭榮》等集，及《内外制》《刀筆》共一百九十四卷，今僅存《武夷新集》二十卷。《宋史》卷三〇五有傳。

處州麗水縣廳壁記　咸平二年

麗水，古括蒼縣。唐大曆末，避德宗諱，并郡改焉。地亘婺女之區，俗蓋東甌之舊。提封之廣袤，僅十萬井；生齒之富庶，幾八千室。自錢氏竊據之際，頭會箕斂，民不堪命；及聖朝混一之後，生聚教誨，日不暇給。縣署湫隘，僅庇風雨，逼下已甚，陋如之何！前此宰邑者，皆鞅掌王事，沉迷簿領，盤錯游刃之不暇，棟宇改作之未遑。至道初，天子以古者郎官出宰百里，申命廷尉評甄侯旦，以六百石秩來莅是邑。侯，孔門之達者也，吏道詳敏而飾以文學，天資高朗而輔以經術，清白以率下，明察以照奸。獄訟滋彰，必片言以折；賦調倥傯，皆先時而辦。曾未期月，縣政大成。天子嘉之，凡再降璽書，進爵朝大夫，總殿中六尚之職。不改其任，恐奪民賢君，增秩以留，用西漢故事。侯既五月報政，休聲著聞。終日清談，庶務自治。從容暇豫，周覽縣齋，苫蓋不完，梁木將壞，慨然憤發，經之營之。度山取材，懸金購匠，因農務之隙，募子來之徒。運斤成風，揮汗爲雨，皆曰：「吾儕小人，猶有闔廬以避燥濕寒暑，豈我賢宰君築室而不速成乎？」曾未浹旬，層構云畢。恍若神化，焕乎惟新。凡樓以藏詔書，廳以決政事。樓之南，敞重關可入方軌；廳之北，闢回廊僅容宴豆。通而計之，共十有一間。麗譙渠渠，治象之法在焉；堂皇峨峨，神明之化出焉。侯陟降以之，造次於是，職修事舉，體寧神王。使虚室生白，高門容車，後來之人，坐享其利。侯之規模，信宏遠矣。昔者一日必葺，《春秋》稱叔孫之賢；百堵皆作，詩人著《斯干》之咏。鄙夫不佞，假守方州，每行春棠郊，攝齊偃室，目是輪奂，飽其風聲，爰勒貞珉，以志盛事。异日甄侯弃去下邑，揚於王庭，此邦之人，誰無遺愛？即陵遷邑改，斯宇也比靈光而獨存；石泐金銷，斯文也與峴首以同致。後之君子，善似續之。咸平二年記〔一〕。《武夷新集》卷六。又見雍正《浙江通志》卷三二，光緒《處州府志》卷五，民國《麗水縣志》卷二。

〔一〕「咸平」句：原無，據雍正《浙江通志》、光緒《處州府志》補。

趙世長

趙世長，燕懿王德昭孫，守約之子。大中祥符間判宗正寺，天禧中以度支員外郎知滑州。官終左武衛大將軍、解州防禦使，贈張信軍節度觀察留後、濟陽郡公。見《宋會要輯稿》職官二〇之五五，《宋史》卷二四四《宗室傳》一《燕王德昭傳》，民國《重修滑縣志》卷五。

重修滑州公府大廳記　天禧二年

公府大廳，乃有唐開元中李邕任滑帥時所建。去歲以秋霖大澍，瓦木多摧圮。至於春初，洪河水落，後卒罷歸，揆日鳩工，重議修建。於梁之上得墨記，亦邕之詞而手自書也。其詞云：「大厦中構，山圪雲門。黄河畎澮，太行培塿。整庶宣風，緝戎備寇。鎮寧一方，光輔元后。」及明皇《送李邕赴鎮詩》，又有大曆中御製《送霍國公令狐彰詩》，洎大中年邕之令孫種亦持節兹土者，陳述盛事之詩，悉勒諸貞石。或存彼壞垣，或得於糞壤，再命刻飭，詞藻如新。各安於廳之四壁，冀垂之不朽耳。夫列土之制，莫大乎藩閫也；宣化之地，莫先乎廳事也。且滑臺臨白馬之律，乃漢家東郡，通蒼龍之闕，爲皇朝北門。世長權牧於兹，薦經歲序，爰稽必葺之義，聿崇可久之規。不勞民，不逾月，而厥功告畢，以新易舊，小有可觀。廳之後仍創東西二閣，以延使車。廳之中樹大屏，命東川布衣白居實繪之以竹鶴。居實丹青之妙，亦一時之絶者也。廳之左右挾別開二室，左則致賈耽相公遺像之龕，右則安杜宗本太尉刻經之石。總而言之，頗謂宏矣。此則守詔條，親政事，奉賓客，肅禮容之所也，豈徒取壯觀於郡署而已哉！後之來者臨是郡，登是廳，無因循乎苟完，而日就頹弊焉耳。直書其事，用紀歲月云。時宋天禧二年歲次戊午，仲春下浣日記。正德《大名府志》卷五，天一閣藏明代方志選刊本。又見乾隆《衛輝府志》卷四五，民國《重修滑縣志》卷五。

蔣堂

蔣堂（九八〇——一〇五四），字希魯，常州宜興（今江蘇宜興）人。大中祥符五年（一〇一二）擢進士第，授楚州團練推官，改大理寺丞、知臨川縣。歷通判數州，知泗州。明道初爲監察御史。景祐初出爲江南東路轉運使，徙淮南，兼發運事。以失職降知越州。四年（一〇三七），徙蘇州。入判刑部，歷户部、度支、鹽鐵副使。康定元年（一〇四〇），擢天章閣待制、江淮制置發運使，改知洪州、應天府。慶曆元年（一〇四一）知杭州，三年，以樞密直學士知益州，徙河中府，再知杭、蘇州。皇祐五年（一〇五三），以禮部侍郎致仕，六年卒，年七十五。堂好學工文辭，尤邃於詩，有《吴門集》二十卷。見胡宿《蔣公神道碑》（《文恭集》卷三九），《宋史》卷二九八本傳。

蘇州府重修大廳記　皇祐六年三月

姑蘇受署廳新成，當兵部員外郎李公晋卿守屏之明年冬十月也。政修事舉，所至精明。完葺之初，見梁間有題識，乃有唐乾寧元年刺史成及所建。乾寧距聖宋一百六十有餘年矣，刺是郡者接迹不絶。凡受署訖，即臨便閤，煩鞅沉迷；其於廳事，或旬日不一至。以至年祀浸遠，楝將撓焉。余昔兩綰蘇印，班禄餘閑，每浚隍濠、構臺榭，以館過賓，以備宴衎，以追韋、白二公風迹。雖自以爲適然，於是廳繕完，有所未至。今觀李公之爲，有過人者。圖新補廢，俾唐末之遺構，巍乎顯明，吏民瞻之，靡不胥悦。君子謂李公急於先務，知布政之本焉。余目是事，憮然自咎，因書本末云。時皇祐六年三月日記。《春卿遺稿》。又見《吴都文粹》卷二，紹定《吴郡志》卷六，正德《姑蘇志》卷二二，道光《蘇州府志》卷一九，光緒《蘇州府志》卷二一，民國《吴縣志》卷二九下。

陳珪

陳珪，天聖四年（一〇二六）爲江陰縣尉，見嘉靖《江陰縣志》卷一〇。又據《續資治通鑒長編》卷二三三，熙寧五年（一〇七二）有供備庫副使陳珪，當是另一人。

縣宰題名記

縣視古子男邦也，歷三代秦漢以來，官職制度隨時沿革，獨縣令爲不易，豈切於民者，令終不可以古今异與？蓋兵、禮、法、獄、財、賦，内則六卿率屬，郡亦列置曹掾，各司攸掌，其職專，故其事易舉。惟令以一人萃衆務，務多力寡，則以不勝汰宜矣。有志事功者率用意過中，巽懦苟目前者見謂偷惰，貪夫黷貨，酷吏僭刑，蹙□有由，豈縣令終不利哉！今朝廷額薦，凡五試以邑，歷考必三理爲任，否則柅其進，爲令固不易。然臺省寺監超擢時用，多由此選，則上之待令者亦不薄矣。難而多獲，士夫寧不自勵以承休德？新昌自本朝太平興國年始制，舊無縣令題名，摭《圖經》得姓名凡七十七人，其間可考到罷日月者十五人，敬鑱之石。鵬□翔止□以顯晦，然十年間淑慝臧否，夫人類能言之，詎可謂幸免一時而泯迹？异日兹石之立，庶幾勸□不無補云。同治《新昌縣志》卷八，同治十一年刊本。

陳　珪

掌禹錫

掌禹錫（九九〇——一〇六六），字唐卿，許州郾城（今河南郾城）人。天禧三年（一〇一九）進士，爲道州司理參軍。試身言書判第一，改大理寺丞，累遷尚書屯田員外郎，通判并州。丁度薦爲侍御史，杜衍薦爲集賢校理，改直集賢院兼崇文院檢討。英宗即位，自秘書監遷太子賓客，以工部侍郎致仕。治平三年（一〇六六）卒，年七十七。嘗預修《皇祐方域圖志》《地理新書》，校正《類篇》《神農本草》，著《郡國手鑒》《周易集解》。《宋史》卷二九四有傳。

道州郡廳記　天聖四年十一月

刺史之任，周稱諸侯，而藩垣爲重；廳事之設，漢曰黄堂，而聽斷居最。故左魚伏熊之命以分閫寄，班春樹風之教以告辰猷。惠直之德，申伯著於前；寬明之政，黄霸推於後。布在方策，炳若丹青。江華，古有庳國也，道州爲江華郡。始隸長沙郡焉。地居越徼，俗兼蠻左，呰窳偷生而務農成業，虞帝陟方之後始爲福壤。逮李唐開國，多聞人刺部。治行尤异者，有若陽亢宗、元次山焉，藹然芳徽，於今不泯。五代馬氏竊據其地，賦斂暴急，民不堪命。國家右文啓運，籲俊求理，茂闡條教，丕變時風。天聖紀號之三載秋八月，天子恒簡良牧，俾莅是邦，僉以宫洗辛公若濟塞詔。公挺卓越之資，韞宏深之器，敏以幹事，明以照奸，物無遁形，刃有餘地。自下車一之日除積弊，立新規，惡者必懲，善者必勸；二之日訓農事，興學校，俗知禮讓，鄉行孝弟；三之日寇攘息，獄訟簡，歲登豐茂，物無疵癘。於是政既成矣，民既安矣，公猶靡思暇豫，惟以殫力爲己任。嘗謂廳署褊隘，弗尊朝命，乃鼎新棟宇，易之五間。逾月，厥功告成，足以待王人，足以勞軍旅。仍建小廳於後，便其視事。自餘堂室廊廡，倉廩厩庫，爰究爰度，必躬必親。民力必勤，役事咸畢，雄雄方面，爲之改觀。述政理之隆替，紀賢明之遠大，美風俗之謡咏，彰神靈之感應，復見乎《舜廟》《鼓角樓》二記焉。而所謂申伯惠直之德，黄霸寬明之政，公實兼之矣。朝廷以美課有聞，寵恩遄降，改秩殿省丞，旌有功也。噫，彼宦游懷安者，語公署猶傳置，不久他適，曷肯營之？非夫優游聖人之道，企慕循吏之風，孰能與於此夫？昔者畫羊之名聞諸南海，植莎之號播厥蒲津，止於志休祥，誇勝概而已。後來居是廳，閲是記，則知聖朝維良共治，化民成俗，得其人矣，詎使元、陽二賢專美於有唐也？天聖四年丙寅仲冬六日記。道光《永州府志》卷三上，清同治六年重校刻本。又見嘉慶《道州志》卷二。

鄭戩

鄭戩（九九二——一〇五三），字天休，吴縣（今江蘇蘇州）人。天聖三年（一〇二五）進士。召試學士院，爲光禄寺丞、集賢校理、通判越州。升直史館、三司户部判官、同修起居注，以右正言知制誥。遷龍圖閣直學士，權知開封府。康定元年（一〇四〇），以右諫議大夫、同知樞密院，改樞密副使。出知杭州，發丁夫數萬闢錢塘湖，民賴其利。爲陝西四路都總管兼經略安撫招討使，遷吏部侍郎，拜奉國軍節度使。皇祐五年（一〇五三）卒，謚文肅。有集五十卷。《宋史》卷二九二有傳。

會稽太守題名記序

聖宋之應運赫淳，耀當天統，包括海寓，齊一文軫，鏟階亂之本，建長世之策，乃罷鎮兵，收節制，天下郡國分遣文吏以守之。太平興國三年，吴越王奉版圖歸京師，太宗皇帝始命故丞相畢公士安以宫贊右大夫典是郡，於今五十年矣，更代者名氏俱存。去年冬，虞曹外郎武功蘇侯由臨淮遷，賞能課也。先是侯以棘寺丞宰蕭山，殆逾一紀，復兹作守，郡人榮之。越明年仲春禮上，摧强照弊，神鋒獨出，曾未期月，威聲大振。居常餘閑，周治廨舍，得廳事之北壁《太守題名石記》，腹背鑱刻，他官雜叙。因命工礱之，重以刊正。自唐武德元年總管龐玉而下九十七人，遷於廳之西厢。我故相畢公而下三十政，置於廳之東壁，尊本朝也。若夫仁者、廉者、貪者、殘者，遠之則有國史在，近則請詢故老鄉先生之論，披名可見，無庸悉數。後之居者無忽。時天聖九年四月五日。

《會稽掇英集》卷一八，影印文淵閣四庫全書本。

南宫誠

南宫誠，洪州分寧（今江西修水）人。天聖五年（一〇二七）進士及第，釋褐爲永州幕職。皇祐初爲鄂州通判，移潭州通判。見《湘山野録》卷中，《宋史》卷三一七《馮京傳》，雍正《江西通志》卷四九。

知軍州題名記　天聖三年

營道郡列地千里，高運虚爽，得江山之助焉。自唐德下衰，五代互據，奸回不軌，州籍陵彝。命藩服以非良，從草竊之不服。仁政何睹，黔黎謝生。中有承乏而來，猶若旅寓而去，又肯以邵父杜母、廉褲蘇天而行久惠乎？斯亦治亂係於時也。及夫物不常屯，夫用更始，我太祖啓國在宋，受禪於周，合符竹以分封，簡官僚而用乂。五運居正，四葉重光，舉職是邦，非賢罔處。所以協五百年之間出，紹二千石之重權。統理緝綏，大本於禮樂，刑政莫不編氓，齒俗富庶，庶惟和洽然，如歸其春臺耳。始建隆而下，迨天聖三年暨辛公[一]，凡二十九人矣。時公牽絲布命，剸劇周星，廉惠之聲，溢於民口，和融之化，格彼物心。乃因農隙度材，鼎新楝宇，工庀云畢，衆議咸歸。且追傳政之諸賢，盡用題名於内庶。誠是歲忝龍飛之初榜，占鴻漸之一階。既釋褐於勛庭，獲依蓮於賓幕。舉隅有素，磨楯無材，俾律前芳，實微婉頌。然則播君侯之德，維輔相之宜，詎止乎號神牧者存掌君之記，兹不復書，口授代年月而已。道光《永州府志》卷一二下，道光八年刻本。

〔一〕三年：疑是「五年」之誤。天聖三年無科舉，雍正《江西通志》載南宫誠天聖五年王堯臣榜登第。

宋祁

宋祁（九九八——一〇六一），字子京，安州安陸（今湖北安陸）人，後遷開封雍丘（今河南杞縣），宋庠弟。天聖二年（一〇二四）與兄同時舉進士，禮部奏祁第一。章獻太后不欲以弟先兄，乃擢庠第一，置祁第十，時稱大小宋。釋褐爲復州軍事推官。以孫奭薦，改大理寺丞、國子監直講。慶曆三年（一〇四三），累遷至知制誥，歷爲龍圖閣直學士者一，翰林、端明殿者各再，侍讀者三，龍圖閣者四，先後出知壽、陳、亳、定、益、鄭等州。奉詔修《新唐書》，撰列傳。書成，遷尚書左丞，進工部尚書、翰林承旨。嘉祐六年（一〇六一）卒，年六十四，謚景文。著有《筆記》三卷（存）、集一百五十卷。《宋史》卷二八四有傳。

許州長葛縣尉廳壁記

其盛德之世，宵人不能不爲盜。盜之發，椎埋搏掩，間不逞，亂齊民。事微敵脆，郡縣可捕，尉之所由置也。郡有縣，縣别一員。煩之以使，驗其能；薄之以廩，嘗其廉；迫之以患，觀其略：尉之所由選也。當選之之慎，達置之之本，惟才且邵者能之，安定胡君穆侯其人已。陪京之南，許大而雄。三輔事穰，五方俗雜。長葛之邑，連甍數萬室，宿兵十九營。民狡而貪，法抏且敝。富者易於訟，而貧者輕爲盜。捫邏日尋，萃淵不衰。君之來也，狹私而泰於公，急吏而舒於民，獎勤而勉其惰。延見耆老，問以疾苦。於是良農得職，疲民懋力。銖兩之奸無所容，囊橐之擅無所私。主名區處，發而輒得。闔境閑閑，易懼以安。里長休於閭，游徼偃於亭。一年而畏，二年而愛，三年而思。其所以感動人心者，從可知矣。先是，君之來也，舊邑卜遷，官罔暇給。尉之位署，經始新邦。君祇具簡書，檢以藝極。一簣土，一秉杆，不賦於民，悉仰於官。撤舊屋，圖新構。乃敞斯庭，噲而崇；乃安斯寢，焆而容。翼其廡以處吏，謹其庫以藏甲。茲成之日〔一〕，人不知勞。《春秋》之徒，善則書，不善亦書，所以與正而譏失也。若君屬役之夥，乘政之凉，由小官，圖遠績，承上不諂，撫下不携，可謂因其時而善於職矣。此而不紀，爲能者何？且會君之見咨，是用列其行，書之屋壁。既不能紀遠，登此堂者，願自胡君始焉。湖北先正遺書本《宋景文集》卷四六。

〔一〕茲：原作「慈」，據文淵閣四庫全書本改。

余靖

余靖（一〇〇〇——一〇六四），本名希古，字安道，韶州曲江（今廣東韶關）人。天聖二年（一〇二四）進士，起家爲贛縣尉，累遷秘書丞、集賢校理。因上疏諫罷范仲淹事被貶，後稍復原官。慶曆三年（一〇四三）爲右正言，以使契丹不辱使命，還任知制誥、史館修撰。再使契丹還，以習契丹語被責，遂弃官返鄉里。皇祐四年（一〇五二）起知桂州、經制廣南東路盜賊。次年助狄青破儂智高亂，留廣西處置善後，後加集賢院學士，徙知潭州、青州。嘉祐五年（一〇六〇）交趾進擾，出任廣西體量安撫使，旋以尚書左丞知廣州。英宗即位，拜工部尚書。治平元年（一〇六四）代還，道病卒，年六十五，謚曰襄。著有《慶曆正旦國信語録》一卷、《武溪集》二十卷、《諫草》三卷。見歐陽修《余襄公神道碑銘》（《歐陽文忠公集》卷二三），《宋史》卷三二〇本傳。

楚州鹽城南場公署壁記　寶元元年十二月

國家循漢舊制，籠山海之藏以佐經用。海濱斥鹵至廣，而民食至急，故斂散之權，不可不專，其法一緩，則奸人大賈擅之矣，此所謂與奪貧富之柄也。淮揚負海置鹽亭者州軍五，楚、海、通、泰、漣水也。古曰直，今曰場，然今尚呼亭竈直户。轉贍桐柏以南，逾九江及荆衡之郊，凡六十餘州。最天下之鹽，歲入息錢三十五萬萬，而淮海之鹽息錢實二十萬萬，其富國也博矣。故牢盆禁地，必擇官以董之，自計相及其佐及主計於外者，迭舉潔廉幹濟之士以充其選。然自建元迄今，殆且千稔，而尚有遺利者，豈廢置不常，當官者未之思乎？景祐初，太史吴公遵路漕淮南粟、兼制置使公事，乃奏言：「楚之鹽城，造鹽之場七，皆售縣倉。亭竈棋列，相去且百里，掌出納者，以倉爲主而不出郛郭，故私煮盗販，散漫不能禁。請分南五場傅海七十里，命一官督察之，俾火伏可見，私煮可禁。」天子是其議，可其奏，公因舉殿直曹元素莅焉，其收果溢舊數。秩既滿，今三司副使張公存復舉曹君供奉以續其職。曹君生貂蟬之族，而能以清勤自飭，才爲人知，官無遺事，是將復大其家者也。欲書名於署以謹其始，且爲他時之志。以書來請，遂記之云。寶元元年十二月日記。明成化九年蘇韡刊本《武溪集》卷六。

楚州團練推官廳壁記〔一〕　明道二年五月

漢制：部從事佐刺史提政綱而舒卷之，其編氓勞逸，群吏善否，錢刀盈縮，獄犴邪正，無慮朱出墨入，咸得婉美其畫，白府而損益焉。有唐天寶之後，宿兵四郊，分建元戎以屏王室，大者擁旄而制數郡，其次持節而顓一州，各立監佐輔其條教。然郡曹掾不得聞軍謀，軍尉於民事亦如之，兼而贊者，必求文雅之士爲其上賓，故參謀幕府，沿使名而命之。山陽，楚之東都，北繚淮，東負海，漕渠貫中，天下輻輳者半，四達用武之國，南走廣陵爲大府，故持節者不得制旁郡，團練之名，得於此矣。皇朝命文吏領州，將懲諸侯之專也；賓佐之任委於選部，累資計考，不由辟召，而主禮輕矣。先是，團練推官受署之館，位得其表，接賓客，分曹局，列厨廐。容妻子，各有攸處。前居是官者，才誚而權不足，郡都尉緣隙而豪奪之，徙居河亭，才庇風雨，近市而囂，焚巢而危。孰謂宫庭，返隘民舍，枝梧湫底，何以觀政？蘭陵蕭君，江左之秀，由進士擢第，再命而佐楚，會某人爲太守，仁賢協贊，綱領克振，民得和氣，軍無怨聲。議政之暇，謀及居室，乃根源前事，上白廷中，願遷爽塏，以正民之瞻視，詔可其奏。乃擇地於子城之東南隅，出帑金、市山材、興卒徒、利工器，一毫不取於民間，費府緡若干萬，考室若干。上棟下宇，可以避燥濕；高閎厚垣，可以卜清曠。噫！世之處官局者，苟非因循卑陋，則興役動衆，疲勞下民矣。今蕭君革因循之弊，絶罷勞之役，而安厥居，愈見其兼濟之能也。异時享大名器，佐王之國，則觀其佐東諸侯之政，斯得之矣。若乃粢棁輪奂，亭圃嘉美，本無意於華侈，故略之。明道二年五月日記。《武溪集》卷六。

〔一〕團：原作「國」，據文淵閣四庫全書本改。

尹洙

尹洙（一〇〇一——一〇四七），字師魯，河南府（今河南洛陽）人，仲宣次子，源弟。天聖二年（一〇二四）進士，調絳州正平縣主簿，歷河南府户曹參軍、安國軍節度判官、知光澤縣。舉書判拔萃，遷山南東道掌書記、知伊陽縣。召試，爲館閣校勘，遷太子中允。會范仲淹貶，敕榜朝堂，戒百官爲朋黨，獨上書願與俱貶，遂落校勘，復爲掌書記、監唐州酒税。作《叙燕》《息戍》及《述享》等九篇，言朝廷軍政之弊甚切。大將葛懷敏辟爲陝西經略判官，因諸將兵敗好水川，降爲濠州通判。韓琦知秦州，奏爲秦州通判，遷知涇、渭二州，兼涇原路經略公事。坐城水洛與邊將异議，徙知慶、晋、潞州。又坐以公使錢爲部將償債，貶崇信軍節度副使，徙監均州酒税。慶曆七年（一〇四七）病卒，年四十七。少嘗師事穆修，深於《春秋》，爲文簡而有法，實歐、蘇古文之前導。有《五代春秋》（存）、《河南先生文集》二十七卷。見歐陽修《尹師魯墓志銘》（《歐陽文忠公集》卷二八）。《宋史》卷二九五有傳。

潞州題名記〔一〕　慶曆五年五月

上黨古郡，既以潞名州，常爲大州。唐以大都督爲府號，兩河用兵，節度潞、澤、邢、洺、磁五州，標其軍曰「昭義」。迨今三百年，領州事者百餘人，軍名數易，不復節度諸州，而府號如舊，故以「大都督府題名」爲記。尚忠美物，斷自義陽王始。慶曆五年五月十一日，起居舍人、直龍圖閣、知州事尹某序。四部叢刊本《河南先生文集》（涵芬樓影印春岑閣舊抄本）卷四，國家圖書館藏明抄本（簡稱「明抄本」）。

〔一〕此文底本無。

富弼

富弼（一〇〇四——一〇八三），字彦國，河南洛陽（今河南洛陽）人。天聖八年（一〇三〇），舉茂材异等，授將作監丞，遷直集賢院、知諫院、史館修撰。慶曆二年（一〇四二），知制誥，糾察在京刑獄，曾兩使契丹。次年，拜樞密副使。至和二年（一〇五五），拜同中書門下平章事。嘉祐六年（一〇六一），以母憂去位。英宗立，召拜樞密使，封祁國公，進封鄭。熙寧二年（一〇六九），以左僕射、門下侍郎同平章事。時王安石用事，弼與之不合，求退，以同平章事出判河南，改亳州。復以詆青苗法被劾，以僕射判汝州。遂請老，拜司空，進韓國公致仕。元豐六年（一〇八三）卒，年八十，贈太尉，謚文忠。弼諳熟邊事，與范仲淹分主西、北邊務，又嘗與仲淹推行「慶曆新政」。有奏議十二卷、札子十六卷等，今存《富鄭公詩集》一卷。見《范忠宣集》卷一七《富鄭公行狀》，《東坡集》卷三七《富鄭公神道碑》，《韓南陽集》卷二九《富文忠公墓志銘》，《宋史》卷三一三本傳。

鄆州使廳題名記

鄆實《禹貢》兖州之分，在漢爲國，元魏爲郡，隋爲州，唐初因隋制弗改。貞觀偃革，置總管府以休兵也；元和用武，署天平軍以扞患也。據要處劇，控若喉衿，治與亂咸不忽其地。地夷而負固，故多寇聚。其俗鐃而右力，故多豪杰。厥田墳沃，厥物繁夥，當時舉天下郡，宜少與校。逮國朝并取隋、元和二號，州以管民事，軍以行戎政，各有攸處，不相參焉。然自天子去雍、洛，相汴以都，汴無山河形勝，惟西倚武關，隱若金城之固。北暨狄，東漸海夷，則曠然無以爲禦，獨天平介於二方爲巨鎮，上可以蔽京師之重，下可以殿方隅之廣。比量疇昔，今益大且難矣。合難與大，非賢者不能守。然往時雜用幹率，多滯於民事。章聖好文，咸平後專命儒，若或以材治，或以德臨，文人相望，維之持之。景祐丁丑歲夏六月，僕射沂公辭相位，以資政殿大學士來此，未及下車而問州之利病，悉知之。既已署事，百職修舉，科防不煩而人易從法，令幾置而人不犯。流亡者復，盜竊亂賊者逐遠，鰥寡孤獨者不失其養。未嘗以法繩吏而拱手亡所規覬，亦未嘗督責於民而倉稟以實。於是作類宫，募生徒，人皆向方，士俗一變，如大熱得濯，如革疾得醫。官私融融，如無臨制之御、典刑之策，而庶務自化，不見其迹。噫，仁矣哉，治之至也！公常三秉政，有茂勛集於邦家，以天下之才撫一郡，宜乎不勞民而用人。公居多暇裕，因遍考前守治狀，與歲與名，將圖刊列，以永厥譽。自國初至改邑，浸遠不究。惟官顯爲人所傳，如中書令石公守信、侍中曹公彬、駙馬都尉吴公元扆輩者無幾，不足，故闕之。考邑甚邇，貫叙可述。先是故城迫於巨野澤，地頗卑濕，又濟、汶鬥，澤水怒溢不禁，城遂湮。咸平三年，詔徙於東十里，從源也。今所録起新城迄兹凡三十六人，刻諸石，并取授受歲月附於名下，得以嗣書。所以重陪京之地，光治人之職，亦春秋《姓譜》、太史《年表》之類焉。夫名存則政舉，治狀能否有行事在，故不書。既而命弼題辭，以信於後。時某年某月某日，謹記。《國朝二百家名賢文粹》卷一二七。

張方平

張方平（一〇〇七——一〇九一），字安道，號樂全居士，應天宋城（今河南商丘）人。少穎悟，景祐元年（一〇三四）舉茂材异等，寶元元年（一〇三八）又中賢良方正。西夏叛，上《平戎十策》。歷知諫院、知制誥，進翰林學士，拜御史中丞、三司使。出知杭、益等州府，十易藩鎮。英宗召拜翰林學士承旨。神宗即位，除參知政事，尋以父憂免。服闋，以觀文殿學士留守西京，又歷數郡。極論新法之害。數請老，元豐二年（一〇七九）以太子少師致仕，元祐六年（一〇九一）卒，年八十五，謚文定。深識三蘇父子，故蘇軾終身敬事之。有《樂全集》四十卷（存）、《玉堂集》二十卷、《注仁宗樂書》一卷。見王鞏《張公行狀》（《樂全集》附録），《宋史》卷三一八本傳。

吴興郡守題名記　康定元年四月

唐氏自天寶失馭而忘其利器，諸侯專土，奸猾乘隙，竊國而侯，壞法放命，不貢不享，更相禽獮，或自篡逐。五代草草，亂靡有定，天下爲戰國者且二百年。我太祖武皇帝既擒諸僭王，創艾未大之弊，思拯塗炭，講建長策。因四方漸定，諸帥王覲者輒留宿衛，畜其族；京師罷節廉諸府，裂方鎮之地而置轉運使；罷刺史，而遣士大夫行郡事，置其貳，陳其旅，以分其權。郡長吏不敏，聽理不明，則轉運使糾其謬，以直民之曲；郡長吏而才，足以自爲政，不復攝屬於連帥之爲患也。故距茲八十年，天下如一家，政事如一體，關柅動静，臂指伸縮，無有不如意者，斯可謂大聖創制，從權合義，藏身之固，置器於安，規摹之閎遠者乎！吴興，二浙之佳郡，自江左以來，以處名流令望，爲養才用之宅。寶元二年，南陽滕君宗諒子京以尚書郎來領符竹。子京文雅風采，上林推爲卿材國器。早歷諫官，以論事諤諤無迴避，不得久留中，换郎外補。至郡，見吏民，問病苦，有隱咸照，無弊不革，因其俗以教，獄市帖然。始大庠序，育人材，諸生負笈自遠方至，霅水之上，既同洙泗矣。凡若因循，舉興悉復。嘗坐廳事，問前爲郡者之名，而不紀，曰：「是非闕者歟？」命録自錢氏奉圖，朝廷所除吏，逮今三十人，推次備詳，見謁以序。蓋聞諸長者，粗習朝家之故，惟皇祖經法之善，躬攬鐏柄，以遏亂略，及生人之利。大郡長吏由是專於爲政，賢不肖之迹以辨。今列其名，非徒載年月，記到罷，亦俾覽之者得以善善惡惡，而懲勸存焉，實《春秋》之意已。至於紀星土，本風俗，郡之廢置，吏之沿革，産毛之物，山水之勝，則於圖牒焉觀之可也。時康定元年夏四月記。四庫珍本初集《樂全集》卷三三。

韓琦

韓琦（一〇〇八——一〇七五），字稚圭，安陽（今河南安陽）人。天聖五年（一〇二七）擢進士甲科，授將作監丞、通判淄州。累遷起居舍人、知制誥。元昊反，歷陝西安撫使，陝西經略安撫招討副使，秦鳳經略安撫使、觀察使，陝西經略安撫招討使，與范仲淹同除樞密副使，時稱「韓、范」。以資政殿學士出知揚州，徙鄆、定、并、相等州。嘉祐元年（一〇五六）除樞密使，三年以本官同平章事，封儀國公。立英宗，加門下侍郎兼兵部尚書、平章事，進封衛國公，再進封魏國公。英宗崩，又被顧命立神宗。固請罷相，乃以節度使兼侍中判相州，復爲陝西、河北等路安撫使，判永興軍、大名府兼北京留守。後極言青苗不便，請解四路安撫，還判相州。熙寧八年（一〇七五）六月卒，年六十八，謚忠獻。政和五年（一一一五），加封魏郡王。著有《二府忠論》五卷、《諫垣存稿》三卷、《陝西奏議》五十卷、《河北奏議》三十卷、《雜奏議》三十卷、《安陽集》五十卷等。事迹詳神宗御製《兩朝顧命定策元勛碑》、佚名《韓魏王家傳》（《安陽集》附録），《宋史》卷三一二有傳。

揚州廳壁題名記 慶曆七年三月

揚，九州之一，地總淮海，扼制吴會，前代建府之重，東南爲冠。故有唐藩鎮之盛，唯揚、益二州，號天下繁侈。其後高駢政失，致師鐸之變，孫儒、楊行密之徒，以盗攻盗，更相據奪，郛邑殘燼，遂爲戰衝。本朝自李重進平，必擇文武材臣以領州事，民安惠養，日以完復。慶曆五年春三月，某得罷樞管，忝被兹任。視事之隙，因念前之爲政者，尚闕傳載，非以謹官守而重朝寄也。於是參考圖籍，次以年月，刻石於廳事之壁，以示永久。後之來者，閲其官氏，推訪治迹，則善惡皆有所儆云。慶曆七年三月日記。乾隆三十五年黄邦寧重修乾隆四年陳錫輅校刊本《安陽集》卷二一。又見嘉靖《惟揚志》卷三三，乾隆《江都縣志》卷三一，光緒《甘泉縣志》卷二〇。

定州廳壁題名記

郡縣守長，有記於廳事之壁，前代無聞，唐始盛焉。當時名儒所述，則謂壁記，非古也。若原地理，條物宜，陳山川之形勝，與風俗之好尚，則圖諜存焉。其所取者，在乎彰善而志惡，名氏遷次，亦云末也。夫能推名氏以見善惡，謹遷次以遵王命，亦《春秋》之事也。雖於古未著，而今可廢乎？河朔并邊之郡以十數，而定宿大兵，據戰地，故朝廷所寄之重，不與他比。慶曆八年夏五月，始詔魏、瀛、鎮、定四路帥各兼安撫之職，定之帥領定、保、深、祁四州，廣信、安肅、順安、永寧四軍，凡兵民之政悉主之。首是任者，非得文武兼備之才不可居。而誤及愚者，故臨治以來，愓焉自勉，以思報稱。幸時既久，吏民軍旅，率相信順，事日簡，得以補綴闕漏。因訪國朝以來爲州者之次序，將刻石以傳焉。而吏曹狃於武事，不以圖籍爲急，敗壞忘缺，卒不可究。若但取近年可記者書之，則又義無所本。今故以朝廷更制之始爲首，尊睿圖而勤新治也。夫己之爲政是否，固不可以自明，必俟後人迹其行事，然後善惡詳焉。則予與來者既鑱其名氏，揭諸聽斷之所，朝夕視之，思不愧於後人座右之誡也，可不謹乎！某謹記。《安陽集》卷二一。又見《國朝二百家名賢文粹》卷一二七，嘉靖《真定府志》卷一一，《古今圖書集成》職方典卷一〇五。

沈　峴

沈峴（一作現），仁宗慶曆間任全州清湘令，見雍正《廣西通志》卷五一。

全州廳壁題名　慶曆八年十月

昔漢宣帝有言曰：「與我共理者，其惟良二千石乎！」則知出守之命，親人而任重，由來尚矣。全州按圖記，即漢之零陵郡也。士風化於中區，郡境亘於南粤。畿疆且遠，人民實繁。善政相望，朝賢繼軌。淑聲茂實，可得而聞。天禧三年間，前太守鄧公，嘗采遺懿德，自皇朝以來典是郡者刊石題名，凡二十八人，於以紀朝命而志前烈也。雖治迹著聞，官稱爵序，而載記綿久，書傳訛缺，矧後來繼政闕如，不書者垂三十年。今知郡崇儀郭侯偃息作藩，中和樂職，追往躅之浸遠，慮遺風之將泯，以爲丁熙盛之辰，膺司牧之任，專車建隼，抗節剖符，而名氏未題，何以示後？乃復詳録前修，稽合舊記，續而次之，總三十二人，領詔之歲時，命官之爵秩，鼎新刻石，龕於廳壁，庶乎昭示來葉也。慶曆八年十月初六日志。《粤西文載》卷四二。又見嘉慶《廣西通志》卷二三四。

李　覯

李覯（一〇〇九——一〇五九），字泰伯，世稱盱江先生，又稱直講先生，建昌軍南城（今江西南城）人。慶曆二年（一〇四二）舉茂才异等不中，退主郡學，以教授自資，學者常數百人。皇祐初，范仲淹薦爲試太學助教。嘉祐三年（一〇五八），除通州海門主簿、太學説書。四年，權管勾太學。是年八月卒，年五十一。覯能文章，通經術，獨不喜《孟子》。有集三十三卷、後集六卷，傳世本爲三十七卷、外集三卷。事迹見陳次公《盱江先生墓志銘》（《直講李先生外集》卷三），《宋史》卷四三二《儒林傳》二有傳。

建昌知軍廳記　慶曆七年六月

人得擇官久矣，天下唯股肱郡簡於帝念，其餘在所欲。夫食飽居安，人情所不免，故分田之廣狹，公膳之有亡，官舍之媺惡，凡仕者鮮不以爲言。建昌軍距行在三千里，浮汴、淮、江、湖，不幾月不至。吏已禄縣，官無古圭田之比，厨無子錢以勞賓客。屋數十个，蓋僞李氏時作，其壽將百年。度制卑陋，尤不稱事。是以當世高足之人，聞之憮然，莫肯爲來。有不幸而至者，什不一二。

過此則物故，不容於它取，自竄焉。政以是尨，民以是創。秋陽炙天，井底或淩。噫！匪夷匪蠻，匪海山瘴蠱之地，獨無富侈之資以奉俊良，使永永來，爲人父母，誠可嘆已。今虞部張公，其不幸而至者乎！公本於質直而文無害，嘗治四郡，左官是邦。惟思昔人必葺之義，乃更浮橋，遷集賓亭，作迴車院，而本廳及焉。廳之築土方五丈，架梁三十有五尺。取材於山，因役於軍，蚩蚩斯人，不費不勞。自春徂夏，厥功以濟。民不有勞，惟公之勞；公不有利，惟民之利。有問焉者，必告之曰：官舍美矣，則其去就之心宜稍异於昔。所謂民之父母或數來，其爲利豈少哉？草茅生請書以見意。慶曆七年六月丁巳記。四部叢刊影印明成化左贊刻本《直講李先生文集》卷二三。

韓綜

韓綜（一〇〇九——一〇五三），字仲文，開封雍丘（今河南杞縣）人，億次子。天聖八年（一〇三〇）第進士，通判鄧州、天雄軍。康定二年（一〇四一）加集賢校理、同知太常禮院。慶曆中，累遷祠部員外郎、同修起居注、判度支勾院。八年，出知滑州，改許州；以失職，落職知袁州。皇祐初，復爲江東轉運使。還，再修起居注，累遷刑部員外郎、知制誥。五年卒，年四十五。見張方平《樂全集》卷三九《韓君墓志銘》，《宋史》卷三一五有傳。

郡廳壁題名記　皇祐元年八月二十五日

按《輿地志》，宜春郡在禹别揚州之域，春秋屬吴、楚之國。秦爲九江郡，亦曰南楚。漢初啓國，大封子弟，波漢之陽，亘九疑，爲長沙。孝武以疆土過制，制詔御史，諸侯王欲分子弟邑者各條上，定其號名，自是長沙王發得侯其子成於宜春，原建國之舊折於長沙。厥後侯削，入於郡縣，訖漢，領其地於豫章。吴始立安成郡，晋改宜陽。隋開皇中肇置袁州，歷唐不革，斥備遠服，用人亦輕。五代俶擾，僞邦竊據。開寶中，王師平秣陵負固之地，圖版歸於有司。逮今歷七十載，民安厥業，休我樂土，尸是任者，頗習唐故。予以坐累，得補兹郡，暇日閲公寢北壁隋唐刺史題名暨僞命守土者姓氏。蓋武帥擅兵，崇大位者俾表奏，史據舊纂爲此記。起開皇十一年，刺史袁伯通而下，刻石者凡百有七人，及觀《修夫子廟記》，乃刺史蕭定大曆三年所作。視壁間漏缺名氏，惜其刊去，舊記謬略析亂，莫可考正。而又開寶以來領是郡者，輒識名於僞命者之次，豈《春秋》記事尊王之法乎？今記自朝廷置守之臣，繇殿中丞王浣而下得三十有二人，表其位氏，題於樂石，揭置東序。將以監居任者政治而韋弦之，且以附於史官地理志。皇祐元年八月二十五日記。乾隆《袁州府志》卷三二，乾隆二十五年刻本。又見道光《宜春縣志》卷三一。

釋元净

元净（一〇一一——一〇九一），字無象，俗姓徐，杭州於潛（今屬浙江臨安）人。年十歲出家，十八就學於天竺慈雲遵式。年二十五賜紫衣，法號辯才。與吕溱、趙抃、蘇軾等爲方外友。祖無擇起制獄，元净預逮焉，居其間泰然，擬《金剛篦》撰《圓事理説》。後歸龍井聖壽院，以天臺教傳生徒。元祐六年（一〇九一）九月卒，年八十一。見蘇轍《龍井辯才法師塔碑》（《欒城後集》卷二四），《補續高僧傳》卷二。

題東坡題名記後　元祐五年

題名留於版壁，非久固爾，乃刻於石，以永蘭若，爲不朽之寶矣。龍井山老釋元净題。《淳祐臨安志輯逸》卷五，武林掌故叢書本。

袁抗

袁抗，字立之，洪州南昌（今江西南昌）人。舉進士，得同學田究出身，歷桂州司法參軍，衡州推官，累遷國子博士、知南安軍，擢提點廣南東路刑獄。還遷度支三司判官，爲梓州、益州轉運使，江、淮發運使，召爲三司鹽鐵副使，罷知宣州。終少府監。喜藏書，至萬卷，江西士大夫家鮮有及之者。《宋史》卷三〇一有傳。

宣州太守題名記　皇祐三年八月

宣城之地，郡於東漢，州於隋，然以溪山號名郡，自南朝始。唐遣觀察使統宣、歙、池三州，此爲治所，遂益盛，當其任者歷歷多賢臣。我宋克江南，仍節度，故額曰寧國軍。命朝臣領符印，鄰州兵籍皆額於升，事體與兩郡等，臺閣名卿，亦同有志者。噫！天下之郡三百，盛於昔而衰於今者有矣，第屬於人臣所任耳。人臣所任則有輕重之别，若民之休戚，係政之得失，今昔一也，可隨世而厚薄哉？慶曆七年冬，抗罷鹽鐵使副，被命來守，不敢忽。暇日究前之領州者名氏，或榜而存焉，未嘗著於石刻，非所以謹書而垂永久也。乃較其歲月，俾有次，然後勒之，以待後之君子。皇祐三年八月三日，袁抗書。嘉慶《寧國府志》卷二一，民國八年刻本。又見《宣城右集》卷七。

蔡襄

蔡襄（一〇一二——一〇六七），字君謨，興化軍仙游（今福建仙游）人，天聖八年（一〇三〇）進士。明道中爲漳州從事。景祐三年（一〇三六）爲西京留守推官日，范仲淹、余靖等以言事貶，襄作《四賢一不肖詩》贊仲淹等，而斥司諫高若訥，由是名聞遐邇。後爲館閣校勘。慶曆三年（一〇四三）知諫院，支持慶曆新政，論事無所回撓。次年出知福州，改福建路轉運使，開五塘溉田，奏減丁口稅之半。皇祐中召爲右正言、直史館，同修起居注，進知制誥，每除授不當，輒封還之。至和初知開封府。二年（一〇五五）出知泉州。嘉祐五年（一〇六〇），入爲翰林學士、權知開封府，擢三司使。治平二年（一〇六五），以端明殿學士知杭州。四年卒，年五十六。乾道中賜謚忠惠。襄工書，爲北宋四大書家之一。見歐陽修《端明殿學士蔡公墓志銘》（《歐陽文忠公集》卷三五），《宋史》卷三二〇本傳。

白波發運使廳壁記

唐開元中，裴耀卿建言，瀕河設倉廪，治舟以漕湘、衡、吴、楚、淮、泗之粟，水行數千百里，浮鴻溝，達河，溯渭，以食長安，用是國富以强。其後劉晏修舊制，費益損而力益贍，號爲材能。自天子居其大梁，南方之饒萃而不西，乃取關中地水以東下，而三門、白波、河陰咸設官莅治發運之職。其治白波者，增使名而重之。金部員外郎陳君既總使職，凡邦計之所賴，貨財百物，遷徙上下，必精思以行之，故事無留者。因視其所治介於河洛之間，南北有嵩山、少室、天壇、太行，群山絶特之美，遠近環合，登臨而觀之，可以娱游而宴處。於是累高以爲臺，誅榛以爲圃。植宇聯屬，互作佳致。圖志記書，盈溢几案。官事且休，日出其下，彷徉而自適。夫治繁而簡者，其中有餘；以静而動者，於外無累。君處尤劇之務，而未始離乎淡漠，其爲心也，豈不裕哉！清雍正十二年福建蔡氏遜敏齋刻本《宋端明殿學士蔡忠惠公文集》（簡稱《蔡忠惠集》）卷二五。又見《國朝二百家名賢文粹》卷一二七。

孫直言

孫直言，字隱之。景祐元年（一〇三四）進士及第。慶曆末知京兆府興平縣，皇祐初移知成都府新都縣。後以都官員外郎通判秀州，以職方員外郎知楚州。治平三年（一〇六六）除廣東轉運判官，熙寧間爲廣東轉運使。直言與趙抃爲同年進士，特相親知，與梅堯臣等亦有詩文往來。見《清獻集》卷一、三，《宛陵集》卷四五、五五，黄庶《伐檀集》卷下，雍正《廣東通志》卷二六。

重修東鈐轄廳記

益州占輿鬼之分，爲劍南一都會。朝廷選賢鎮守，以兵鈐統制兩路，復用武臣二員副之。兵農之便宜，刑獄之輕重，撫柔措置，得以關預。權劇任寵，賞格不次，非諸路比。自咸平中掃清寇難之後，垂六十年，民編久寧，不識戈革。上方精究治本，圖安鑒危，故鈐統之官，益艱其授。皇祐四年，端明殿學士楊公治州政成，汾陽公由作坊使領戎事。下車逾年，罔不修舉，官舍頽圮，經葺未遑。公從容請於楊公曰：「廳事將壓，不足以庇風雨。署表不嚴，非所以虔君命。」於是涓辰，而器用適始擬改作。自庀事至訖役，能使人以悦道，材工之費，亡秋毫及民。公本以儒學登科，而器用適變，其規模制度，審曲面勢，雖梓人獻狀，大率出公之心匠焉。萬瓦鮮鱗，袪噐即新，可以饗軍，可以序賓。夫人之處湫陋則情寶煩，宅清曠則神機王。情煩則耳目不得不怠，神王則思慮不得不審，兹必然之論也。識者謂公之構是宇，豈特奉身而逸居，專爲宴豆之地，蓋將有所思焉。所思者何？國恩殊優，思有以報之；軍政未便，思有以更之。使坤維阜安，長見豐樂，主上無西顧意，得非心之存乎？以是而言，則公之用心何如，與夫侈飾亭觀不急之尚，可同年而語邪？昔房琯所在，繕理廨宇，乃著能名，前史稱之。今徹壞起廢，廣峅幪之蔭，軒豁壯觀，宜無愧於古君子。直言辱命，俾文諸石，謹提筆以志歲月。《成都文類》卷二八。

劉公儀

劉公儀，合州（今重慶市合川區）人。嘉祐中登進士。治平中除萬州南浦令。見雍正《四川通志》卷二三及所撰《萬州西亭記》。

合州廳壁記　皇祐五年七月

壁記非古，蓋出於近世，其載名氏、志善惡，亦《春秋》之旨也。夫郡政在上而下民議焉，弗可遏已，必曰某守廉平公正，某守惠和仁恤，昔受其賜多矣；某守殘忍慘礉，某守貪墨割剥，昔被其患深矣。雖歲祀寖久，父詔子，兄詔弟，而未嘗弭忘。噫，民之無知其可欺耶？是壁記不可闕也尚矣。昔元道州嘗病自作記者則媚己，爲人作者則媚人，故今之所記，第志其名位遷次而已。若州之廢置備於圖牒，政之能否存乎民言，此皆略而不書，謹斷自聖宋乾德三年由翟作坊而下，得三十三人，列之於左，餘俟來者嗣而筆之。皇祐五年七月初吉，郡進士劉公儀記。《合川志》卷四四，民國刻本。又見《宋代蜀文輯存》卷二五。

崔頤

崔頤，仁宗時人。見所撰《新州郡守題名記》。

新州郡守題名記　嘉祐三年正月

新於嶺南隸廣部，去京師計七十二驛，地僻境隘，民薄産而多貧。朝廷遣守與之共理，或驕其僻而不舉職，或輕其隘而不爲力。其能以治行自任，去是而卒享顯貴者，時亦多焉。惜乎名氏湮落而微惡不白，遂訪諸故老，參按圖牒，具諸名氏刊志於壁，使聲績大於當時而有述於後世者足以爲勸云。時嘉祐三年正月初四日。乾隆《新興縣志》卷二九，乾隆二十三年刻本。

郡守職宣風化，訪疾苦、課耕植、均賦調，操得其術，軍民同其利；否則，軍民受其弊。

倪天隱

倪天隱，字茅岡，睦州桐廬（今浙江桐廬）人。官至縣尉。博學能文，嘉祐中主講邑校有聲，學者稱千乘先生。述其師胡瑗之意爲《周易口義》十二卷（存）、《繫辭》上、下及《説卦》三卷。見《宋史》卷三四六《彭汝礪傳》，《宋史翼》卷二三，《宋元學案》卷一，《宋元學案補遺》卷一。

桐廬縣令題名記　嘉祐七年四月

三代分土，諸侯世國，以治斯民〔一〕。民曰：「吾君也，其可逃？」諸侯曰：「吾民也，其可解？」故其心相孚，而化治日起。且其地大不過百里，歲淹月積，其纖悉視民，不翅如照，殈瑰材瑋行，其能久閉約於其間哉？官以器任則士能盡，士以鄉進則民事悉。萬宇以概，國其有忽而不治者邪？秦壞先王法，廢爲郡縣，其守令丸移而弈易，萍轉而蓬飛。斯民曰：「彼且去，吾善庸何爲？吾惡庸何傷？」官者亦曰：「吾且去，是非吾民，吾安能汩汩自勞苦爲？」故其孚誠不交，而卒以苟道，而曰欲歸民於三代，是弃食以求飽也。或曰：「三代以侯治，漢唐以郡縣治，其治一，其亂也均，適一時之宜者，不必皆先王之法。」是大不然。夫宿奸臣蠹，譬諸蚊，群陽闢天，曉日發旦，則聲喪影滅，投迹自晦。及微陰斂昏，萬景垂夕，則復薨然起嘬噬之患矣。賢否相易，其昏明之交乎。抑有大不可者，夫郡縣之官凡幾位，天下之賢士凡幾人，雖堯舜之明，湯文之智，不能必察而材諸位，况紛紛然若百貨之市，其屢遷而亟貿也。嗚呼！生靈之伸屈，存乎令守，取鍛煉成案，取正於法而已。是令尤爲親切於民。桐廬，故吴分富春縣置，屬吴郡。隋仁壽始用屬睦。中間隸屬不常，然獄訟、賦役便於睦，故我宋因之。自錢氏以地歸江南，刁公以直道自信，出宰是邑。自爾以瀕海幽遐，不爲要壤，而風教不能浹。斯民不識仁義之化，亦往往受敝。主上至仁，始用薦者得補令，而間爲得人。及其敝，言上者以私，而民之得善令者天也。榮君資中文敏而明，務以静治，雍容閱案籍，得雍熙以來爲令者姓氏，第而刊之。其政之善惡，則皆昭然著在人口。賢者少，不賢者衆，則其官人之得失可以鑒，而後來者足以自發，俾其企善而懲惡，亡斯民之病，以爲石羞。嘉祐七年四月二十三日。《嚴陵集》卷八，影印文淵閣四庫全書本。又見乾隆《桐廬縣志》卷一四。

〔一〕民：原脱，據《桐廬縣志》補。

閻灝

閻灝，成都新繁（今屬四川成都）人。皇祐元年（一〇四九）進士第。治平二年（一〇六五）任秘書丞，熙寧中爲太常博士。累官屯田員外郎。見嘉慶《四川通志》卷九二，《宋詩紀事補遺》卷一三。

利州路轉運使題名記　皇祐三年

梁、益，古西南之重鎮，國初并而爲一。至咸平四年，始詔與夔、梓合，議而析爲四道。自劍、利而北，凡十四郡縣。皇祐辛卯閻灝記。《輿地紀勝》卷一八四。

司馬光

司馬光（一〇一九——一〇八六），字君實，陝州夏縣（今山西夏縣）人。寶元元年（一〇三八）登進士甲科。歷大理評事、國子監直講，累遷開封府推官，爲天章閣待制、知諫院。時仁宗未立嗣，數上疏諫言。英宗朝進龍圖閣直學士，判吏部流内銓。神宗即位，擢爲翰林學士，除御史中丞，權知審官院。王安石行新政，光持异議，與安石數論辯於帝前。由是以端明殿學士出知永興軍，判西京御史臺，退居洛陽，專修《資治通鑒》，凡十五年。哲宗立，太皇太后高氏臨朝，召爲門下侍郎。元祐元年（一〇八六）拜尚書左僕射兼門下侍郎，力廢新政。是年九月卒，年六十八，贈太師、温國公，謚文正。著有文集八十卷，《資治通鑒》三百二十四卷，《考异》三十卷，《通曆》八十卷，《稽古録》二十卷，《涑水紀聞》十卷等，并注釋《易》《孝經》《老子》《法言》《太玄》等。見蘇軾《司馬文正公光行狀》（《東坡集》卷三六），《宋史》卷三三六有傳。

諫院題名記　嘉祐八年

古者諫無官，自公卿大夫至於工商無不得諫者。漢興以來，始置官。夫以天下之政，四海之衆，得失利病，萃於一官，使言之，其爲任亦重矣。居是官者，當志其大，捨其細，先其急，後其緩，專利國家而不爲身謀。彼汲汲於名者，猶汲汲於利也。其間相去何遠哉？天禧初，真宗詔置諫官六員，責其職事。慶曆中，錢君始書其名於版。光恐久而漫滅，嘉祐八年刻著於石。後之人將歷指其名而議之曰：某也忠，某也詐，某也直，某也回。嗚呼，可不懼哉！《司馬公文集》卷六六。又見《皇朝文鑒》卷七九，《國朝二百家名賢文粹》卷一二七，《崇古文訣》卷一七，《古今事文類聚》新集卷二一，《古文集成》卷一〇，《汴京遺迹志》卷二，《文章辨體彙選》卷五六七，《經濟類編》卷二六，《古文真寶》後集卷五，《名世文宗》卷一九，《文章類選》卷三，《三續古文奇賞》卷一五，《奇賞齋古文彙編》卷一九〇。

曾鞏

曾鞏（一〇一九——一〇八三），字子固，建昌軍南豐縣（今江西南豐）人，致堯孫。仁宗嘉祐二年（一〇五七）進士，歷官太平州司法參軍、館閣校勘、集賢校理、英宗實録院檢討官，出通判越州，歷知齊、襄、洪、福、明、亳諸州。神宗元豐三年（一〇八〇）留判三班院，遷史館修撰，管勾編修院，兼判太常寺；五年拜中書舍人，六年病逝於江寧府，年六十五。人稱南豐先生，理宗時追謚文定。見曾肇《行狀》，林希《墓志銘》（《元豐類稿》附録），《宋史》卷三一九有傳。曾鞏詩文俱稱著於世，尤以散文見長，爲「唐宋古文八大家」之一。著《元豐類稿》五十卷（存）、《續元豐類稿》四十卷、《外集》十卷，另有史學著作《隆平集》。

洪州新建縣廳壁記　嘉祐三年

爲後世之吏，得行其志者少矣，此仕之所以難也，而縣爲最甚。何哉？凡縣之政無小大，令、主簿皆獨任，而民事委曲，當有所操縱緩急，不能一斷以法，舉法而繩之，則其罪固易求也。凡有所爲，問可不可於州，執一而違之，則其勢固易撓也。其罪易求，其勢易撓，故爲之者有以得於州，然後其濟可幾也。不幸其一錙銖與之咈，則大者求其罪，小者撓其勢，將不遺其力矣。吏之不能自安，豈足道哉？縣有不與其擾者乎？方是時也，而天下之能忘其勢而好惡不妄者鮮矣，能忘人之勢而强立不苟者亦鮮矣。州負其强以取威，縣憂其弱以求免，其習已久，其俗已成之後，而守正循理以求其得於州，其亦不可以必也。則仕於此者，欲行其志，豈非難也哉？君子者雖無所處而不安，然其於自處也，未嘗不擇，仕而得擇其自處，則縣之事有不敢任者，豈可謂過也哉？洪州新建，自太平興國六年，分南昌爲縣，至嘉祐三年，凡若干年，爲令者凡三十有九人。而秘書省著作佐郎黄巽公權來爲其令，抑豪縱，惠下窮，守正循理，而得濟其志者也。公權亦喜其職之行，因考次凡爲令者名氏，將伐石以書，而列置於壁間。故予爲之載其行治，而因著其爲縣之難，使來者得覽焉。《元豐類稿》卷一八。又見《曾文定公集》卷八，《南豐曾先生文粹》卷六，《文章正宗》續集卷一三，《文章辨體彙選》卷五六七，同治《新建縣志》卷七五。

章望之

章望之，字表民，建州浦城（今福建浦城）人。初以伯父得象蔭爲秘書省校書郎，監杭州茶庫，逾年辭疾去。久之，以覃恩遷太常寺太祝、大理評事。歐陽修等薦其才，除簽書建康軍節度判官，不赴。又除知烏程縣，固辭，遂以光禄寺丞致仕。望之喜議論，著《救性》七篇、《明統》三篇、《禮論》一篇。又有歌詩、雜文數百篇，集爲三十卷。《東都事略》卷一一五、《宋史》卷四四三有傳。

臨海縣廳記　皇祐二年

官府之廳，蓋宣王命而莅政事之所也。皇祐二年正月，臨海縣新作正廳，何新乎？逾舊也。向之時庫甚矣，歲久，朽且不支，今宰崔仲牧乃革之。仲牧惠和而敏，故其舉事也中，而遺於人也遠，不亦嘉哉！《赤城集》卷三。又見民國《臨海縣志》卷五。

王陶

王陶（一〇二〇——一〇八〇），字子元，韶州曲江（今廣東韶關）人，式子。博學有俊才，登天聖五年（一〇二七）進士第，歷信州軍事推官、吉州泰和縣令。官至京東提刑、度支郎中。先是父式天聖初進士及第，既而陶兄弟三人又同年及第，陶子履古亦登進士，曲江稱「三世進士第」。見道光《廣東通志》卷六六、二八八，余靖《武溪集》卷一九《王君（式）墓碣銘》。

泰和縣公廳記　慶曆二年四月

隸江西部者，吉雖支郡，而土沃人庶，貢繁賦錯，實倍乎豫章。南康鎮屬邑有六，悉以劇名。泰和據郡上游，城於古西昌地，控途水陸，道交廣者由之，行商往來，通貨南北。井閭廛肆，分布駢比，山川風物，清粹嘉麗。人喜儒學，居多士君子。牒訟疏簡，征輸期調頗先。日食品物，稻麥蔬果甚美，鶉雉獐兔魚鱉甚腴。令之職有公租百斛，凡官於斯者可以矜雅俗、號善地。然令職偶闕，或逾期，或再稔，嘗稽緩不補，訟牒承乏，政若傳舍，曩弊可知。蓋人病其來，以縣之署陋且敝，創自李氏時，垂七八十載，未嘗一葺焉。予去秋被是命，私自便老，親居曲江，迎板輿度嶠北，沿流疾下，累日克至。亦既戾止，四視其署，内焉外焉，支吾跖弛，日不堪懷，殆無地以除風雨、去鳥鼠，况聚族而優游乎，視事而爽塏乎！遂不得已，亟圖新之。翼日諭於僚佐，咸曰「善」；諭於胥吏，咸曰「謹聽命」；督役於鄉師里長，咸曰「願協力告成」。旋命主進賦其户之甲洎没於官者，得錢百萬，用權厥費。具材度工，靡煩官業；鳩工庀徒，適當農隙。締構版築，衆效其勤，不施一扑而集功，不逾數月而畢事。耽然而寢也，庫庾仗焉，庖厨侑焉；渠然而廳也，廊廡翼焉，門闥屹焉。典掌有次，版圖有藏。西敞齋以間燕，北揭堂以臨觀。輪奐噲噦，合五十楹。既而擇剛日，用少牢，列鐘鼓，會賓僚以落成。觀者無貴賤，無耆孺，舉欣欣焉有喜色，知其所以壯觀於是邦。予嚮所經始，行路傳聞，親戚朋友之處遠者、賓客故舊之相過者，或貽書，或贈言，率曰：「今之登仕，務在檢植名節，恪遵著令，冀成休聞寵光。興力役，崇土木，作爲無益，時所不取。子姑罷之，勿速尤而致悔。」皆見德之深、忠告之切者也。予反謂其不然。夫厚紛華，薄禮義，沽徼馳騖，利資己欲，以因循爲慎，以妄苟爲智，尚齪齪守簡書，姑自詑爲良吏，有作一事於文法外，則靡判善惡，指顧怪駭，必詆訾狺狺者，斯何取焉，且行道貴乎誠，臨事貴乎果。在己必正，不以高下移其心；在物必當，不以夷險墮其勢。此聖人之極致、君子之大方也，豈毁譽榮辱之足動哉？今朝廷立郡縣，命守宰，將以堵民居而基王化。然則宣德教以廣上意，察疾苦以達下情，慘舒禍福，領銅墨者又爲致治之首，故分疆以處之，推恩以任之。城郭宫室，率有制度，位以建政，署以表位，圮而不完，於政何觀乎？爰力經營，誠於内，果於外，公乎私乎，皆不得而知必也。署苟有成，政隨而立，固亦無讓。昔人有云：「作之者勞，居之者逸。」高明大宅，賢者居之。自顧不肖，不足大惠於是邑之人，獨勞其心，衆勞其力，俟後之賢者居署而逸，夙夜孳孳，恕幽恤隱，思與衆同逸，則邑人今日之勞不爲勞矣。噫！常俗近見，可與樂成，不可與謀始。敢謂成此微效，他日民有甚樂者，得良大夫喜據斯以虔君命，百里蒙福，孰可量哉？今起役作事，惟時不時，議者咸以爲非，知我以此，罪我以此，復何自辨？若夫國父澤門之謳，杜預東羌之責，貽過尤已，曷能逭焉？時慶曆二年四月朔記。道光《泰和縣志》卷三一，道光六年刊本。又見乾隆《吉安府志》卷一二。

蘇頌

蘇頌（一〇二〇——一一〇一），字子容，泉州同安（今屬福建厦門）人，徙居丹陽（今江蘇丹陽）。紳子。慶曆二年（一〇四二）進士，授宿州觀察推官，徙知江寧縣，調南京留守推官。皇祐五年（一〇五三）召試，除館閣校勘，歷集賢校理、同知太常禮院，編定集賢院書籍。出知潁州，遷度支判官，爲淮南轉運使。召修起居注，擢知制誥、知通進銀臺司、知審刑院。出知婺州，徙亳州。召歸，勾當三班院，出知應天府。復知銀臺司，再出知杭州。元豐初，權知開封府，降知濠州，坐事罷。起知滄州，召判尚書吏部。元祐初，授刑部尚書，遷吏部，兼侍讀，改翰林學士承旨。五年（一〇九〇）三月，拜尚書左丞。七年，拜右僕射兼中書侍郎。八年三月，罷爲觀文殿大學士、集禧觀使，出知揚州。紹聖四年（一〇九七），以太子少師致仕。建中靖國元年（一一〇一）五月卒，年八十二。贈司空、魏國公。南宋理宗時追謚正簡。嘗校訂《神農本草》等醫書多種，主持研製水運儀象臺，著《新儀象法要》，爲宋代杰出科學家。又編《華戎魯衛信録》二百卷。爲文馴雅有體，有文集七十二卷。見曾肇《贈司空蘇公墓志銘》（《曲阜集》卷三），《宋史》卷三四〇有傳。

江寧縣令題名記　慶曆六年

縣令題名，舊無其傳。某始到職，以非便民先急之務，而未遑經營也。一日，鄉民有訟田者，辭連數室，咸造於庭，紛辨交争，初莫能决。訊其劑約，則曰「亡之矣」；訊其移受之始，曰「不能記矣」。所能言者，某令時按某事至某之鄰鄉，實某祖受田立籍之歲也，縣有版籍蓋載之矣。因求其令在事之年，而邑之胥吏皆無能言者。乃爲之捃摭數十年簿書，始見其令之官氏。閲其籍，果得訟田者之祖名，具載其地數，而侵冒者乃詘。某於是嘆曰：昔之居官者去而留名氏、記歲月於府寺，豈特好事者爲之哉，是亦有謂爾。斯獄也，以令之官寺，乃得致訟之歲月，因版籍而後知民之情僞。版籍雖具，而民不能言其歲月；縣令雖去，而民猶能言其爲治之迹。是令去而題名於後，不爲無益於治理也。於是條令前令官稱姓名，起開寶李氏去國，郡邑歸職方，始命王官，迄兹慶曆六年，凡七十載，歷三十八令，而拙者繼焉。因命礱石紀其交承之次第，龕於聽事之壁間，非惟紀乎歲月而已。又念夫居是職者，坐廣居，享豐禄，假天子威刑，案籍以莅職事，其不能廛體以督簿書之務，平心以待生齒之訟，殆非朝廷所以建官分職之意也。矧在是邑，密負大府，號爲望縣。其地之廣袤百里有畸，編户逾二萬，而間年逋逃未復者且千齒，倍户有半，而隸名於力役胥徒者幾三十之一。其賦徭之重輕、資貨之移用、兼并之强弱、紛争之是非，蓋日有焉，一繫乎長人者之决之也。苟將失其當，民實受弊，在治者得不爲之用心哉？故予因紀年而又論政，又書其命事之由於左方〔一〕，將以告於民官，庶幾悉意民務，毋俾其人曰某令者治某事而非是。吾將何告焉？姑待來者聽治之。非惟警於來者，抑將以自警焉。則曰升斯堂而受牒訴，舉而視之曰：前日某事，其人稱某令之不治，則予之弊事，是必將審覆其詞而求索其情，亦冀臻夫理而少紓其責也。蘇廷玉道光二十二年校刊本《蘇魏公文集》卷六四。又見《景定建康志》卷二七，乾隆《江寧縣新志》卷一二。

〔一〕左方：原作「左右方」，據影印文淵閣四庫全書本及《景定建康志》删「右」字。

起居院題名石柱記

國朝淳化中，始命史館修撰梁周翰、直昭文館李宗諤知起居郎舍人事，番直便殿以備左右史之職。未幾，更曰同修起居注，常以館閣二人兼領之。天聖、景祐以來，其選益重，至有載筆未及書事而遷職禁序者。嚮非久於鉛槧，或已陟近省，則莫得而進補焉。院在朝堂西便門之左廡，舊有板記載到官去事之歲月。訖治平初，而板盡不續。於是資政郡公始議易以石柱，六年於兹，礱劖甫就，凡書記之法，姓氏官閥，先後相續，一用舊次。間或差漏，則以記史訂正。自梁、李至今蔡、孫二君，總百四人。二君以謂异時省寺始至之日皆親題名於石，而近之由是職而上遷者多在朝廷，將修臺閣之故事，宜得群賢之翰迹。用是歷請自丞相魯國公而下得手筆者十六人。不鄙謂予曩嘗承乏，俾叙事始，刊於左方。若乃陟降軒墀，書記言動，以簡牘之任而列從官之籍，地清而近，事守隨重。故題述之義，不獨矜仕進之榮遇，亦所以虔君命而謹職業。則後之繼踵而至者，豈得而廢兹。熙寧某年月日。《蘇魏公文集》卷六四。

審刑院題名石柱記　熙寧八年正月

府寺題名所以記初拜職者官秩、名氏暨臨莅之歲月，蓋有司榮事任而警位著也。審刑院舊以板記揭於楹間，年世浸遠，鉛墨侵剥，殆不可讀。熙寧八年正月，院長主客郎中崔君易以石柱，冀堪永久。其題自樞密直學士李公昌齡而下至君，凡一百一十九命，總九十七人。先后相續，書用舊法。謂某嘗更承攝，且繼先人之緒業，宜詳知本末，見屬叙事，以記更置之所自云。國初革五代因循之弊，臺閣故事，草創未具。天下奏獄，但隸大理、刑部，二司議上，政府進熟，報下即决。太宗皇帝仁明撫運，燭見至理，以謂文吏巧詆，不盡哀矜，執政大臣非所以責於平亭也。於是特詔以淳化二年八月置院禁中，命近臣一員知院事，以朝臣六員爲詳議官，專治斷讞，不兼别務。其廩賜優异，燕見款數，固不與諸司等比。凡州郡重辟之疑可矜，若一命私犯罪笞以上之罰，與夫律令格敕之弊當更者，皆先由大理論定，然後院官參議。議合，然後核奏畫旨，送中書案實奉行。其慎重如此，非特獄無枉濫而已。每歲天下之奏常以千數，多或倍之，其間情涉巨蠹論如律者，百纔一二，餘從末減不下千人。計淳化迨今八十年間，其獲全貸、蒙自新之人且十數萬矣。而吏之承流任事，深知上指，其聽辭弊訟求所以生之者又可勝記乎？議者咸曰用法平恕，自書契以來未嘗有也。竊尋經傳所載，聖王賢主所以慎用刑誅，有曰辟勿辟之戒、三覆五覆之慮，謂之盡矣。然皆事出一時，非有成憲貽於後代，若我朝累聖繼承，惟刑之恤，遵用寬典，百年不易者。而復吏競其職，上下循持，杖笞輕科，無得擅用；禁令纖悉，堤防完密。雖施之萬世，知其不可易也。而有司欲通明創造之意，參求事理之實，將以毗助至治，豈易其人哉。前此常用禁省名臣，委以事柄，外廷郎列，稀得預選。崔君歷試斷議，以文無害，特膺器使，居位四歲，號稱辦職，故久留不代。方且虔恭朝夕，以宿其業，題刻之建，意在善守前憲，使來者覽觀，因以知本朝詳刑之明，理官稱選之艱。又將盡心於例成，其於治道，豈小補也哉！院舊在中書西南隅，嘉祐四年，詔徙於右掖之西墉外。石柱置於聽事之東廡云。《蘇魏公文集》卷六四。

王安石

王安石（一〇二一——一〇八六），字介甫，號半山，撫州臨川（今屬江西撫州）人。慶曆二年（一〇四二）進士及第，授簽書淮南判官。仁宗朝歷官至三司度支判官、知制誥，以母喪去職。神宗即位，起知江寧府，召爲翰林學士兼侍講。熙寧二年（一〇六九）拜參知政事，主持變法，陸續頒行農田水利、青苗、均輸、保甲、免役、市易、保馬、方田等新法。次年拜同中書門下平章事。新法遭保守勢力强烈反對，七年，罷相，以觀文殿大學士出知江寧府。八年，復相。九年，再罷相，出判江寧府，退居江寧半山園。次年封舒國公，元豐三年（一〇八〇）改封荆國公。元祐元年（一〇八六）卒，年六十六。紹聖中，謚曰文。崇寧三年（一一〇四），追封舒王。安石善屬文，爲唐宋八大家之一，有文集百卷傳世。另著有《三經新義》（已佚，後人輯有《周官新義》《詩義鈎沉》）、《字説》等。《宋史》卷三二七有傳。

度支副使廳壁題名記

三司副使，不書前人名姓。嘉祐五年，尚書户部員外郎吕君衝之始稽之衆史，而自李紘已上至查道，得其名，自楊偕已上，得其官，自郭勸已下，又得其在事之歲時，於是書石而鑱之東壁。夫合天下之衆者財，理天下之財者法，守天下之法者吏也。吏不良，則有法而莫守；法不善，則有財而莫理。有財而莫理，則阡陌閭巷之賤人，皆能私取予之勢，擅萬物之利，以與人主争黔首，而放其無窮之欲，非必貴强桀大而後能。如是而天子猶爲不失其民者，蓋特號而已耳。雖欲食蔬衣敝，憔悴其身，愁思其心，以幸天下之給足，而安吾政，吾知其猶不得也。然則善吾法，而擇吏以守之，以理天下之財，雖上古堯、舜猶不能毋以此爲先急，而况於後世之紛紛乎？三司副使，方今之大吏，朝廷所以尊寵之甚備。蓋今理財之法，有不善者，其勢皆得以議於上而改爲之，非特當守成法，吝出入，以從有司之事而已。其職事如此，則其人之賢不肖，利害施於天下如何也？觀其人，以其在事之歲時，以求其政事之見於今者，而考其所以佐上理財之方，則其人之賢不肖，與世之治否，吾可以坐而得矣。此蓋吕君之志也。《臨川先生文集》卷八二。又見《文章辨體彙選》卷五九六，《古文奇賞》卷二一，《奇賞齋古文彙編》卷一九四，《古文淵鑒》卷四七，《古今圖書集成》官常典卷三一三。

强至

强至（一〇二二—一〇七六），字幾聖，錢唐（今浙江杭州）人。慶曆六年（一〇四六）登進士第，歷爲泗州司理參軍，浦江、東陽、元城諸縣令。受知於韓琦。神宗立，琦罷相判永興軍，又移鎮相、魏，皆辟爲管勾機宜文字，表章書記，多出其手。琦數薦之朝廷，謂宜在館閣，然未及大用，仕僅至三司户部判官、祠部郎中。熙寧九年（一〇七六）卒，年五十五。工詩，句出驚人，書記必聲比字屬，他文則簡古不徇俗。著有《韓忠獻公遺事》一卷（存）、《祠部集》四十卷。見《宋史》卷三五六《强淵明傳》，曾鞏《强幾聖文集序》（《元豐類稿》卷一二），《直齋書録解題》卷一七，《宋史翼》卷二六。

漣水軍監轉般鹽倉題名記

海利，鹽最爲巨，故法有禁私煮，欲利一於公而防民之牟也。雖食者必市於官，矧敢商焉？若是，官鹽之通流不可一日而息也。漣水轉般倉受四場之鹽，其石常二十餘萬，以支下淮數州之用。苟出納不謹，則吏得以乘慢而攘取於其間；般運不時，則民闕其用而公家之利亦乏。然倉興歷二十有九年，監官凡十有九人，至則能究吏弊以謹出納，足公利以時般運，而數州之用未嘗一日闕者，何耶？蓋官舉於省，則所得皆材吏，歲滿有賞格，人人思懋力爾。殿省丞張公，繇鹽局權泗倅，某爲獄官，間以獄事詣公，因從容語倉事，且曰：「予與同職供奉官和侯議，欲第其官之名氏而志諸壁，子其爲我記之。」某不敢讓，謹記云。年月日，具位某題。《祠部集》卷三三。

鄭獬

鄭獬（一〇二二——一〇七二），字毅夫，一作義夫，安州安陸（今湖北安陸北）人。皇祐五年（一〇五三）進士第一，通判陳州，入直集賢院、度支判官、修起居注、知制誥。英宗朝出知荆南，還判三班院。神宗即位，拜翰林學士，權發遣開封府。因不肯以新法按獄，爲王安石所惡，出知杭州，徙青州。時方散青苗錢，獬以「但見其害，不忍民無罪而陷憲網」，引疾乞閑，提舉鴻慶宫。熙寧五年（一〇七二）卒，年五十一。著有《鄖溪集》五十卷、《觥記注》一卷（存）。《宋史》卷三二一有傳。

三司續磨勘司題名記

題名舊有記，龕於西壁，天禧己未歲，彭城錢易始爲之。自贊善大夫劉式而降，訖於太常丞、直集賢院馮京，合六十有八人，石盡不復録。嘉祐壬寅九月，安陸鄭某再斫石，刻其名氏，以補於後。《鄖溪集》卷一五。

劉攽

劉攽（一〇二三——一〇八九），字貢父，號公非，臨江新喻（今江西新余）人。慶曆六年（一〇四六）登進士，仕州縣二十年，始爲國子監直講。熙寧中，判尚書考功、同知太常禮院。以論新法不便爲王安石所怒，斥通判泰州，遷知曹州。歷開封府判官、京東轉運使，知兖、亳二州，坐事黜監衡州鹽倉。元祐初，起知襄州，入爲秘書少監，以疾求去，加直龍圖閣、知蔡州，復召拜中書舍人。元祐四年（一〇八九）卒，年六十七。攽邃於史學，助司馬光修《資治通鑒》，專職漢史。著有《彭城集》四十卷（存）、《東漢書刊誤》四卷（存）、《漢官儀》三卷（存）、《中山詩話》一卷（存）、《孟子外書》注四卷（存）等。《宋史》卷三一九有傳。

直講題名記

自三代以上，教學之官爲重。其在周，師氏保氏是也。漢世以四科辟士。一曰德行高妙，志節清白。此三公之任，師賓之材也。其二曰經明行修，能任博士。温故而知新，可以爲明；正己而物正，可以爲修，蓋所謂德選者。至於文能案章，勇足决斷，非不切且重矣；任爲御史、三輔縣令，非不劇且要矣。然而三輔得及之焉，其重輕先後，豈虚言而已哉？夫治起粗就，事以趣辦，由武夫崛興，文吏一切莫不言材計功者。當是時也，人謂學校無所用。及夫治世隆平，既庶而富，武斷無所施其謀，强固無所售其力，在上者方使百姓興行，幼學孝弟，耄期稱述，修其胸中之誠，以應事物，俯不怍於人，仰不愧於天，然後知教學之爲達材成德也。是故學官之重輕，繫世法之上下，非强有所左右也。賤生於無所用，貴由於不可得已爾。宋有天下，百有餘年，庠序之教，遍於四海。乃京師太學之盛，近古未有。朝廷發號施令，名臣建議興事，未嘗不以爲先。由是觀之，其爲太平至治，不其然乎？唐制，博士三科：上爲尚書；其次出爲部刺史；其下不通政事者，悉以補諸侯王師傅。是故公卿之選，由博士升者最多。自建隆末，學官之至相府侍從者，蓋嘗班班焉。惜其未嘗記録，無以詔後，問於耆舊老人，得某甲已下若干人，故爲作記刻石，具列名氏。遷徙歲月，不知者蓋闕，俾來者得嗣而志之焉。《彭城集》卷三二。

群牧司題名記代韓龍圖作

國馬之政，周以校人中大夫、漢以太僕中二千石掌之，則國朝群牧使之任也。《周禮》「天子十二閑，馬六種」，以給齋道田戎之役，周之制也約。漢京師有六厩五監，邊郡則三十六苑，以盛武事，漢之制也侈大。本朝監於前古，國馬之政由舊。至於熙寧，大新制度，綜核名實。以監牧之在郡縣者，寒暑暴露，不能致息，而惜其土田之良，寧以與民。於是盡斥賣其地，聚其賦以市馬，而以芻秣度支移之三司，馬不復在牧。餼秣以時，蕃庶維嘉。益輸金帛以與西戎，市馬之來東者，躡迹銜尾，千萬不絶。費不出於大農，而國馬大備。於是内供郊廟之祀，外儲軍旅之用。義勇保甲之士當受馬於公者，及近臣之賜予、使車之驅馳，無不給足。昔者魯僖公有明德，詩人頌之。其序曰：「務農重穀，牧於坰野，國人宜之。」夫馬固武備，雖諸侯不可闕也，而牧馬者或以妨民。及魯侯之善，在不妨民。不妨民，是之謂務農重穀。而遂稱之曰儉以足用，寬以愛民，其不信乎？魯雖諸侯小邦，而頌詩所褒，尼父有取焉。尼父之所取，則我朝之所用。夫聖人之治，四方風動，何遠之有？故國馬之數，兼於周漢，而宜民之善存焉。《駉》之詩曰：「思無邪，思馬斯才。」夫以區區之魯，諸侯之事，必當思焉無邪而馬斯才。况以天下之大，法駕之奉，居其官者，豈易爲之哉？某年某以某官領群牧使事，適當更制立法之始。思之無邪，豈敢自謂能庶幾於古人？惟前日之在官者，戰戰兢兢，猶吾志也。於是刻石作題名，而著其語於叙端。《漢書·公卿表》，太僕名氏歷歷可考。今之題名，猶班氏之志，於以備史官之采，可以無遺。自某年始，從某人以下，凡得若干人，來者可繼而書也。《彭城集》卷三二。

開封府南司判官題名記

舊京府皆置少尹二員，及他官領尹事，則少尹更爲判官，與推官二員通掌府事。四員者，名品雖小，殊無分職也。國家太平日久，生齒增息，京師至三百萬家，盜賊獄訟，文移簿籍，十倍於初，故府官力有不暇給矣。治平三年，始詔增置判官一員，領使院事，民間謂之南司，自是府事始分。盜賊獄訟，北官主之，南司惟文移簿籍是察。於是事舉無留，而官得休息暇逸云。好事者或侈大文書之多，猥云日一更筆，其實不然。其最盛時，在朝晡以二辰決之無遺。然來事源源不絶，迨昏黑而後止。强敏者有餘，不及者不足，理之常也。初置官，孫坦領之。至熙寧十年，凡若干員。某得承諸賢之後，因録以爲題名記，并叙其端，來者得嗣而書之。於是某視事歲，適期月日無餘，實元豐元年九月四日也。《彭城集》卷三二。

汝州推官廳記

天下之命官，鮮有以賓稱者。凡賓者，主所與敵體而亢禮者也。是故酒醴幣帛之養，莫厚於賓；進退周旋升降之禮，莫隆於賓；諮諏聽受，議論可否，莫嚴於賓；道合則從，不合則去，莫逸於賓。天子無客民，以先代二王之後爲賓；諸侯以其國相賓；卿大夫士以位相賓；至於鄉黨宴射，以其賢者老者爲賓。賓之貴，通於天下。若夫百官官府之治，有正、有貳、有參、有師、有旅，上之所以待下，下之所以奉上，督責行焉，考察用焉，是無預於賓者。獨州郡從事，位下禄薄，無列於朝，顧其稱曰賓職。何哉？凡州郡之治，非兵戎則畫農事、獄訟、簡書也。縣治民於内，將治戎於外，獄訟、簡書，則諸曹分治之。而從事居於其間，出入風議，周爰咨詢，無所適主，無所不察，將順其美，拯救其惡，是誠有賓客之道焉，謂之賓職也固宜。雖然，朝廷之命稱甚詳，既予其名，則不可無其實。名實之間，士大夫之所當辨也。將由夫守道好禮之君子乎，則端直其身，深謀而遠慮，使其語言必見信，居處必見嚴，其主又能優游敦尚之，如是則兩得之矣。將由夫好利冒進之小人乎，則將倍力爲巧，侵取百吏之治以爲己勞，其語言不信，其居處益溽，其主又且迫切督促之，如是則兩失之矣。是故爲賓職者，不可不察也。皇祐四年，予爲汝州從事，始事衛尉卿林公、其後資政殿學士吴公、又尚書郎王公、又太常少卿張公。郡小無事，四公皆賢予，固優游竊幸於賓焉。自昔官府，皆有題名記，書其所嘗爲吏者，郡獨無有。求於簿書，歲久漫不可省。他日尚書屯田員外郎張君景伯過汝，君亦嘗爲州從事，爲予言之。自張至予，凡若干人，予取以爲記而載其説。張君恬厚信士也，其爲從事，蓋良賓客矣，故自張君始。《彭城集》卷三二。

王無咎

王無咎（一〇二四——一〇六九），字補之，建昌南城（今江西南城）人。嘉祐二年（一〇五七）登進士第，補江都尉，調衛真縣主簿，歷天臺縣令、南康縣主簿。嘗弃官從王安石學，好書力學，士人多從之游。熙寧二年（一〇六九）閏十一月卒，年四十六。有文集十五卷、《論語解》十卷。見王安石《王補之墓志銘》（《臨川集》卷九一），《宋史》卷二〇八《藝文志》七，《宋史》卷四四四本傳。

撫州新建使廳記　治平二年四月

善爲政者，急其所急以及其所緩，而經理於緩急之際亦各有方。不善爲政者反此。若夫教化以奪其未順之心，衣食以厭其必得之欲，蔽不可留之獄訟，恤無所告之老窮，簡閱官吏，崇其善而替其惡，此最其所急而不可緩者也。至於城池之所以備豫，廨舍之所以興居，倉庫之所以出納，以及臺榭、厩驛、亭圃之區區，宜革而革，宜修而修，此差可以緩而不可廢者也。故夫用事於一州者，得宏敏周通之君子，則將能周旋裁處，急當其急，緩當其緩，常不繆於序。而其間又周旋經理，使其利足以掩害，其損足以爲益，薄費而厚得，近舉而遠存。不然，得鄙近偷惰之吏，則其裁處多不能當其序，而經理又不能適其宜，如前之云云者，此後世之通患，而誼儒法士所爲發憤思古也。治平二年四月五日，撫州之廳成，太守司農少卿錢公暄革唐刺史危全諷之所建也。蓋全諷之建當天祐之元年，至今殆二百年，而其勢將壞，故公始議革之。而方是之時，公之爲州已逾年矣，其政令已行，而吏民順諧，歲常有年，獄訟清簡，公夷然無爲也。於是使四縣之令各致其材，而不自憚其煩，綣繾督視，故能以旬有二日而成。既成，則其規摹高廣，皆逾於舊。而其始又以智損其中六楹，故使坐其下者宛轉四顧，豁然虛曠，稱夫臨堂堂千里者之勢。其用於事而善如此，真所謂宏敏周通之君子哉！噫！天下之有撫州，而撫州之宜有治廳者固無窮，而治廳之内，太守之迭處而迭去者亦無窮也。然則今日之役，不有文字之曲折以托於無窮之間，則後之人孰知夫爲是役者自吾錢公始，而爲之又適當其序且有方也？故無咎承公之命，不敢辭以不能，而遂爲之記云。《皇朝文鑒》卷八四。又見《古今圖書集成》考工典卷五八，同治《臨川縣志》卷一七。

黄貢

黄貢，仁宗嘉祐初任泰州通判。見道光《泰州志》卷三一。

海陵郡佐題名記　嘉祐二年十月

《春秋》之法，王臣皆書，尊王命也；公卿爵之，大夫字之，士名之，微者人之，叙王爵也。繫之行事，而善惡存焉。《春秋》，古國史之遺法，侯國廢，國史亦廢。郡縣守令循酷之迹，史筆得以傳世，吏民得書於當時，繼者非此無以知勸也。近世凡賢公卿大夫出而爲郡縣者，率書前政之名氏，樹之治事之堂，曰《題名記》，揭前人之號，爲來人之規鑒也，其亦古國史遺意歟。海陵郡刺史廳有都官員外郎王冲之記焉，通判之署猶闕。秘閣王公牧郡之二年夏四月，貢銜命來佐郡事。越十月，新作治事廳。工畢，竊自謂前後莅是任者不復題其名氏，何不舉前轍以告來者？曰詢民吏，求前人之治迹，得聞今相國梁公天聖中莅是任也，仁惠明斷，民頌其德；秘閣王公之先令公明道中莅是任也，公勤清白，民懷其德。德則子孫景之，勛則天下澤之。以梁相國之勛烈，未可揆也。王令公之流慶，有大參以姚、宋之器作輔岩廊，光令公之遺德於國史；有秘閣以龔、黄之術來牧郡事，揚令公之遺政於吏民。一門振振然尤盛，繼而成令公之德業，未可量也。賁欲仕者景前政之美惡，特舉令公之遺事，而特爲之記云。時嘉祐二年月日記。道光《泰州志》卷三一，道光七年刻本。

孫覺

孫覺（一〇二八——一〇九〇），字莘老，高郵（今江蘇高郵）人。從胡瑗受學，登皇祐元年（一〇四九）進士第，調合肥主簿。嘉祐中，進館閣校勘。神宗即位，直集賢院，擢右正言。出通判越州，徙知通州。熙寧二年（一〇六九），詔知諫院，同修起居注，知審官院。因條奏青苗法病民，與王安石异議，出知廣德軍，徙知湖、廬、蘇、福、亳、揚、徐等州，知應天府，入爲太常少卿，易秘書少監。哲宗即位，兼侍講，遷右諫議大夫，進吏部侍郎。擢御史中丞，以疾請罷，除龍圖閣學士兼侍講，提舉醴泉觀，求舒州靈仙觀以歸。元祐五年（一〇九〇）卒，年六十三。有文集、奏議六十卷，《春秋經社要義》六卷，《春秋經解》十五卷（存），《春秋學纂》十二卷等。《宋史》卷三四四有傳。

太平縣縣廳記　嘉祐二年十二月

太平爲縣，自唐天寶十一載至今，蓋三百餘年矣。唐衰，更五代，强者相與裂天下而有之，所在建國，國地小蹙，賦役繁重，而争大不休，方州大都，往往破碎。於是江南號爲多事，四面敵國，又最倔强，被兵者屢年，太平是時爲縣自若也。宋興，天下爲一，民生不識刀兵更戍之苦，祖孫安養相守，以益蕃衍。水衝山落，聚輒萬家，地耕無荒，而岩崖嶄絶，可謂既富而庶之時，極盛最隆之際也。然而有猶以陋名聞於天下。蓋其爲縣，在州之極南，山斷嶺隔途絶，複道不可車馬，用里計之，二百有四十，而後至州。隸縣之民，其間衣食器用，資其地之所出。其田鑿山爲畦，播以稻。不可畦者，以粟以麥。歲豐則斗米三十錢，歉亦自倍。其畜鷄豚牛羊，而用以饗賓客，以祀非其鬼。其臘之時，或鹿或熊不常，而异者不可識。其溪可漁，而魚特美。又善治塘陂，以豢以溉也。其果與蔬，宜於山者皆具。其油漆榧柏竹木，以器而足乎用，邑人無外求焉者。其績麻絲，織以布帛，不爲朽刻無用，而適乎温凉。其山多莫名，所望孤峰拔立於群山之上者曰黄山，蓋其峰三十有六云。縣堂見之百里，然非所領也。其大嗇而嗜利，良民間亦自重，但不知儒而未之學。蓋其僻陋，不與世接，而爲生之資自足也。夫更亂世而不與争鬥殺戮之害，而父子室家相保獨完，亦其所居僻陋之幸也。至於遭治定之時，萬里一家，天子屢詔州縣立學，以風勵天下，歸之純厚，於是他邑舊俗寖變，而好學自修之士，所至有之。獨兹陋邦，在籍者至於萬人，而應書者無一。此豈南北异才，而姓分之不同哉？是亦所居僻陋之不幸也！余既令之明年，易視事之堂新之，悉取前任名氏可考者列之屋壁，又爲編次其山川物食財用之可嘉，被服風俗喜好之所尚，後之君子得以覽焉。嘉祐二年丁酉十二月，將仕郎、試秘書省校書郎、守縣令孫覺記。嘉慶《太平縣志》卷九，嘉慶十四年刻本。又見嘉靖《寧國府志》卷五，嘉慶《寧國府志》卷二一。

吕陶

吕陶（一〇二八——一一〇四），字元鈞，號净德，成都（今四川成都）人。皇祐五年（一〇五三）進士，調銅梁令，知太原壽陽縣，府帥唐介辟爲簽書判官。熙寧三年（一〇七〇）應制舉，對策枚數新法之過，雖入等，纔通判蜀州。改知彭州。十年，屢上書言禁榷蜀茶之弊，責監懷州商稅。起知廣安軍，召爲司門郎中。元祐元年（一〇八六），擢殿中侍御史。二年，因與蘇軾兄弟同賈易、朱光庭等争論，被目爲蜀黨。後出任梓州、成都府路轉運副使。七年，回朝任起居舍人，改中書舍人，進給事中。紹聖初，出知陳州，移潞州、梓州。後奪職分司、衡州居住，徽宗立，復集賢殿修撰、知梓州。崇寧元年（一一〇二）致仕。是年秋被列入元祐黨人碑。三年卒，年七十七。著有《净德集》。《宋史》卷三四六有傳。又參本集《乞别給致仕狀》及戴揚本《關於吕陶生卒年歲的辨誤》（載《華東師範大學學報》哲學社會科學版一九九六年第三期）。

蜀州重修大廳記

古之循吏，以郡縣爲一家，視其民如所親之於子弟，待之以忠厚樂易之誠，濟之以勤勞不怠之力，事不問巨細，苟可以興作營置，區處辨具，則莫不盡心焉。建校舍，選開敏吏自訓飭之，減用度，遣詣博士。爲學子除更繇，與俱行縣。通渠瀆，廣陂湖，起蕪廢，溉田至數萬頃。躬率儉約，勸督農務〔一〕，出入阡陌，舍止鄉亭。輕刀劍，重牛犢，鑄田器，教犁耕。親度頃畝，差肥瘠爲三等，立文簿，藏之鄉縣。鑿山通道，列亭傳，置郵驛凡數百里。息省勞役，還集流散，發倉廩以賑凶旱。具葬祭，以恤鰥孤，限禮聘之年，施四誡之令，禁嫁娶送終勿徇奢靡。此其事之大者，而爲之甚詳。以至榆薤葱韭，口有常數〔二〕；二彘五鷄，家有常養。種桑柘，植麻紵，藏果實，蓄菱芡，養蠶織屨，悉有教令。此其事之小者，而爲之亦不略。按古而求，蓋龔公所由之風化，而孟子所謂王道之本者，亦可見焉。是以居則悦服，去則見思，風迹光輝於一時，德聲洋溢於後世。游茂先之守唐安，抑用此術歟！虚心以接物，無猜阻疑貳之釁；抗志以莅事，無苟簡滅裂之態。舉大綱以敦治體，親細物以盡下情。自公府至於郊野，皆得其歡，知茂先待之如一家也。廳宇之弊久矣，每大風雨，慮至摧圮，政閑事隙，謀以葺之。遠訪諸侯路寢之制，近遵太守黄堂之式，崇庳深廣，舉適準度。他所毁陋，從而一新。樓壘得其高堅，帑庾得其固密。文牘充棟宇，有以謹其藏；賓客戾館舍，有以享其安。敞亭榭以資覽咏，完庖突以備燕饗。凡爲此者，蓋政有餘力而及之，非先後緩急之不序也。民安其居，吾可以議居處之安，非略於大而詳於小也。非以治舍爲逆旅，望望然計吾歲月以去而不恤其他也。客有踐其境，造其門，升自西階，游目四顧，雖不問俗，政可知矣。譬如富家巨室，垣墻立而壯，門閎闢而大，奥阼别而正，囷倉廄庫之設，各得其當，就而詢之，必有愛其子孫者主焉。一郡之政，何异於是？予嘗通理此州，知土俗之淳良，羡風物之秀勝，以謂嘉郡齊民，宜得賢守敏政，乃具四美。今茂先之治，大概如此，故予樂爲記之。茂先慷慨有遠度，每以功名自期，豈特區區乎此？他日去而顯矣，人必思之，有讀予文者，亦可以慰思也。《皇朝文鑒》卷八三。又見《全蜀藝文志》卷三四，嘉慶《四川通志》卷二六，《宋代蜀文輯存》卷一六。

〔一〕農務：原作「務農」，據《全蜀藝文志》乙。

〔二〕口：右引作「日」。

徐積

徐積（一〇二八——一一〇三），字仲車，楚州山陽（今江蘇淮安）人。少從胡瑗學。治平四年（一〇六七）登進士第，以耳疾不調，居家授鄉學三十年。元祐元年（一〇八六），就除揚州司户參軍、楚州教授，紹聖三年（一〇八九）特改和州防禦推官。徽宗即位，改宣德郎。崇寧二年（一一〇三）四月，特除西京嵩山中岳廟，逾月而卒，年七十六。政和六年（一一一六），賜謚節孝處士。有《節孝先生文集》三十卷，蘇軾謂其詩文怪而放，如玉川子（盧仝）。見王資深《徐積行狀》（《節孝先生文集》附），《直齋書録解題》卷一七。《宋史》卷四五九有傳。

江寧府句容縣廳壁記

縣令之設，其本在乎教化，聽訟決獄，蓋其次也，給斂期會簿書，一切又其次也。古者以年行選民，置爲鄉官，所以佐令教化也。鄉官出入閭巷，朝夕與民從事，與其家人無殊，故能知其僞，察其疾苦也。漢高祖入關，天下猶未定也，已置鄉官矣。如洛陽董公，壺關、湖城三老，此輩論議皆有益於人之天下，何况區區一縣乎？其後，賢有道者處之甚衆，如爰延輩，教化之風皆其身之所自出，其益可知也。後世鄉官雖存，而名實與古异矣。縣令者，孤立於上，而下無所輔。又其官勞事劇，竭盡一身之敏，而日力不給，則教化者固其有所不迨也。將欲教之，必先養之。使夫農者安於農，商賈者安於其商賈，是所謂養也。知夫農本，而不知夫商賈者市井之本，則小民何依焉？故或依於農，或依於工，或依於商賈行旅。各得其所依，則各得其所養，然後教化可行，刑罰可省，患盗者可以息盗也。然不虞之戒，不可不戒。蓋民之所恃而爲安危者，城郭也。若夫籬塹不施，關鍵不設，戎事不講〔一〕，武備不修，豈可以言幾乎？習於其故而已矣。則令之方略威信，其所蓄積而設施者，不可以無素也。虞翊之於朝歌，賀齊之於會稽，即其人也。則縣令者不可不重處之者，不可不思，不可不勉也。句容者，因山爲名，以其山形句曲而自容也。取其容不取其曲，斯爲正人矣。正人者，天下之福也，而况至於一縣者乎。容者非自容也，所以容物也。所惡夫自容者，爲其患得患失之也。安有患得患失而弗爲弗正者邪？安有弗正而弗阿弗隨、弗殘弗害者邪？則正而容民者，真縣令之事也。前代縣令治行名迹見於吏民者，晋之劉超、宋之孫謙、齊之周洽之輩是也。景德中，我外父太常博士王公實紹厥後。其後相紹而處者，蓋有人焉。越至於今，有慎大夫者，所居不苟，故取前人名氏列於廳事之壁，意者近乎史也。覽其名氏，問諸父老，必有嘆息而後言者，遺愛可知也。諸君子不泯矣，來者勉之。慎大夫，端人也，嚴而能恕。昔者彭澤令陶公遣一力給其子，戒之曰：「此亦人子也，宜善待之。」嗟乎！如陶公之用心，肯有暴人之親、虐人之子、營己之利者乎？如此則上不負於朝廷，下不負於赤子，孽不積於其身，殃不遺乎其子孫。知利其身而不知恤其子孫者，豈不哀哉！故因大夫之恕而及乎陶公之恕焉也。康熙丘如升等刻《節孝先生文集》（簡稱《節孝集》）卷二八。

〔一〕戒：原作「戒」，據明嘉靖劉祐刻本（簡稱「明刻本」）、民國《楚州叢書》本（簡稱「楚州本」）改。

蒲宗孟

蒲宗孟（一〇二八——一〇九三），字傳正，閬州新井（今四川南部縣西）人，師道子。皇祐五年（一〇五三）第進士，調夔州觀察推官。熙寧三年（一〇七〇），召試學士院，以爲館閣校勘、中書檢正官，進集賢校理。七年，奉命察訪荆湖兩路，奏罷辰、沅役錢及湖南丁賦，助吕惠卿製手實法。九年，同修起居注、直舍人院、知制誥。神宗稱其史才，命同修仁、英兩朝國史，爲翰林學士兼侍讀。元豐五年（一〇八二），拜尚書左丞。次年罷知汝州。加資政殿學士，歷知亳、杭、鄆三州、河中府。御史劾其慘酷，奪職知虢州。後復職知河中、永興、大名。元祐八年（一〇九三）卒，年六十六，謚恭敏。有文集五十卷、奏議二十卷。《宋史》卷三二八有傳。

閬州新井縣廳題名記　嘉祐三年四月

縣令比宰相，位不同，其所繫同。宰相威愛於民，不若縣令之速。宰相坐中書堂，爲天子謀慮天下事，有不至焉，其害即不及於人。天子可否於上，百官諍議於庭，要其是然後行之。令長坐縣衙，施設措置，朝行而暮遍，語出而民聞，有一不至，百姓不旋踵被其冤。鄉耆里胥莫敢抗也，縣吏小史莫敢争也，將訴於州，辨於轉運使，事已老，病已成，力已不勝矣。宰相非其人，以公議可罷；縣令不稱職，類無大過，不滿二年不去。噫，是亦難哉！新井縣自建隆開國，例以令治。承平既久，户蕃事多，綱紀偷墮，廢而不舉。天聖中，始以京朝官易之。邑漸整飾，簿書獄訟不似向時無條理；然而記録之不存，名號之不彰。由天聖迄嘉祐三十年間，傳十人，而太子中允黄君至，始議刻書其姓名，又語其邑人蒲某〔一〕：「自始有令來，世遠人老，多不盡記。前天聖而言，已失其傳；後天聖而求，京朝氏族官品具在，皆可刊列。子爲吾序之可乎？」某曰：士大夫嘗欲訪求所謂十人者爵氏、雅迹、論著，以究其施設措置，而且不得其詳。今黄君之來，以簡革繁，去苛用寬〔二〕，不施一棰而賦自集。至閭之民安食穩寢，不識公人文帖之撓，無愁煎嘆嗟之聲。因其安閑，又能修舉逸事，以載國朝更置之端，與諸公名績之美。使君無語，某尚當有請於前，况有是見屬，遂爲之記云。嘉祐三年四月五日記。《國朝二百家名賢文粹》卷一二七。

〔一〕「某」上一字原刻筆畫不清，有似「聞」字，然據文意，應是「蒲」字。

〔二〕苛：原作「奇」，據文意改。

何延世

何延世，熙寧初知連州，見同治《連州志》卷一〇。

守臣題名記　熙寧元年

舊《記》，唐刺史題名始在牙城南隅敵樓之上，僖、昭播蕩，諸夏分裂，惟是荒徼，隔爲僞俗，王官不至，《記》亦隨失。宋咸平中，將作監丞、加軍州事丘君穎能得舊《記》於士民之家，比次前後，繼以本朝開寶已還從政於斯者，咸列之如石，而唐刺史遷代年月已不得其詳也。爾後更承，傳記不廢。皇祐改元，太子中舍王君夢錫莅州之日，憚刊刻之煩，揭諸漆板，石《記》遂屏爲閑物，後人礱錯以給他用。予至而惜焉，因復勒以堅砥，仍係廢置之由，以諗來者。噫，唐肇武德迄光化己未，刺連者凡九十一人，惟王晙位至將相，功業殊卓；劉禹錫以詩名重當時；蔣防、武興宗有聲稱乎別《記》，餘則蔑然無所聞焉。既而豪孽潛據，來者不足比數，此用絕書。開寶二年始暨朝廷正朔，迨熙寧戊申，又九十九年，假守者四十五人，惟李公若谷嘗參大政，餘皆不至顯列，求如禹錫、防、興宗之名稱又鮮矣。嗚呼！材之難得如是哉！豈時不喜吏功，雖有良吏，而人不稱數耶？抑君子之政無游聲，無詭飾，淵蒙静默而世莫能知耶？不然，何以百年間屈指可道者惟二三子焉？予於因不能無嗟悒也已。時熙寧何延世記。同治《連州志》卷一〇，同治九年刻本。

鄧忠臣

鄧忠臣，字慎思，自號玉池先生，長沙（今湖南長沙）人。熙寧三年（一〇七〇）進士。累官知衡陽縣、大理丞。元豐四年（一〇八一）爲開封府界提舉司管勾官，以獻郊祀慶成詩賦擢秘書省正字。元祐三年（一〇八八）通判瀛州，遷考功郎，充注《晋史》官。崇寧初，權發遣汝州。坐撰范純仁謚議過實，罷爲管幹南京鴻慶宫，後入元祐黨籍。著有《玉池集》十二卷。見《續資治通鑒長編》卷三一三、四〇〇、四〇八、四六四，《直齋書録解題》卷一七，《能改齋漫録》卷一四，《范忠宣公集補編》，陸心源《宋史翼》卷二六有傳。

元祐太守題名記

高郵介於揚、楚之間，號爲東南咽領。連帶陂湖，轉入於江、淮，或入於海。魚蒲之利，厚於種蒔，盗賊逋逃，往往依以爲淵藪，獄訟輸納，赴訴遠甚。國朝開寶三年建爲軍壘，從民欲也。熙寧初，議行役法，請廢爲縣，爲令者多抵罪而去。蓋軍之事目仍存，而官屬之分治者，纔五之一，則事之有不振者，無足怪也。元祐元年，詔復軍額，朝廷以朝散郎毛君漸治之，救弊起廢，政之所難也。君嘗爲司農，又持節使諸路，法度之廢置者，君蓋口議而心得之矣。此朝廷之所以任君與。君至之始，適丁薦饑。凡官府之當建者，無一不復，河渠堤防之可興利者，悉募饑人，發廩以營之。四方舟車之所集，供張厨傳之所費，與他郡等，而用獨少。何也？有請於朝而增之，於是敝者改舊，傾者建新矣。一日，閱廳事題名，漫滅幾不可辨，自高凝祐至章隱之，凡五十六人，其間如狄棐、王琪、吴充、邵必之儔，皆卿材也，而又善教陶染之，成就人物若季、孫、喬、崔、閻、秦者，數數有之，不可謂此邦乏人矣。吾黨闕而弗録，大懼邦人議我弗有告也。於是委其友鄧忠臣爲後記以識之，請從予始，且以志復軍之歲月。忠臣請爲之書。嘉慶《高郵州志》卷一一上，嘉慶十八年刻本。

沈括

沈括（一〇三一——一〇九五），字存中，杭州錢塘（今浙江杭州）人。嘉祐八年（一〇六三）進士，熙寧中參與王安石變法。歷檢正中書刑房公事、提舉司天監，遷集賢校理、同修起居注，擢知制誥兼知通進銀臺司。熙寧七年（一〇七四）爲河北西路察訪使。次年出使遼國，力斥其奪地之謀。遷翰林學士、權三司使。熙寧末，因事降知宣州。元豐三年（一〇八〇），除鄜延路經略使、知延州。五年，坐首議築永樂城，責授均州團練副使，隨州安置。元祐初徙秀州，晚年居潤州夢溪園。紹聖二年（一〇九五）卒，年六十五。括博學多聞，於天文、地理、典制、律曆、音樂、醫藥等無所不通。有《夢溪筆談》（存）、《蘇沈良方》（存）、《長興集》（殘）等著述四十餘種。《宋史》卷三三一有傳，又參胡道静《沈括事迹年表》（上海古籍出版社一九八七年版《夢溪筆談校證》附録。）

邢州堯山縣令廳壁記　治平元年

地方百里，聽事於庭者萬家，上不得專達於天子，下不得賓養國中之善士，其官謂之縣令。其秩不得齒於天子之下士，静牽動違，勢如槁毛。士能得志於斯，亦可謂賢矣。其選既輕，故民未嘗厚望於吏。吏之自期亦以此，則因謂之治，豈所謂治者耶？吾王君聖美之爲堯山，不以其輕者入於心，而獨爲其所難。剥捶斷裂之政不得行，皎明察深矯厲之名不立，而下皆有以相先，不暴不争，肆耕而飽食，事益不至縣令之庭。縣既已空無事，乃治其所居之堂。凡前後之共爲此邑者，不忍其人没而不章，則又納諸壁中以縣令之題名。予客過趙魏之郊，問其故家舊俗，皆慨然喜言三晋戰國之事。自七國之時，趙數窘秦人於兩河之間。秦方强，天下所憚獨在趙，故趙常受兵，爲天下勁國。其後四分以爲代、魏、燕、趙，踣漳南，蹶上黨，肩尻頓僨，不能相支。而邯鄲、巨鹿穿裂摧壞，獸驚鳥決，獨當四方之鋒。其人生而知有戰鬥攻掠之備〔一〕，習聞而成風者已久而不可還，雖當積安無事之日，其天性固以异於他俗，此宜治之甚難。而聖美摩撫調養之既成，則又推之於前後之人，若無心於得失者，宜乎民安之不難矣。聖美以嘉祐六年得堯山，於其將去，使來求記於予，則治平元年也。錢塘沈某記。光緒二十二年浙江書局刻本《沈氏三先生文集》（據吴允嘉校補明翻宋本刊）《長興集》卷二一。又見《皇朝文鑒》卷八一，《古今事文類聚》外集卷一四，《奇賞齋古文彙編》卷九四，《文章辨體彙選》卷五九六，《四續古文奇賞》卷二三，《古今圖書集成》職方典卷一一一九，同治《畿輔通志》卷一六二，光緒《唐山縣志》卷一一。

〔一〕備：原作「講」，據四部叢刊三編影印明翻宋刻本（簡稱「叢刊本」）、影印文淵閣四庫全書本（簡稱「四庫本」）改。

程顥

程顥（一〇三二——一〇八五），字伯淳，號明道先生，河南（今河南洛陽）人。嘉祐進士，調鄠、上元主簿，爲晋城縣令。熙寧初，用吕公著薦，爲太子中允，監察御史裏行。神宗數召見，進説甚多。新法行，議論與王安石不合，出提點京西刑獄。固辭，改簽書鎮寧軍判官，徙知扶溝縣。除判武學，坐獄逸囚，責監汝州鹽税。哲宗立，召爲宗正丞，未行而卒，時元豐八年（一〇八五），年五十四。顥畢生治經，爲一代名儒，學者稱孟子之後，一人而已。嘉定十三年（一二二〇），賜謚曰純，淳祐元年（一二四一）封河南伯，後祀孔子廟庭。與其弟合著《河南程氏遺書》二十五卷、《河南程氏外書》十二卷、《河南程氏經説》八卷、《河南程氏粹言》二卷，有《文集》四卷，俱存。《宋史》卷四二七有傳。

晋城縣令題名記

古者諸侯之國，各有史記，故其善惡皆見於後世。自秦罷侯置守令，則史亦從而廢矣。其後自非杰然有功德者，或記之循吏，與夫凶忍殘殺之極者，以酷見傳，其餘則泯然無聞矣。如漢、唐之有天下，皆數百年，其間郡縣之政，可書者宜亦多矣，然其見書者，率纔數十人。使賢者之政不幸而無傳，其不肖者復幸而得蓋其惡，斯與古史之意异矣。夫圖治於長久者，雖聖知爲之，且不能倉卒苟簡而就，蓋必本之人情而爲之法度，然後可使去惡而從善。則其紀綱條教，必審定而後下；其民之服循漸漬，亦必待久乃淳固而不變。今之爲吏，三歲而代者固已遲之矣。使皆知禮義者，能自始至，即皇皇然圖所施設，亦教令未熟，民情未孚，而更書已至矣。儻後之人所志不同，復有甚者，欲新己之政，則盡其法而去之，其迹固無餘矣。而况因循不職者乎？噫！以易息之政，而復無以托其傳，則宜其去皆未幾，而善惡無聞焉。故欲聞古史之善而不可得，則因謂今有題前政之名氏以爲記者，尚爲近古。而斯邑無之，乃考之案牒，訪之吏民，纔得自李君而降二十一人，第其歲月先後而記之，俾民觀其名而不忘其政，後之人得從而質其是非以爲師戒云耳。來者請嗣書其次。同治十年涂氏刻《二程全書》之《河南程氏文集》卷二。又見《國朝二百家名賢文粹》卷一二七。

周邠

周邠，字開祖，錢塘（今浙江杭州）人。嘉祐八年（一〇六三）第進士。熙寧間，蘇軾倅杭，多與酬唱。歷樂清令、知管城縣、通判壽春府、知吉州。見《咸淳臨安志》卷六六、《宋詩紀事》卷二三。

縣廳記

均縣道也，而吏有能否；均風俗也，而民有醇疵。能否在上，而官尤憚於數易；醇疵在政，而吏必慎於所行。古人所謂吏久則民化，人存則政舉者，誠在乎此也。夫國之所以張官置吏，莫不欲賢者在位，能者在職。賢能并進，上則無虚授，下則無曠官。而道德之所以一，風俗之所以同者，豈不由是歟？蓋天下不患治之難，而患任之非其材；不患材之難，而患擇之無其術。有術以擇之，因材以任之，則亦正其本而已矣。是故天下之本在國，國之本在家，家之本在身。使天下之吏能修身以治人，則雖四海之遠猶運乎一堂之上，况耳目之所接，詎有不治者乎？孟子曰：「爲政不難，不得罪於巨室。巨室之所慕，一國慕之。一國之所慕，天下慕之。霈然德教，溢於四海。」由是觀之，則縣雖小，庸可忽而不治歟？今朝廷重近民之官，而舊有舉令之法。實圖治之先務，爲官擇人之要術也。至於發揚授受，未嘗輕以屬人，則委任責成，顧不重哉？然天下之縣僅千有餘所，凡所以爲宰者，雖未可罄責以賢，則夫清正廉勤之吏蓋亦不少。雖然，時有先後，而法不能無因革；事有繁簡，而效不能無淺深。昔之爲邑，則蹈故以守，故事簡而政明，力舒而效速。今之爲縣，則循新以變，故事繁而政冗，力勞而效遲。豈獨能否之不均，抑亦時之所驅，而治迹能無相邈也。樂清之治，春秋屬於閩越，自漢以來，則爲會稽章安縣地。順帝永平中，以章安、東甌爲永寧。至晋武寧康中，乃析永寧爲樂成，則縣名兆于此也。歷宋至隋，皆隸於處之永嘉。唐高宗上元初，始立温州，而樂清之額又更於五代，乃錢氏所易也。噫！求其縣令之題名者，未嘗有焉。然宰字之官，先後相續，浸浸以盛。自雍熙前，不可得而知，惟端拱以來，庶可詳其姓字。然吏材之賢否，政事之精粗，不可察而盡也。要其名字之所著，則來者可以序觀之。苟驗於民物，則其所以爲政者，其猶示諸掌乎。永樂《温州府樂清縣志》卷四，天一閣藏明代地方志選刊本。

周 郊

韋　驤

韋驤（一〇三三——一一〇五），原名讓，字子駿，錢塘（今浙江杭州）人。皇祐五年（一〇五三）登進士第，歷睦州壽昌縣尉、興國軍司理參軍、婺州武義令。改秘書省著作郎，遷至尚書屯田員外郎。後任朝奉郎、少府監主簿。擢利州路轉運判官，移福建路運判。出爲夔州提點刑獄，知明州，改提舉洞霄宫致仕。崇寧四年（一一〇五）卒，年七十三。有《錢塘集》二十卷（今存十六卷）、賦二十卷。見陳師錫《韋公墓志銘》（《錢塘韋先生文集》附録）。

武義題名記　治平三年四月

人愈巧，法愈密，法密則求所以避者益勤而深，固不免於爲僞。吏民有常僞，縮吏長民無常官。夫以數易之心，求勤深爲僞之情，得其至者幾希矣。苟明不恃智，寬不敗法，不刻刮於求疵，不因循於迹敝，刑於所可戒，恩於所不見，不務置异嶄動人耳目，以爲速譽徼榮之道，其蚤夜慮思，以不自欺爲得，如是則於數易之中，可無甚愧。居前者謂後莫己若，繼後者已不能處前人，其將去與始至，其自視類猶非一身所爲，况以他人觀之而且被其治者歟？縣立由唐之天授，朝廷自興國中補令，距今幾百年。端拱以前，漫不可究，考其後板籍之末，得令之姓名二十六人。其求之先後雖可次，而更代月日則遠者晦缺，獨可謹於近耳。至於臨政善否，則故老往往能語之，大約衆人之所以思斁，不過如前所謂。若肆行冒譴，庸暗殃民，固不在議中。某典是將四年，以所考記列諸石，因書其首以自鑒。來者不略於治，當不以予言爲忽。治平三年四月七日，餘杭韋驤記。光緒二十二年丁氏刊《武林往哲遺著》本《錢塘韋先生文集》（以明吴寬影抄宋乾道四年刊本重刊）卷一七。

福建漕臺題名記　元祐七年正月

聖宋諸道置使，曰轉運者，雖以經度漕挽爲名，而進賢舉能，發奸擿伏，養兵止盜，治賦均役，清刑罰、平訟訴，究利病，審因革，凡州縣之所得推而行者，無不兼綜而督察之。朝廷倚其言，以爲黜陟取舍之信，其任豈輕哉！閩部八州號節鎮者三，而督府居其一，領縣四十六，占籍之户無慮百餘萬，儒冠縉紳布滿朝野，公卿巨人間出其間，漸陶薰灼可謂至矣。而敓攘桀黠、怙險肆螫於霧山烟海之間者，無時無之。猾吏舞文謝賕，與夫頑頓輿詬之俗，飾詐交訟，亦倍蓰於他部。歲之用度，以萬計緡者百有二十，穀帛不與焉，而所入不足以枝其費。貢輸之金，當十之三出於岩崖不常之產，市於蟻聚游手不逞之徒，以應不可違之期會。運致稟於險阻，儲偫病於蒸濕，即山以鑄，煮海以販，緩之則害法，急之則滋寇。凡此者，皆所宜督察區處，而必知要之所在。然則居是任者，尤難其人。太平興國初，始遣轉運一使。至慶曆中增置判官。元祐之制，或雙除而不遣使副。然使副、判官稱號則殊，其操權統領一也。自置使臣來，百餘年間，類多聞人，其風績播在人口，固有班班可稱者。稽其顯榮，則丁、龐二公致位丞相，登侍從者凡七八人，蓋亦盛矣。而治事之廳，題名蔑然，無以示遠。豈前人有所未暇耶？殆忽爲細故而不爲之爾。僕承乏於此，行將受代，因求諸案牘，得其姓名，次以年月，其不得者闕而不書。乃刊置東壁，且虛其末，以俟繼至，庶以補一時之遺，而使來者有所考究焉。元祐七年元日，餘杭韋驤記。《錢塘韋先生文集》卷一七。

顔復

顔復（一〇三四——一〇九〇），字長道，魯（今屬山東）人，顔子四十八世孫。嘉祐六年（一〇六一），賜進士，爲校書郎，知永寧縣。熙寧中，爲國子直講。元祐初，召爲太常博士，遷禮部員外郎，兼崇政殿説書，進起居舍人，轉起居郎。拜中書舍人兼國子監祭酒，以疾改天章閣待制。元祐五年（一〇九〇）五月卒，年五十七。見《續資治通鑑長編》卷四四二。《宋史》卷三四七有傳。

婺州永康縣題名記

永康自復十代載從祖思謙爲其令，後三百餘年，始復來，其間名氏自五代而上不可考而續。宋始有天下，二浙猶專於錢氏，故興國以前，令皆假攝。朝廷印錫命官，距兹纔二十二年，來者二十有六人矣。噫，永康土方廣三百里，民著籍二萬家，仁者長之，使俗安而化周，豈曰志未行乎？但今之議縣治者不風教是期，而惟曰簿案孰整，刑政實肅，郡部亦儇是而與否之。雖然，君子豈屈其所學而苟愧道之譽乎？寧有志弗就而去，猶愈俛志而睎名，處盗國之禄而塞民之望，罪莫大焉。若二十六人者，其中或信己之道而外時毁譽，致澤下於民；或法絆俗躓而厥志未甚申，鈞可曰良令。所見之迹則存諸田里父老之論，提名氏而稽問之，則歷歷可詳。詳而後思，則自卑者或興起，而其志由是知。復之斯記，亦有補於行道也。《國朝二百家名賢文粹》卷二一七。

張舜民

張舜民，字芸叟，自號浮休居士，又號矴齋，邠州（治今陝西彬縣）人。治平二年（一〇六五）進士，爲襄樂令。元豐四年（一〇八一），從高遵裕征西夏，因作詩述及宋軍久屯失利之情，坐謫監邕州鹽米倉，又改監郴州酒稅。元祐初，以司馬光薦，召爲監察御史，累擢吏部侍郎。崇寧初，坐元祐黨，謫楚州團練副使，商州安置。後復集賢殿修撰。舜民慷慨喜論事，以剛直敢言稱。見《宋史》卷三四七本傳、卷二〇三、二〇六、二〇八、《藝文志》二、六、七。著有《使遼録》一卷、《郴行録》一卷、《南遷録》一卷、《畫墁録》一卷、《畫墁集》一百卷。

原州刺史廳題名記

仕於此而題其姓名而去者，尚矣。要之，不獨謹其歲月而識其姓名，又將使後來者睹其人，則足以知其政矣。在刺史縣令，尤謂之宜，而原州獨未始有此。元豐二年，其郡桑侯，鈐轄涇原兵而兼領原事。一日，走書河關，曰：「我之大父郎中君，於雍熙中，實殿中丞來守是郡，迨今九十有三年矣。而小子不肖，纘服厥職，因索其守原之可見者，由大父君而下，得若干人，將次于石，其悉爲我記之。」某曰：嘻！物理有之，迅雷之聲易歇，奔川之水易竭，赫赫之光易滅。夫豈惟是哉，故世有富貴者，身處勢而勢乘時，吹噓可以浮山，熏炙可以熟物，一旦不幸，或以罪遷，或以色死，子孫猶不被其澤。今桑氏祖孫之間，相距固九十餘年矣。引而伸之，何啻百年哉？且以百年之遠，而不失守土之權，能承其乃祖之治，在人情足以爲榮矣，且又安知侯之子孫，不復爲此州哉？然身塵世幻，未免萬物之同歸，與夫暴富貴而亟喪亡者，固有間矣。原故治高平。高平昔陷吐蕃，徙涇州之臨涇，即今治也。郡介于涇原、環慶之間，夷落雜居，而外邊夏虜。朝廷常爲要郡，重其人而久其任。侯之來也，上實賴焉。侯家世儒者。某父，則歐陽永叔嘗有傳。侯端勁介廉，衽□金革者四十年。常曰：「吾老矣，無能爲，姑爲天子守土可也。如其功名，則以俟來者。」《國朝二百家名賢文粹》卷一二八。

蘇軾

蘇軾（一〇三七——一一〇一），字子瞻，號東坡居士，眉州眉山（今四川眉山）人。蘇洵次子。嘉祐二年（一〇五七）登進士乙科，受歐陽修賞識。任鳳翔府判官，入直史館。熙寧間王安石變法，軾因政見分歧，通判杭州，徙知密州、徐州、湖州。元豐二年（一〇七九）烏臺詩案後，謫爲黄州團練副使。元祐初返京，累遷中書舍人、翰林學士、知制誥。旋拜龍圖閣學士，出知杭州、潁州、揚州、定州，其間曾被召還朝任禮部尚書等職。爲元祐黨争所累，紹聖初謫于惠州，再徙儋州。徽宗立，遇赦北還。建中靖國元年（一一〇一）卒于常州。其主要著作存世者有《易傳》《書傳》及《東坡集》四十卷、《後集》二十卷、《奏議》十五卷、《内制》十卷、《外制》三卷、《和陶詩》四卷。事迹見《欒城後集》卷二二《亡兄子瞻墓志銘》及《宋史》卷三三八本傳。

密州通判廳題名記

始，尚書郎趙君成伯爲眉之丹棱令，邑人至今稱之。余其鄰邑人也，故知之爲詳。君既罷丹棱，而余適還眉，於是始識君。其後余出官於杭，而君亦通守臨淮，同日上謁辭，相見於殿門外，握手相與語。已而見君於臨淮，劇飲，大醉於先春亭上而别。及移守膠西，未一年，而君來倅是邦。余性不慎語言，與人無親疏，輒輸寫腑臟，有所不盡，如茹物不下，必吐出乃已。而人或記疏以爲怨咎，以此尤不可與深中而多數者處。君既故人，而簡易疏達，表裏洞然。余固甚樂之。而君又勤於吏職，視官事如家事，余得少休焉。君曰：「吾廳事未有壁記。」乃集前人之姓名以屬於余，余未暇作也。及爲彭城，君每書來，輒以爲言，且曰：「吾將托子以不朽。」昔羊叔子登峴山，謂從事鄒湛曰：「自有宇宙而有此山，登此遠望，如我與卿者多矣，皆堙滅無聞，使人悲傷。」湛曰：「公之名，當與此山俱傳，若湛輩，乃當如公言耳。」夫使天下至今有鄒湛者，羊叔子之賢也。今余頑鄙自放，而且老矣，然無以自表見於後世，自計且不足，而况能及於子乎！雖然，不可以不一言，使數百年之後，得此文於頹垣廢井之間者，茫然長思而一嘆也。明萬曆間茅維編刻之《蘇文忠公全集》卷一一。又見《古今事文類聚》外集卷一二，嘉靖《青州府志》卷八，《古今圖書集成》官常典卷六三〇，乾隆《諸城縣志》卷一四。

滕縣公堂記

君子之仕也，以其才易天下之養也。才有大小，故養有厚薄。苟有益於人，雖厲民以自養不爲泰。是故飲食必豐，車服必安，宮室必壯，使令之人必給，則人輕去其家而重去其國。如使衣食非惡不如吾私，宮室弊陋不如吾廬，使令之人朴野不足不如吾僮奴，雖君子安之無不可者，然人之情所以去父母捐墳墓而遠游者，豈厭安逸而思勞苦也哉！至於宮室，蓋有所從受，而傳之無窮，非獨以自養也。今日不治，後日之費必倍。而比年以來，所在務爲儉陋，尤諱土木營造之功，欹仄腐壞，轉以相付，不敢擅易一椽，此何義也。滕，古邑也。在宋、魯之間，號爲難治。庭宇陋甚，莫有葺者。非惟不敢，亦不暇。自天聖元年，縣令太常博士張君太素，實始改作。凡五十有二年，而贊善大夫范君純粹，自公府掾謫爲令，復一新之。公堂吏舍凡百一十有六間，高明碩大，稱子男邦君之居。而寢室未治，范君非嫌於奉己也，曰：「吾力有所未暇而已。」昔毛孝先、崔季珪用事，士皆變易車服以求名，而徐公不改其常，故天下以爲泰。其後世俗日以奢靡，而徐公固自若也，故天下以爲嗇。君子之度一也，時自二耳。元豐元年七月二十二日，尚書祠部員外郎直史館權知徐州軍事蘇軾記。《蘇文忠公全集》卷一一。又見《容齋四筆》卷一二，《國朝二百家名賢文粹》卷一二九，《文章辨體彙選》卷五九六，《古今圖書集成》職方典卷二四三，乾隆《兖州府志》卷二七，道光《滕縣志》卷一二。

蘇轍

蘇轍（一〇三九——一一一二），字子由，一字同叔，晚號潁濱遺老，眉州眉山（今四川眉山）人，洵子，軾弟。嘉祐二年（一〇五七）進士，六年又舉制策入四等。除商州軍事推官，未赴任。英宗治平二年（一〇六五）出任大名府推官。神宗熙寧二年（一〇六九）爲制置三司條例司檢詳文字。三年出爲陳州教授，六年改齊州掌書記，九年簽書南京判官。元豐二年（一〇七九）受兄烏臺詩案連累，貶監筠州鹽酒税。七年移績溪令。八年神宗病逝，被召還朝，擢右司諫。元祐元年（一〇八六）擢起居郎、中書舍人。其後相繼任户部侍郎、翰林學士、吏部尚書、御史中丞、尚書右丞、大中大夫守門下侍郎。紹聖元年（一〇九四）哲宗親政後，落職知汝州，貶居筠州、雷州、循州。哲宗崩，徽宗立，遇赦北歸，閑居潁昌。政和二年（一一一二）卒，年七十四。著有《詩集傳》《春秋集解》《古史》《龍川略志》《龍川别志》《老子解》《欒城集》，皆傳世。

京西北路轉運使題名記　熙寧六年十月

惟京西於諸路地大且近，西舉鞏洛，北兼鄭滑，南收陳許蔡汝唐鄧申息胡沈，浸淫秦楚之交，翕引河汴，縈阻淮漢，出入數千里，土廣而民淳，鬥訟簡少，盜賊希闊，外無蠻夷疆埸之虞，内無兵屯饋饟之勞，爲吏者常閑暇無事。然其壤地瘠薄，多曠而不耕；户口寡少，多惰而不力。故租賦之入於他路爲最貧。每歲均南饋北、短長相補，以給軍吏之奉。故轉運使之職於他路爲最急。雖然，事止於自治而無外憂，財止於自足而無外奉，則雖貧而可以爲富，雖急而可以爲佚也。熙寧之初，朝廷始新政令，其細布在州縣，而其要領，轉運使無所不總。政新則吏有不知，事遽則人有不辦。當是時也，轉運使奔走於外，咨度於内，日不遑食。由是京西始判，而鄭滑并於畿内。自某某若干州爲南，自某某若干州爲北。南治襄陽，北治洛陽。殿中丞陳君知儉自始更制而提舉常平，既而爲轉運判官，復爲副使，以領北道。始終勞瘁，置功最力。將刻名於石以貽厥後，而顧瞻前人泯焉未紀，乃按典籍以求遺放。自開寶以來得若干人，而君之祖、考、伯父三人在焉，嗚呼盛哉！夫若干人者遠矣，其詳不可得而知，然其遺風餘澤，故老猶有能道之者。孟子有言：「誦其詩，讀其書，不知其人，可乎？是以論其世也。」若夫政之去取，地之合離，與其人之在是者，後世將有考焉。是以具載於此。熙寧六年十月日記。明清夢軒本《欒城集》卷二三。

黄庭堅

黄庭堅（一〇四五——一一〇五），字魯直，號山谷道人，晚號涪翁，洪州分寧（今江西修水）人，黄庶次子。英宗治平四年（一〇六七）舉進士第，調葉縣尉。神宗熙寧五年（一〇七二）除北京國子監教授。元豐三年（一〇八〇）改知吉州太和縣，六年調監德州德平鎮。哲宗立，召爲校書郎、《神宗實録》檢討官。逾年遷著作佐郎，加集賢校理，擢起居舍人、秘書丞等。紹聖初，出知宣州，改鄂州。二年（一〇九五），新黨謂其修《實録》「多誣」，貶涪州别駕、黔州安置，後移戎州。元符三年（一一〇〇）徽宗即位，召還，旋又以文字罪除名，羈管宜州。崇寧四年（一一〇五）卒於貶所，年六十一。庭堅工詩，主學杜甫，開創江西詩派。善草書、行書，列宋四大家。著有《豫章黄先生文集》《外集》《别集》《遺文》《山谷老人刀筆》《山谷琴趣外篇》等。事迹見黄罃《山谷年譜》《宋史》卷四四四本傳。

吉州廬陵縣令題名記

昔皇甫湜持正言，廬陵户餘二萬，有地三百里，縣當刺史理所，今日兩趨衙，退則祇承録判將校，事相關臨，煩言易生，煩事難專。於今户籍號稱七萬，刺史府官屬與唐體勢不同〔一〕，所以病令使政難工者猶不除也〔二〕，故廬陵令稱治者常少〔三〕。按求版籍，由太平興國改元而上無傳焉，由馬達下訖李景元三十有七人。歲月官資，以能右選，格應入遠，罷不以理，或以故去，皆可款識。今令陳適用汝器始辨刻石，以圖永久。維三十七人，其政之媺惡，則遺民老吏之言猶在。去而顯於朝，其能否則載於士大夫，蓋不必書。適用資直方，行事如破竹，不能爲人下。其擊伐人，不避豪貴；其爲政，老奸吏縛不能展手；其牧民，善去敗群者；其簿籍，如謹細書生所抄書。予欲考馬君以來政事，與適用度長比短，差其功最，使并刻之，而未暇。以廬陵之難爲令而稱治，其才可知已。光緒二十年義寧州署重刻本《山谷全書·正集》卷一六。又見《國朝二百家名賢文粹》卷一二八。

〔一〕「唐體勢」原作「郡伯子」，據四部叢刊影印宋刻本《豫章黄先生文集》（簡稱「叢刊本」）改。

〔二〕「政」原作「役」，「除」原作「一」，并據右引改。

〔三〕「故廬陵令」原作「素不乏令」，據右引改。

黔州黔江縣題名記

黄庭堅

黔江縣治所，蓋楚開黔中郡時，哥羅蠻聚落也。於今爲縣，二鄉七里，户千有二百，其秋賦雇庸不登三十萬錢，以地産役於公者八十有五，其義軍二千九百，招諭夷自將其衆者五百七十。其役於公之人，質野畏事，大約與義軍夷將領不殊也。使之非其義，或跳梁不爲用；決訟失其情，或虜掠以償直。暗則小智者亦溷疆畔而爲欺，懦則細黠吏亦能用其柄。市廚膌以百計，市蜂蠟以千計，則夷以長吏爲侮。寬則以利啖胥徒而苟免，猛則鳥獸駭而奏箐中矣。至今得其人，櫛垢爬痒，民以按堵。而昇時號爲難治，吾不知其説也。膠西逢興文爲黔州軍事判官，會王君任以憂去，二年不除代，有司以興文署令〔一〕，遂以治聲聞。蓋其人練達吏道，故不以假攝爲一切之政；老於憂患，故雖攝事彌年而不倦；事事舉以詔條，將去如始至；府庫簿書，如墉如櫛；不鄙夷其民，子弟教之。故其政無六疾，而夷夏安之。縣舊無題名記，興文愍其太陋，求之故府與其老吏，乃自熙寧庚戌得趙君洙以來十人刻石，以爲後觀，而屬予記之。子産曰：「抑人有言曰，蕞爾國，夫有社稷、民人、王事均也，豈可忽哉！」興文之舉，於是合矣。後之人有此六疾而求治，吾不知也；無此六疾而邑不治，吾則不信也。故悉書之，以告來者。《山谷全書・正集》卷一六。又見《方輿勝覽》卷六〇，《國朝二百家名賢文粹》卷一二八，《補續全蜀藝文志》卷二五。

〔一〕署：叢刊本作「攝」。

董宜卿

董宜卿，饒州德興（今江西德興）人，熙寧九年（一〇七六）進士。元祐中任南雄州録事參軍兼户法事，官至大理丞。見《永樂大典》卷六六六五，光緒《江西通志》卷二一。

南雄州刺史題名記序　元祐五年十月

南雄郡舊有刺史題名記，爲木方書之，而榜於廳事。自田侯繼勛已下至黎侯珣，凡五十有九人，其十有二人有名氏官秩，而不著其到官受代之歲月。熙寧中，李侯宗儀實典郡事，欲移刻於石，而被命移廣西提點刑獄公事〔一〕，既不克就，止因其故而新之。元祐四年，歐陽公來守此邦，越明年，乃刻石以終李侯之意。客或語公，請詳考田侯已下爲政善否之迹，并書而刻之，以示勸戒。公曰：「題名之興，蓋以備遺逸。若夫雋功偉德，利澤在人，邦之父老能頌而碑之，無俟於余；其不善，則君子惡稱人之惡，况欲播之於無窮乎？皆非今之所敢知也。徒以爲木之爲物，柔而易毁，不若石之堅且壽，故易而刻之，庶其傳爲可久爾。」僚屬聞公之言，相與嘆曰：「公之仁厚至矣，言人之不善，猶所不忍，其肯躬苛刻之政以厲其民哉？推公之言，以質其所行，其内外可謂協矣，宜其郡人愛公之無斁，若甘棠之於召南也。」乃相與叙公改作之意，冠諸碑首，使來者得以觀焉。元祐五年十月日，録事參軍兼户法事董宜卿序。《永樂大典》卷六六六五。

〔一〕點：原作「典」，徑改。

呂大臨

呂大臨（一〇四六——一〇九二），字與叔，世稱芸閣先生，京兆藍田（今陝西藍田）人，大防弟。初學於張載，後學於程頤，與謝良佐、游酢、楊時在程門，號四先生。通六經，尤邃於禮。元祐初爲太學博士。遷秘書省正字。七年（一〇九二），范祖禹薦其修身好學，行如古人，可備勸學。未及用而卒，年四十七。著有《禮記傳》十六卷（存）、《考古圖》十卷（存）及《玉溪集》等。見《朱子語類》卷一〇一，《宋史》卷三四〇《呂大防傳》附傳。

鳳翔府尹廳題名記

道之在天下，有爲物已輕，而所係已重；有爲功甚近，而其流及遠者。雖情狀事變，有所不齊，要之百物不廢而已。故古之制器者，皆取其功名而勒之，然後苦良工拙，不得欺於後世。況乎郡守之寄，有地千里，當古連帥屬長之任，反不得識名金石，以傳國人，則治民之功，制器之不如也。元豐四年，天子命朝議大夫公來守于岐，既逾年矣，政成事暇，公召其屬佐呂某而諭之曰：

「郡邑官府之有題名舊矣。題名之設，識名不識事。善惡之實，難獨信於史筆，而思斁之意，不可奪於民言乎！吾州之治雖有題名，而比次差舛，方將改正而刊諸石，而昔人之意未有以名之者。子盍爲言之？」某辭不獲命，竊思《書》經聖人所删，然武成溢辭，猶未爲君子盡信。於史獨傳左氏，而失之誣；文獨傳韓愈，而以諛得罪。故孔子作《春秋》，其文則史而已，無一詞有所毁譽，而義存乎其中。逮德下衰，至有以雄夸示一時，取流俗之觀美，推豐碑，勒美詞，所稱誦功德，雖古良臣循吏，有所不及，然民莫之思也。异時知德者，如將有考於題名，則指是名也，以問諸國人，而人思之，其政可知矣；指是名也，以問諸國人，而人斁之，則無政可知矣。若夫泯泯無傳者，雖不足以名其善惡，然其人又可知矣，又何多言之取哉？所謂係已重而其流及遠者，是亦《春秋》之意而已。公之爲是邦，非特自公也，世有人焉。其流風善政，所以在民而不朽，殆如古之諸侯世德之澤。惟公之政莫然及舊服，作率慶士，不爽厥德，是以似之。嘗推古之善言獨傳於今者，不免誣諛之舊，則某雖欲有言，又可期於必信乎？故不敢以言累公之美，第述公之意爲之記。元豐五年春，具官汲郡吕某記。《國朝二百家名賢文粹》卷一二七。

李岩

李岩，元祐中知東莞縣事。見民國《東莞縣志》卷八九。

東莞縣令題名記

晋成帝析南海置東莞郡，其地在東莞場公宇東二百步，頹垣斷塹，猶有存者。莞字本作官，蓋當時置司鹽都尉領之，如鐵官、鹽官之類是也。宋齊而下因之。至唐，或名寶安，後復移于到涌，即今治所也。按唐史云：至德二年更名東莞，則官字之易始於此。自昔迄今，七八百年間，其爲令長者，不知幾何人，而聲迹湮没，豈其治皆不足紀哉？由無志刻所傳故耳。舊有粉牌挂廳壁上，粗列國初以來爲令者姓名，自詹中正至蔣光庭凡二十一人，略無爵秩到滿年月。詢之，乃衛尉寺丞王僧彦爲邑日，求諸遺逸故吏之説，裒而録之，先後不倫，無足怪也。自王僧彦至方子容，始可詳見。今亦仍其舊編之，雖然，縣之疆畛，綿跨山海，户口繁夥，而詞訟盗賊比諸邑爲多，故熙寧中朝廷特命京朝官知之，復屯丁以爲防守，蓋亦重矣。人材有短有長，而其政有治有不治，休戚所繫，得無念哉！余懼粉牌久而遂廢，故鑱諸石，使來者以次書之，亦足以觀前人之迹，而自鑒焉。

元祐靈江李岩記。光緒《廣州府志》卷一〇一，光緒五年刻本。又見民國《東莞縣志》卷八九。

王積中

王積中，淄川（今山東淄博）人。仕於哲宗、徽宗朝，後領宫祠回鄉。見傅察《忠肅集》卷下，《濟南金石志》卷三。

南海建經略安撫廳記

紹聖四年夏六月〔一〕，朝議大夫柯公以秘閣經略南海。公温陵人，常通守臨漳，帥福唐，按曹湖湘之間，聲名溢於南海久矣。故南海之人聞公之來，習知其愷悌而悦之，未愛而親，不令而孚，溪谷島嶼，下上民物，翕然大和。公至視事，舉一二便民之政，民益感化，而幾無可爲者。觀府門隘庳，偏處東隅，官寺民居交隘，必側輿轉轡乃克有適。公顧而嘆曰：田夫起茅舍，必立表測景，以求其端，斬荆棘以爲户，必引繩面勢，以求其正。故昔之建國立爲民極者，必以辨方正位爲先。南海部州十有五，統縣四十，生齒數十萬，番酋雜居，寶貨通會，五嶺之間無與比大。而乃元戎之宅，卑陋若此，甚非所以昭天子節制，慰安遠人至意。且今國家累聖樂育，萬國陶化，小邦下邑，美才錯出。而赫赫南海，寂寥未聞，豈方未辨、位未正，山川之氣猶蘊而然與？惟譙門之舊，適臨通衢，而宣詔堂適對其衝，乃崇譙門而新之，乃易宣詔堂而大之。上起層樓以壯麗譙，中爲複門以列棨戟，復爲黄堂以饗軍旅，又取劉氏鐵柱于荒草污泥間，牽曳置立堂下。由是出焉，洞重扃，逾譙門，以抵城闉，以臨漲海，其袤三里，其徑如矢。作始于秋八月，成于元符二年春二月己卯。于是飛觀大厦，巍峨相望，登降煒煌，翠楹騰光。州人士女，鼓舞來會，殖殖翼翼，若掃閉霾而睹日星也，豈特豁然稱快而已哉！形正則人氣和，地興則百物生，自兹始矣。公乃圖其狀，書其事，遣使走京師求記于積中。積中從公之游，實有年矣。每見公語治民之要，必端容而誦曰：「聖人感人心，而天下和平。」故聞公之治廣也，廓仁厚之心而少刑罰之威，則其於興作，宜必有以順民而弗傷也。嘗讀《五代史》，見劉氏嗜殘酷，至于炮烙刳剔，有不忍言者，而其自奉乃有玉堂珠殿，窮天下之奢。南海之人罹其毒也可勝慨哉！今天下久蒙德治，天子命帥又得仁厚如公者，宜益樂從其所興之役也。蓋自開寶四年潘公縛鋹以致闕下，而民得更生，以涵泳太平之澤者百廿有三年矣〔二〕。求其所謂玉堂珠殿之迹，皆成灰燼，而石門、而鐵柱，恃以不朽者，乃爲今日帥臣構堂之用，使獷俗异類觀德而向化。然則南海之福可勝計哉！故爲之書。光緒《廣州府志》卷八四，光緒五年刊本。又見同治《南海縣志》卷二三，同治《番愚縣志》卷二三。

〔一〕紹聖：原作「紹興」，諸本同。據後文所述，廳成于元符二年二月，「紹興」當爲「紹聖」之誤，因改。

〔二〕開寶四年後一百二十三年，爲元祐八年，與前文紹聖、元符之文不合，疑此有誤。

楊天惠

楊天惠，字祐父，自號回光居士，梓潼（今四川梓潼）人，徙於郫。幼警敏，登元豐進士第，以儒學稱。攝邛州學官，元符二年（一〇九九）補彰明縣令。元符末應詔上書，入崇寧黨籍。著有《三國人物論》三卷、文集六十卷。見所作《彰明遺事》，以及《宋會要輯稿》職官六八之三，《宋史·藝文志》二、七，費著《楊氏族譜》（《全蜀藝文志》卷五四）。

雙流縣令題名記

二江令廨之東偏，有故題名碑廳存焉。石理疏惡，字畫漫漶，固難於傳遠。而規置短狹，追琢幾滿，又無以待後。蓋自咸平以後，雖歲歷僅可識，然或并著到罷，或頗脱弗著，不能皆詳焉。朝奉郎、知縣事李侯嗤其然，亟龔石將易之前，馳書求余記。某曰：李侯子之易此石也，將書日月，紀官次，爲新故授受文具，則某無以言矣。將揭姓氏，彰善惡，爲銅墨坐右炯戒，則某請效其説。古今論賢令，咸曰西門豹之投巫嫗，董宣之格主奴，何易干之焚詔版。此數者誠難能，然某弗尚也。以爲是特奮須臾之決，就譎奇之名耳，非所以爲中行法也。彼縣令自有職，調護柔良，知其疴癢，謹察幽隱，達其顰呻，經以德義，緯以法理，主以質實，附以文雅。若是者，故不足以名耶？而何以驚世之迹爲？今夫侯所謂賢令使人愛思者，有能出此耶？而所謂惡吏爲人譏詬者，有能爲此耶？嘗試以此迹前人姓氏，而循善惡之實，吾知其不可掩已正。吾聞二江有三相，皆舊縣尹也，縣人頗矜以爲寵，名其廳，存其像，而鄉先生鄧公又載諸詩以實之。其一人乃唐逍遥公韋嗣立也，當時之政號爲二川最，人以故到於今傳之。其二人則名與像俱忘矣，意其政無它异，故易泯也。嗟夫！以公相之尊，等縣邑之陋，名數品級孰爲顯晦？然朱邑爲嗇夫，去今千載，猶歆歆起人意；而二人者生雖貴重無二，死曾不得與桐鄉烏鳶共飽，此可爲吾大誡！夫惟毋陋微宦，而恐忝所荷，有如潘河陽之至，則韋公無難爲也，决爲之而已矣。李侯字聖舉，由華陽遷此邑，再以治辦聞，亦近世賢令之一云。《全蜀藝文志》卷三四。又見《蜀藻幽勝録》卷三，嘉慶《四川通志》卷二六，《宋代蜀文輯存》卷二六。

劉弇

劉弇（一〇四八——一一〇二），字偉明，吉州安福（今江西安福）人。元豐二年（一〇七九）登進士第，除通州海門縣主簿。歷臨潁縣令、洪州教授、興化軍録事參軍、知嘉州峨眉縣。紹聖三年（一〇八九），中宏詞科，擢太學博士。元符中除秘書省正字。徽宗即位，改承議郎，爲禮部參詳官。又改朝奉郎、著作佐郎，充實録院檢討官。崇寧元年（一一〇二）卒，年五十五。有《龍雲集》三十二卷行世（龍雲，所居鄉名）。見李端臣《劉偉明墓志銘》（《龍雲集》附録），《宋史》卷四四四有傳。

吉州新修小廳記

古者郡太守廳事謂之黄堂，猶三公之府謂之黄閣，而學者相與輩而居者謂之黌舍。其説以爲治教之所自出，必于此乎取中者也。後世嘗多故矣，民事日出，有至萬端不窮，而其纖悉委曲，非可以邂逅得也。于是頒宣詔條，歲時月朔之所會聚，或旬讞，或賓客有時之至，與夫太守始事之日，則類皆臨所謂黄堂者。而有弗逮，則其旁更起他屋，以爲廳事之輔者也。有詆欺訴訟之輒聞，聽之欲其徐；有疑獄隱慝、陰奸舞文之旁午，搜之欲其密；有招軍補卒、胥史皂隸廢弛存置之不一，稽之欲其審；有四境之剽攻奪攘，物之所利疚，民之所疾苦，吏之所循否，問焉則欲其俯而易即也，故一切歸諸輔廳焉。然則輔廳之設，正所以趨便者歟。吉之爲州，橫制大江，爲要衝最，太守所察治，每號臨劇，一日之間，事無慮數百出。非有深檐大屋，儲思慮其中，顧不足以蠲決遺之煩。而府之輔廳初不閎大，民以事至而不即逮驗，以獄聞而不即論報，則往往曹居伍聚其旁，殆無所容足，居者陋之。臨沂杜侯之爲州二年也，更于其前列屋以臨焉。得地于廢庫之遺址，得材于完葺廨舍之餘，得工于僦傭役使之相半。地不加闢，材不病乏，工不告勞，而其成若出于一日，其力若合于一人。面以夷曠，環以修廡，層溜穹階，臨風雨而脱囂塵。杜侯于是方且代去矣，不以己所不及處爲廢且怠，而猶將畢力以攢其成；不以人所專長利于後，而更思來者相與圖其久。是獨何心哉！竊嘗謂君子之爲政也，趨先急而已。以一郡之大，而必有守，以太守之所總臨，而必有視治之地，則輔廳其先急者也。致其所先急，赴適時之會，而吾無所容私焉，則推以俟乎人，猶其在己也，其爲政當孰有易此者。然杜侯之爲吉也，恬于撫俗，而惠足以孚其心，剔奸掃蠹，而政不苛以撓。彼輔廳之作否，雖無以議爲可也，然必將使後之人知侯之所爲，固有大于此者，而特出其一二，以折未諭者之心，則區區之言，亦何可廢也？故爲之書其始卒云。豫章叢書本《龍雲集》卷二二。

許巨卿

許巨卿，元豐末知新喻縣，歷知南豐縣。大觀初以朝奉大夫知衢州。後知濮州，授朝議大夫。見所撰諸文及翟汝文《忠惠集》卷四。

南豐縣廳題名記

縣令之職，其秩卑，其禄微，其民爲近，其關天下利害爲重。國初以南豐□兵，間以武人領邑。以數萬户生聚聽命於不學無術之人，視天下利害亦輕矣。其後朝廷始知所重，嚴保任，擇士人處之，不任職者既使監司守相皆得按察其非，而黜逐不容以理去者。又立四善三最之法，第其優劣能否而賞罰之，大要不過使之修己治人，不以其秩卑禄微而鄙之也。夫德義有聞，清慎明著，公平可稱，恪勤匪懈，長於修己者能之。獄訟無冤，催科不擾，簿書籍，差等平，農桑闢，水利興，屏除奸盜，賑恤困窮，長於修人者能之。君子思所以修己，則士之所可畏者有法，我之所可畏者有義，所謂四善者皆優行而安爲之。至於治人之能雖有不長，少或勉之，而患其不至者蓋亦鮮也。余魯鈍無能，始調是邑，人皆以户口衆、詞牒繁爲可懼，然余不敢以秩卑禄微自外，蚤夜敬思國家所以置令爲民之意。既以祖宗所頒七條書於廳事之壁，復以四善三最之法置之坐右，勉其不至。又求前此爲邑者，詢之士民父老，得其優劣能否可信者而照以自警。故民吏鮮或肆欺，而邑以無事，自得閑暇游息於山水吟望之間。則縣令獨爲我役，非所以待後之賢君子也。《正德建昌府志》卷一二，天一閣藏明代地方志選刊本。

陳師道

陳師道（一〇五二——一一〇一），字履常，一字無己，號後山居士，彭城（今江蘇徐州）人。年十六，從曾鞏受業，鞏大器之。熙寧中，王氏經學盛行，師道心非其説，遂絶意進取。元豐中，曾鞏典五朝史事，薦其爲屬，朝廷以白衣難之。元祐初，以蘇軾等薦，起爲徐州教授，未幾除太學博士。言者謂在官嘗越境出南京見蘇軾，改教授潁州，又論其進非科第，罷歸，調彭澤令，不赴。元符三年（一一〇〇），召爲秘書省正字。建中靖國元年（一一〇一）卒，年五十。師道高介有節，好學苦志，於諸經尤邃《詩》《禮》。爲文精深雅奥，又喜作詩，自云學黄庭堅。所著有《後山集》《後山談叢》《後山詩話》等。見本集卷一五《御書記》，魏衍《彭城陳先生集記》（《後山詩注》卷首），《宋史》卷四四四本傳。

彭城縣令題名記　元祐七年八月

慶曆初，西邊弛兵，益修政事，謂吏之近民莫如令，始出王官行縣事，以休其民。蓋自選人三考，用舉者爲令；令三考，用舉者爲京官；京官滿三歲爲朝官，蓋士之選者。以選士治劇縣若相昔宜，然而猶有不合者，豈法使然哉！徐爲州，部五縣，而四用選令，故爲難治，而彭城其尤也。蓋漢宣帝責成郡國守相，班班聲迹可紀。今選士爲令，於古爲加詳，而吏治不盡如古，其故何耶？而漢承秦弊，網目疏闊，吏自爲治，故易爲功，而非王制。今法令備具，上下維持，中才可以守，亦可謂良有司矣。司馬遷、班固傳循吏不列縣令，豈以令非王官，不登簡策，略而不書耶？今皆天子命吏，可不自勉，使史氏有述焉！令廳故無記，承議郎梁君始追紀其名氏列于石，凡十九人。記與不記，不足爲吏能否，而梁君力能及之，爲有餘也。元祐七年八月十四日，陳師道記〔一〕。一九八四年上海古籍出版社影印宋刻本《後山居士文集》卷一四。又見《古今合璧事類備要》卷七九，《古今事文類聚》外集卷一四，道光《銅山縣志》卷一八。

〔一〕「元祐」句：原無，據明弘治十二年馬暾刻本《後山先生集》、影印文淵閣四庫全書本《後山集》及四部備要本《後山先生集》補。

魯伯能

魯伯能（一作百能），湖州安吉（今浙江安吉）人。元豐八年（一〇八五）進士。歷通判慶源軍，累官至知虔州。有文集三百餘卷。見《南宋書》卷六三，雍正《浙江通志》卷一二四。

宋雲騎尉慶源軍使廳續題名記

朝廷分列諸路，河北爲重地；河北建置諸部，全趙爲要區。自祖宗已來，涵濡德澤，生齒蕃衍。兩河息兵之後，講好鄰國，養威中原。其地沃壤四達，其俗介於燕、魏之間，敦本業而少争訟。版圖千□□□□□□食之政，保伍之法，車甲器械之用，城池郛郭之守，由熙、豐以至於今日，法制大備。昔者參以文質，迭爲郡守，舊石刻載爲詳。近歲□□□□□□履歷者而除授之，以壯國體，以董戎威，而副朝廷爲官擇人之意。崇寧中，詔以國姓所出，王迹所基，升爲節鎮，錫以軍額，故於今爲尤重焉。太守廉公以才能□選，治效稱最，綱條修明，兵民便安，乃於□□□□□□□人官民有闕而未書者，復礱巨石甲乙刊□以永其傳，且將因其名以觀其實，見其人以知其政，使後之來者有以思治體而勉□□□□□□月癸卯，朝散郎、通判軍州事、吴興魯百能記。隆慶《趙州志》卷二，隆慶元年刻本。又見光緒《直隸趙州志》卷一三。

張耒

張耒（一〇五四——一一一四），字文潛，號柯山，人稱宛丘先生，楚州淮陰（今屬江蘇淮安）人。少即穎异能文，後得蘇軾兄弟愛重，爲「蘇門四學士」之一。熙寧六年（一〇七三）中進士，任臨淮主簿等職。元祐初以太學録召試館職，歷任秘書丞、著作郎、史館檢討。居三館八年，擢起居舍人。紹聖初以直龍圖閣知潤州，坐黨籍落職，徙宣州，謫監黄州酒税。徽宗即位，歷知兖、潁、汝州。崇寧初復坐黨籍落職，并因爲蘇軾舉哀行服，貶房州别駕，黄州安置。五年（一一〇六），得自便，居陳州。政和四年（一一一四）卒，年六十一。著有《宛丘集》七十卷（存）、《治風方》一卷。見《直書録解題》卷一三、一七，《宋史》卷四四四本傳，邵祖壽《張文潛先生年譜》。

臨淮縣主簿廳題名記

四方之車舟，其之乎東南者，十九出于泗，而臨淮者又據汴，凡往來于泗者必之焉。淮南之衝，以重法禁盗賊者三郡，而泗之臨淮、宿之虹，地大而多藪澤，與豐沛接，其民驍悍而慓輕，于三郡之盗居多焉。其豐年無事，則寇盗爲之少息，而其悖戾之氣，發于嚚訟争鬥，欺妄詭詐而不畏法。故臨淮爲泗之劇，而吏于泗者，于臨淮爲最勞。自予之來未幾，而得安坐以治事，與夫寮屬之往來而間以休于家者，纔十一。凡飲食之安、朋友之歡、疾病之養，率無有。予亦幸未至于衰老病憊，意猶足以及之。而今年之秋，困于疾癘者數矣。吾聞之，君子之道，使内不傷己，外不傷物可也。不當事物之責，而求尸天下之至勞，則傷己；必求甚安至樂之地，而不能少行所不欲，則傷義。是二者皆過矣，擇乎中而無傷者，君子之道也。既求其凡主簿于此者名氏日月著之，而又告之如此。民國十八年田毓璠刊本《柯山集》卷四一。

邵伯温

邵伯温（一〇五七——一一三四），字子文，洛陽（今河南洛陽）人，雍子。元祐二年（一〇八七），以薦特授大名府助教，調潞州長子縣尉。紹聖時不用章惇薦，僅得監永興軍鑄錢監。徽宗即位，以日食求言，上書請復舊制、解元祐黨錮等，爲時所忌，出監華州西岳廟。久之，知陝州靈寶縣，徙芮城縣，主管耀州三白渠公事。除知果州，擢提點成都路刑獄，除利州路轉運副使、提舉太平觀。紹興四年（一一三四）卒，年七十八。著有《河南集》《聞見録》二十卷（存）等。《宋史》卷四三三有傳。

成都路提點刑獄司題名記序

自天聖至今，廨葺治增廣。在府城之北街，亦曰小市，有靖民堂、萬卷堂、明允軒、盡心堂、清遠閣、枕江樓、種德堂、觀風堂。《輿地紀勝》卷一四六。

郭受

郭受，元祐中爲吴縣尉。又據大德《昌國州圖志》卷六載，郭受河南（今河南洛陽）人，官至奉議郎、長沙判官。是否爲同一人，俟考。

吴縣廳壁記　元祐七年五月

厥今天下經用之所資，百貨之所植，東南其外府也。度淮而南，濟江以東，督府且十，附城且百，而田疇沃衍，生齒繁夥，則吴實巨擘焉。予嘗登靈岩之巔，俛而四望，甽澮脉分，原田棋布，邱阜之間灌以機械，沮洳之濱環以茭楗，則舄鹵磽确變爲膏澤之野，蘋藻葭葦墾爲粳稻之陸，故歲一順成則粒米狼戾，四方取給充然有餘。出乎胥口，以臨震澤，積水無涯，兩山對峙，桑田翳日，木奴連雲。織紝之功，苞苴之利，水浮陸轉，無所不至。故其民不耕耨而多富足，中家壯丁無不賈販以游者。由是商賈以吴爲都會，五方畢至，粥市雜擾；縉紳以吴爲樂土，僑居閭里，幾亞京洛。爲政者急之則怨而駭，緩之則弛而肆，泛然而多容，則請謁紛紜，幾至於骫法，毅然而多拒，則謗詈叢集，必困於游談，宰字之任信難矣。右通直郎許君來領是邑，直方不撓，有骯髒之風，簡易無苛，得調脈之術。蓋嘗急於豪猾，緩於善柔，整其大綱，闊其細故。爲之期年而縣告治。元祐六年霪雨敗稼，吴民阻饑，君日慰藉而拊循之，賑給務均，恤隱求實，不事虚名而爲文具也。予以是知君之篤於從政也，舉兹以旃，則其於整雕弊而應盤錯也何有焉！水灾之明年，君且代矣，乃悉求前爲此縣者之名氏爵里，將書而刻諸石，顧謂其僚郭受曰：「吾爲是，俾來者有考焉，爾其爲我序諸！」辭不獲命，因概叙吴風，而毛舉君政之一二。許君温陵人，世爲學家，喜博而文，异日顯用於時，當不獨以循吏稱也。元祐七年五月初一日，縣尉兼河塘溝洫郭受撰。《吴都文粹》卷九。又見《吴郡志》卷三七，《姑蘇志》卷二三。

蘇元老

蘇元老（一〇七八——一一二四），字在廷，號九峰，眉山（今四川眉山）人。軾從孫。崇寧五年（一一〇六）進士，調廣都簿，歷漢州教授、西京國子博士，通判彭州。尋除成都路轉運副使，爲軍器監、司農、衛尉、太常少卿。宣和六年（一一二四）以元祐黨籍罷，提舉明道宫，未幾卒，年四十七。著有《九峰集》。見《宋會要輯稿》職官六九之一四。《宋史》卷三三九《蘇轍傳》有附傳。

漢州學上舍題名記　政和二年十一月

爲國莫大乎建學，建學莫大乎養士而用之。古者於家有塾，於黨有庠，於遂有序，於國有學。學之養士，於少有離經辨志，於長有知類通達，於德有知、仁、聖、義、忠、和，於行有孝友、睦婣、任恤，於藝有禮、樂、射、御、書、數，於勸有選士、俊士、造士、進士之榮，於懲有移之、屏之、僰之、寄之之辱，故士皆服馴其教，修明其道義，而成就其才能。於家有孝弟之仁，於鄉黨有忠信之行，於辭受取舍有廉愧之節，於出處去就有進退之義，於施生禍福有介特之操，於爲天下國家有教治鼓舞動化之術。而上之取而用之也，亦各視其才而等級之。故於始有賢能之書，於中有辨論之政，於其終也，於可以爲士與卿大夫者，有庸之之法，於可以爲卿大夫而有餘者，雖天子猶北面而賓師之，於是有承之之禮。如是而學之道成，夫二帝三王之所以治，其要蓋在乎此。使其後嗣苟有所持，循而不至於大壞，則猶可以更百世而不亂。惜其不知出此，而學校廢，故遂以亡。及秦變古，燔經殺士，既足以自斃，而餘波猶及乎後世，故庠序之教，歷千載而莫之復。學雖有存者，不以教士，雖有可教者，亦不於學而取之。夫有學而不以教，不以取士，猶無學也。本朝自慶曆、熙寧、紹聖以來，數垂意於學矣。崇寧元年，今天子實始考古，詔推神考之教法，頒之天下，凡所謂養士取才，悉歸諸學。學者教有師，習有友，食有廩餼，書考有行藝。由行藝而貢有爵禄，非此族也不名爲士。凛凛乎二帝三王之舉矣。而士亦感厲自奮，故得爵禄者視科舉爲多。以廣漢推之，天下可知也。始，廣漢之士由科舉而進者，率三歲而得二人，甚者亦不過四、三人。今年春，得論定之士八人，而科舉不與焉，可謂盛矣。凡學之士，莫不侈上之賜，而樂鄉黨得人之多。於是悉取自興學以來所謂得爵禄者，次第其名氏，而來請文以記之。嗚呼！上之所以待乎士者至矣，其學政既侔乎古矣，士而不以古人自處，其亦可以爲士乎？吾黨之仕者若處者勉之，視唐虞三代之士毋愧焉，其可也。故余爲道古今之學政與古之爲士者，使刻石風示之，其有激也夫！其亦職之所當告也夫！政和二年十一月癸未晦，文林郎、兖州學教授蘇元老記。《國朝二百家名賢文粹》卷一二八。

王澈

王澈，開封（今河南開封）人。崇寧間知武岡軍。見嘉慶《武岡州志》卷二八。

武岡軍知軍題名記　崇寧五年

崇寧丙戌春，詔以郡之武岡爲軍，屯兵峙糧，控制蠻獠，邊民彌寧，累年於兹。余被命來長是邦，居多暇日，環視罅漏，隨宜補葺。顧彼饗士廳僻在東隅，廊廡弗完，棨戟未具，乃增而新之，徙於便廳之南。於是轅門少肅，軍容稍正，趨而入者聳然知畏。因改建以來，守臣姓名皆闕而不書，余甚愳焉。夫守郡名記其來尚矣，所以紀歲時之久近，考政事之廢舉，以貽永遠之觀，其可後哉！謹按自郡守賈公遠其所次名位與夫歲月，紀於廳事之左，以俟後之來者。嘉慶《武岡州志》卷二八，嘉慶二十二年刻本。

孫昭遠

孫昭遠（一〇七一——一一二八），初名大年，字顯叔，眉州眉山（今四川眉山）人。元祐進士，調長沙尉，辟河東經略司幹辦公事，歷鳳翔府天興縣、河北山東撫諭盜賊幹當公事，尋擢河北、燕山府路轉運使。靖康元年（一一二六），召爲水部員外郎。金兵圍太原，欽宗遣與折彦質招集潰師，爲西道總管，與諸道軍同出關。建炎元年（一一二七），遷河南尹、西京留守、西道都總管，與金兵戰不利。次年正月，其下欲擁之南還，不從，爲叛兵所殺。謚忠愍。見周必大《孫公昭遠行狀》（《周文忠公集》卷二九），《宋史》卷四五三本傳。

郿縣新廳記　政和二年十一月

友人吴元進宰郿之明年，即治所新廳事，易左右廡而屬之門，高其門以爲稱，於以宣詔令、見吏民，公廳斷理也。一日，以書與圖抵余曰：「子爲我記。」余披圖而枚數之，廳之楹二十有二，廡之楹各倍之，門之楹減廳五分之二。分曹之東案有户兵司、總録、圜扉一，庫有二，而屬廡之左；分曹之西案有工、儀、士、兵、刑之列，圃門一，庫有二，而屬廡之右。高門顯廠，大厦耽修廊，翼翼如也。自昔令者以鄗爲難治，异時令一舉手，即利得以爲計，民囂然詣外臺訟，部刺史遣委案治，嘗項背相望，令因之得罪以去者，足相接迹。不然，氣出乎吏民下，即令得少安。今君新作是也，財不費官，力不出民，工不逾時，料不愆素，始於政和二年六月三十日，成於十月二十日，吏民歡趨之，何耶？然余去秋嘗以事適鄗矣，入其境，亭有候，濟有梁，道不宿除，田無留事，烟火生聚，熙然閑而且循，居人酒食相餉，往來爲樂。問其食則有餘穀，問其衣則有餘布，問其賦納則有時輸之官矣。亦嘗有持檄夜呼、星火甚急以取汝財乎？曰「無也」；惡少無賴操持白刃以擾汝居乎？曰「無也」；依違含糊於上下以鬻汝獄乎？曰「無也」。已而登君之堂，宿君之宇下。翌日，鼕鼕鼓未竟，君已出視事，吏雁行立，民趨於前，弱者撫以仁，强者制以義，疑似者剖以決，凡事之可以厚風俗者，躬以勸。吏聽命惟謹，民踧踖而退，君亦委蛇就食矣。以余所見聞而符其已行，是舉也固可以觀政焉。昔者之論，匪所敢知，故余以新廳爲政之端云。宰君吴其姓，需其名，元進其字，洛陽其鄉里也。政和二年十一月初四日，眉陽孫大年記。乾隆《鄗縣志》卷七，乾隆四十三年刻本。

任熙明

任熙明（？——一一二六），大觀中爲秘書省校書郎。政和初歷起居舍人、中書舍人。進直龍圖閣、知虢州。四年（一一一四），遷集賢殿修撰、知河陽。五年落職，提舉華州雲臺觀。後仕至徽猷閣直學士、通議大夫。靖康元年（一一二六）卒。見《宋會要輯稿》禮一四之七二、禮三四之八、運歷一之二五、職官六八之三五、職官六八之四一、選舉三三之二八。

教授題名記

蜀爲西南巨屏，繇漢以來，號爲多士，莫盛於眉、益二邦，而嘉定次之。《方輿勝覽》卷五二。

黄遠

黄遠，常州武進（今屬江蘇常州）人，治平進士。元祐四年（一〇八九）知臨海縣。元符初爲夔州路轉運判官，崇寧中爲陝西轉運使。見《續資治通鑑長編》卷四九七，乾隆《江南通志》卷一一九，《宋詩紀事補遺》卷一九。

台州通判廳題名記

臨海之爲郡，去朝廷雖遠，而江山瀟灑，訟獄簡希，來莅官者往往號爲樂國。昔之守倅於此，去而升陟侍從，致位公相，爲時名卿者，間有人焉。而獨倅郡者，族姓官稱，無所刻載，因循迄今，百有餘歲矣。承議郎吴深倅郡之明年，乃嘆其遺闕，而言之曰：「古人雖一日游居，尚有叙述，况膺天子之命，三年從政，其可以無紀乎？」將尋諸舊牘，稽諸宿吏，庶幾得之者可過半也。而會慶曆乙酉歲秋雨暴集，江流泛濫，衝城堞，漂棟宇，時官藏文書皆糜爛流散，無有存者，故不可悉知。惟夏鄭公在大中祥符間以著作佐郎來倅是郡，今郡人猶能道之；而又有光禄丞朱君正辭爲鄭公之代；有贊善大夫劉君有方，與郡守章郇公同時。所可知者玆數人耳，惜夫！姑自慶曆而後，悉得其名氏，與夫在官之歲月，而刻於石。豈特俾來者續書之而已哉，前日之人或以德望稱，或以政事顯，或晦而不彰，或泯而無傳，皆可指而見也。《赤城集》卷二。

徐嘉言

徐嘉言，衢州西安（今浙江衢州）人。政和中知海鹽縣，宣和三年（一一二一）第進士。見雍正《浙江通志》卷一二四，光緒《海鹽縣志》卷二。

知縣題名壁記

縣令之職雖卑，實與民尤親。得其人，百里蒙福；非其人，一邑受敝。孔門四科，政事首稱冉子，然夫子則曰：「求也，千室之邑，可使爲宰。」求言志亦曰：「方六七十，如五六十，比及三年，可使足民。」夫以冉求之藝，所志乃不滿一同之地，而夫子所許，不過一陪臣之邑，則其以撫字爲重可知也。後世類以州縣爲徒勞之職，一切苟同，罕復以民爲意。邇來令益以輕，循習益末，以簿書案牘之具爲能，以期會之峻、應辦之速爲捷。苟可以自利，則必力焉；凡所以爲民者，不問也。矧且希清望者不屑爲之，憚訶督者不肯爲；凡爲之者，率視爲猥冗，且羞薄焉。若是則求所謂循吏者，又烏可得焉。海鹽爲秀望邑，惟唐長慶中，李諤鑿涇以利民，號稱賢宰，它概無所見。至本朝爲令者，時有其人，而舊無壁記。余始至，謁肅簡之祠，究魯浦之遺利，乃知魯公嘗爲令於此，實咸平六年也。又今左相、司空何公，元祐初亦嘗宰斯邑。是以邑人每誇二公，爲榮耀焉。余竊謂武原雖僻陋，令之職固卑矣，間有名卿巨公出焉，是不可以無記。遂推考簿籍，得爲令者名氏，斷自魯公而下，凡四十餘人，刊之於壁。因并書近世縣令之弊，使來者得覽焉。政和三年冬十月丙子記。光緒《海鹽縣志》卷四，光緒三年蔚文書院刻本。

葛勝仲

葛勝仲（一〇七二——一一四四），字魯卿，常州江陰（今江蘇江陰）人，書思子。登紹聖四年（一〇九七）進士第。元符三年（一一〇〇）中宏詞科，爲第一，除兗州教授。差提舉議曆所檢討官兼宗正丞，遷禮部員外郎。以議原廟事得罪，責知休寧縣。復召爲禮部員外郎，權國子司業，遷太常少卿，徙太府少卿，除國子祭酒。尋知汝州，改湖州，徙鄧州，罷。建炎中復知湖州，官至顯謨閣待制，紹興初乞祠歸，十四年（一一四四）卒，年七十三，謚文康。著有《丹陽集》八十卷、外集二十卷、續編《太常因革禮》。《宋史》卷四四五有傳。

宗正寺少卿壁記　政和七年

昔周之盛時，封同姓五十三國，而公族之居王朝者尚衆，始置宗正以糾正之，所謂「彤伯爲宗」是也。後世因襲不改。先漢位九列，後漢秩中二千石，率用宗姓。唐制：卿一人，從三品；少卿二人，從四品，雜以同姓、异姓充選。天祚宋德，宗庶繁衍。景祐中，始詔推擇屬近望高者二人判大宗正事，至纂修玉牒屬籍，則用他官兼領。神宗皇帝董正治官，肇置九寺，深惟慶系之重，聖神在天，實鑒臨之。且奕世帝籍若譜牒昭穆之序，皆隸宗正，不可與他寺等，故班秩特高。然卿少虚位弗置，專以丞董寺事者，以有太宗也。上嗣位，廣延衆正，大修廢官。崇寧某年始命鄧祐甫爲少卿，以後復三代賓興法，念宗子之俊秀奇异者亦宜教養而官使之，詔即廣親諸第建六學，凡三舍，校試升遷法悉視廱泮，而以寺長貳總之，宗正選益重矣。逮今十餘年間，所閲二十餘人，類能以勛績自見，爲時名臣，可謂盛哉。寺故有玉牒殿、籍屬堂，面勢褊曲，室宇湫陋，不稱天子尊祖睦族之意。歲在丁酉，詔徹太醫學以廣寺治，發德音，委大匠護役，不數日而屋若干區爲之一新。既落成，因集前人名氏，且叙建寺首末并刻之，使後來得以考觀焉。武進盛氏刊刻《常州先哲遺書》之《丹陽集》卷八。

劉倚友

劉倚友（？——一一二六），字夢澤，處州青田（今浙江青田）人。政和二年（一一一二）登進士第，爲寧海縣丞。宣和末知開封府。靖康初金人攻汴京，受檄爲東壁彈壓官，登城按視，爲金人所獲，脅使降，駡不絶口，死之。見《萬姓統譜》卷五九，雍正《浙江通志》卷一二四、一六六。

寧海縣丞廳壁記

崇寧甲申、大觀戊子，是邑兩置丞職，皆逾年詔罷。政和壬辰丞職復置，余以初第承乏兹任。前此雖越兩政，皆以中廢，而公廨不克治。余至則僦舍編民，隘陋苦之。既而得地於縣之西隅，以歲在癸巳九月經營，越明年正月告成。址而柱者凡二百二十有二，他木稱是。又鬬縣之垣以跨橋曰通德，因廳之餘以構堂曰松吟，亦足以資出入燕息之便也。一日落成，士民縱觀，有驚視夸睨若見賞者，有俯眉顰語若見勞者，又有欲笑而磧不解、欲言而聲不揚若見誚者。夫見賞者余知其樂此基構之成也，見勞者余知其恤此造爲之勤也，求其見誚者不可得。竊思之，固有在矣，得非謂仕宦所寓，比傳舍爲稍久，今基構造爲之功，非不知其備且至也，然斧墨未乾，爨突未黔，代者告至，徒役役爲後人資耳。況繼而居者未必察察而未必德也。雖然，彼見誚者固有理，而所以誚者乃余志也。士之有爲於世者，期以身任天下之重，要皆使人人獲安利而後已。況朝夕從事，無非盡其所以爲人者於一室，勞佚又何較焉？若夫察與不察，德與不德，尤非所問也。雖然，繼是居苟能壞者思完，弊者思新，毋頽我窗牖，毋毁我器用，毋以一時苟簡而忘後人長久之利，使向之見誚者於余心爲無愧，亦仁人之賜也。因其落成，故序此以俟賢者。《赤城集》卷四。又見嘉定《赤城志》卷六。

王安中

王安中（一〇七六——一一三四），字履道，號初寮，中山曲陽（今河北曲陽）人。元符三年（一一〇〇）進士及第，調瀛州司理參軍、大名縣主簿。歷秘書省著作郎。政和間爲中書舍人，擢御史中丞。因疏劾蔡京，遷翰林學士，又遷承旨。宣和初拜尚書右丞。三年（一一二一），爲左丞。五年，授慶遠軍節度使、燕山府路宣撫使，與遼降將郭藥師同知府事。藥師跋扈，安中不能制。召還，除檢校太保、建雄軍節度使、大名府尹兼北京留守司公事。靖康初爲言者所論，罷爲觀文殿大學士、提舉嵩山崇福宫。累貶象州安置。紹興初，復左中大夫。四年（一一三四），卒，年五十九。《宋史》卷三五二有傳。事迹又見周必大《初寮集序》（《初寮集》卷首），《建炎以來繫年要録》卷七五。

相州右獄壁記　政和四年五月二十日

政和二年，詔書深惟元豐董正治官之義，稽古六職，分建曹掾，視地輕重爲多寡，於是相具曹而不備掾。相有右獄，實前司户參軍所治，而獄在州院久廢。明年三月，建安黄敦書始至，喟然曰：「曹事惟爾長，予將雍容諷議，以佽助爾，其敢不專予犴獄之治。」乃撤舊增庳，苴漏達藭，以具凉燠之室。權衡脰械，如人不失銖兩，調護湯沐，飯哺以時。仁術既施，更復繕完吏舍帑廩，垣翰關籥，悉就方略。它日吏朱印章合牘背，遽視篆文，與事大不類，請於郡，求上尚書更鑄印，朝論是之，獄有印自君始。君又欲論次厘改本末，因著前人名氏，用意甚美，且囑余記之。余惟若昔天下之治，官無大小，惟上所建立，罔不丕享，用克底於成。今主上超然遠覽，純法三代之盛，圖惟四海之大，肇嚴本統，衆建多士，宜我有官君子，不命其承，况命之諄諄然哉！惟相地大民衆，有商亶甲之故都，曹魏、高齊之流風，已蕩然無餘。聖朝重熙，人知率德，而郡綱嚴密，多出忠獻魏國韓公之舊。今太守公實嗣世德，清通簡要，能盡下所長，顧官於是邦者，初無甚難不可任之責，惟廑身從事皆能。如君，則進有享上之美，退無空餐之愧，不亦休乎！予故喜道其事，以爲大不能爲、小不屑爲者之戒，因以自警云。黄君元度，其先大夫將使指，歷郡守，以才力聞，晚遂家於相。君姿儀頎整，初筮仕，丞相見而异之，自河間刑掾改此，蓋堂選也。政和四年五月二十日。北岳王某記。四庫全書本《初寮集》卷六。

葉夢得

葉夢得（一〇七七——一一四八），字少藴，蘇州吴縣（今江蘇蘇州）人。後卜居湖州烏程（今浙江湖州）卞山之石林谷，因自號石林居士。紹聖四年（一〇九七）登進士第，調丹徒尉。大觀中，累遷中書舍人、翰林學士。以忤童貫，降龍圖閣直學士、知汝州，尋落職奉祠。政和中，起知蔡州，歷知潁昌府、應天府、杭州，或起或廢。高宗建炎二年（一一二八），復爲翰林學士、知制誥、兼侍讀，尋除户部尚書。三年二月，拜尚書左丞。以與宰相朱勝非意見不合，執政十四日而罷，以資政殿學士歸隱卞山。紹興元年（一一三一），起爲江南東路安撫大使兼知建康府、兼壽春等六州宣撫使，次年罷。八年，再任江東安撫制置大使、知建康府兼行宫留守。兩鎮建康，布置江防，多得其力。升資政殿大學士、觀文殿學士，移知福州。十六年，拜崇信軍節度使致仕。十八年卒，年七十二。夢得博學强記，著書三十餘種。今尚存《春秋讞》《春秋考》《春秋傳》《石林燕語》《避暑録話》《老子解》《石林詩話》《石林詞》等十七八種。《宋史》卷四四五有傳。

平江府本朝牧守題名記　紹興十五年十月

平江吴故郡，控帶楚越，形勢風物，自爲一都會。本朝命守，多一時聞人。今寶文閣直學士王公顯道由工部侍郎來鎮，適當兵火擾攘之後。前此臨治者類急于招集流亡，撫綏雕瘵，未暇盡舉其所當爲。至顯道，曰：「天下今定矣，化行自内始。相與奉承維持，轉成永世之業，實在四方之政。」於是官曠而廢職者，民奸而干令者，一董振之。凡閭里疾苦，朝聞夕行，异時調度不給，或不得已取於民，皆罷之。未幾，咸信而畏之，上下秩秩有序。蠹弊剗革，幽枉宣達，府庫有餘積，而斂不加廣。益修城池，興學校，嚴舍館，以待賓旅之至。期年，郡以無事。先是，高祖太師景德中嘗領是邦〔一〕；至嘉祐中，伯祖侍郎復繼之。逮顯道，百餘年間，王氏之爲平江者三，皆有績在人，士大夫以爲美談。郡舊有太守題名記，先後迭代，序次惟謹，亡於煨燼。顯道訪之久不得，乃更伐石，追修故事，以遺來者，而求文於余，以識其始。惟善惡之在天下〔二〕，固不可欺也，未嘗無公論，然必待久而後能定。彼翕翕狥俗，掠取須臾之譽，與所設施，或未能窺其成，而妄意有不滿者，徐以占於後，則昭然如黑之與白，其誰敢誣？今郡爲題名記，所在而有，豈是表姓氏、紀歲月而已哉？抑善者，其傳猶未泯，吾得以考；其不善者，推其所以失，亦足以戒。各以效其材而成其志，則雖遐方幽遠之邦，可使如在輦轂，而况其近者乎？乃爲之書，且以塗之言得於顯道者載焉。紹興十五年十月望日，觀文殿學士、右通議大夫〔三〕、提舉臨安府洞霄宮葉夢得記并書。《吴都文粹》卷三。又見《吴郡志》卷一一。

〔一〕邦：原作「拜」，據《吴郡志》改。

〔二〕惟：原無，據右引補。

〔三〕右：右引作「左」。

樓府

樓府，政和六年（一一一六）由連山儀曹改差四明儀曹掾。宣和二年（一一二〇）由昌國縣令除餘杭縣；三年，令寧海縣。見《寧海縣題名記》。

寧海縣題名記

政和六年，余自連山儀曹用還堂闕，改差四明儀曹掾。是歲孟秋，假道茲邑，遇青田劉侯倚友之爲丞也。宣和二年，自明州昌國縣令改秩〔一〕，堂除越州餘杭縣，東歸待次。是歲季秋，假道茲邑，遇劍川沈侯賢佐之爲宰也。二侯鄉曲親故，皆得以賓禮叙舊。每遇僧坊，一宿而邁，見其市井蕭條，人物稀鮮，官舍卑陋，山嶺崎嶇，無一事之可人意，誓斷不復過此。洎兇賊沴滅，泛海之官至越，而舊物已爲有力者奪，徘徊未知所向。朝廷不忍無罪報罷，忽降御筆，易地於茲。顧雖有平昔誓斷之言，而君命不敢逡巡，遂以宣和三年季冬二十六日赴上。始即奥席，竊嘆三至皆有爲焉。治事旬浹，四壁蕭然，獨有題名一記，以木爲之，龕於廳角。余又嘆前賢製此，將以爲名也。殊不思邑之窮僻，既不足以得名；木之易朽，又不足以久其名。政宜付樵蘇，不若已之之爲愈。逮考其姓氏，同桑梓者二人，楊祖光、沈賢佐。有雅故者三人，吕康卿、孫大廉、敖知言。常半面者三人，史邈、殷季、陳預。或以政事稱，或以文章顯，其聲稱藉甚，固不俟黽附王箸，已自流傳於無窮矣。然念古人好名，尚有沈碑江水，俟千歲之後，谷變爲陵，庶幾可見。余又安敢以邑之窮僻，木之易朽，以廢前賢爲名之心哉？於是礱石移刊，以成其美。光緒《寧海縣志》卷一七，光緒二十八年刻本。又見《赤城集》卷四。

〔一〕秩：原作「秋」，據文意徑改。

方行可

方行可，字從志，台州臨海（今浙江臨海）人。建炎二年（一一二八）進士，終敕令所删定官。有《治本書》一卷。見《嘉定赤城志》卷三三，《宋史》卷二〇五《藝文志》四。

黄岩縣聽壁記

宣和癸卯歲之十月，黄岩縣新作聽事告成，大夫王公顧謂其客方行可曰：「昔之爲政於此者，其賢有聞，去而顯於朝者有人焉；其流風善政在民，至今者有人焉。是不可以無紀也。縣聽故有壁記，辛丑之盜，漫爲烟埃。吾將因斯宇之載新復，求國朝以來作邑者名氏，次以歲月，鑱石而置諸壁，使後世有考，且可繼焉。子其爲我叙之。」行可不敢辭，謹叙之曰：縣令長皆古官，漢制萬户爲令，减萬户爲長。今之知縣事，古所謂令也。黄岩古東甌，蓋爲邑者尚矣。宋有天下，承平日久，生齒滋殖，著版之民僅十許萬，故出宰者率繇尚書左銓。熙寧、元豐而來，以其兼督鹽管，間自有司辟置，或出於朝廷一時之選，以故得循良爲多。前記無復遺迹。今大夫訪之故家，得於邑士陳褒别記者，由宣和而上訖於天禧之元，凡四十有一政。攝事者九，有其姓而亡其名者二。其不可考見者闕之，且大其石，以俟於後。夫近民之官莫重於縣，而聽事，政之所自成也。一號令之出，少有不謹，輒病百里，或遺患於數世之後，爲政者不可不知也。今大夫之賦政，可謂知此矣。而又將推以謹來者，故人列其在事之歲月，俾其政可考而存。後之人坐於是，以令斯民，苟閲而思之，必將曰：「某善足慕，某不善足戒。後之視今，亦猶今之視昔，吾敢不謹乎！」是則壁記之作，豈特著舊而已，實百里之賜、數世之澤也。嗣大夫者，其念此哉！《赤城集》卷三。又見《三台文獻録》卷三。

仙居縣令聽壁記

方行可

台州之屬縣五，仙居尤爲古邑。秦漢之交，地空於荆吴閩越之間。西晋置郡稱臨海，而縣名始豐。後析其南鄉别爲縣曰樂安，實東晋之永和二年也。仙居即樂安舊壤，宋齊因之。隋既吞陳，乃并爲臨海。唐一天下，武德辛巳改郡爲台州，縣仍隷焉。至上元乙亥，凡五十五年間，再廢再置，且易曰永安，而遷治盂溪，即今縣舍也。五季不軌，吴越僭擅，專二浙之地，縣與州俱溺焉。皇朝削平海宇，蘇救疲瘵，州治屬浙東觀察，縣仍治盂溪者尚名永安。逮景德丁未四月，詔改曰仙居，以其洞天名山屏蔽周衛，而多神仙之宅，因以名焉。民既康復，日以繁富，今則鄉六而户逾萬，歲之常役與夫苗役之息，貫石匹兩無慮七萬。其催呼期會，輸入賦與，先後不齊，繼之以平決枉直、應奉符檄。矧復宣上之澤，達下之情，一繇乎縣之令，令之職重於古今也蓋以此。夫邑之治否，繫民之休戚，在乎令之才不才。然其所以爲治，一於奉朝廷法，而所施之術則不同。大概通才明識，持以至公，則教行令孚，政成之速；不然，則嗷嗷之口豈易防遏耶？新昌石君來令於此，未幾而頗多豫暇，於是稽版籍之簽書，推而正之。至於端拱，令凡二十有九員，端拱而上無從而考；景德四年以來爲仙居者，又得其始至與夫代去之歲月。各從而書之，刊於壁石。嗚呼！諸公之名久塞而遽通，昔晦而今顯，由吾石君以發揚之也。《赤城集》卷四。

張宧

張宧（一〇七八——一一五一），字養正，常州（治今江蘇常州）人。崇寧間與鄉薦，後以上舍登科，調剡縣簿，歷蘄州教授、信州司刑、知於潛縣、兩浙提刑司幹辦公事，除國子監丞，爲太常博士。擢秘書郎，歷駕部、司勛郎，除秘書少監，權吏部侍郎。久之，除敷文閣待制，尋知湖州。紹興二十一年（一一五一）卒，年七十四。見劉一止《張公墓志銘》（《苕溪集》卷五一）。

館閣續題名記　紹興十年七月

上即位之五年，實紹興改元，歲在辛亥，二月丙戌，詔以多難未弭，人才爲急，其復秘書省直監若少監一人，丞、著作郎、佐郎各一人，校書、正字各二人，以待四方雋杰之士。又參酌舊制，校書郎、正字召試學士院而後命之。自是采求闕文，補綴漏逸，而四庫書籍亦云略備矣。越三載，即秘書省復建史館，以修神宗、哲宗兩朝實録，選本省官兼檢討、校勘官，侍從官充修撰。明年，詔仿唐十八學士之制，監、少、丞外置著作佐郎、秘書郎各二員，校書郎、正字通十二員，立爲定額。又明年，移史館於省之側，别爲一所，以增重其事，而校勘官或以他官兼之。至紹興九年修徽宗皇帝實録，乃即史館開實録院，以本省官或他官兼檢討，以修撰官如史館例。明年，未修正史，詔罷史館，并爲實録院，以正名實，而著作局唯修纂日曆焉。凡在兹選，均謂之館職，所以儲蓄英髦，以備任使，臺諫禁從於此乎取之。故所除授纔十五六，而員額之闕幾半，蓋遴選也。异日謀謨廟堂，安社稷於談笑，垂功名於竹帛者，不無其人，豈但摩研編削，將以頌中興、咏聖德，爲太平之文飾而已哉！宦材朽學落，五年間，再獲簉迹英游，實與榮幸。竊惟祖宗三館秘閣之制，因革損益，《麟臺故事》載之詳矣。獨紹興以來題名未有石刻，則擢序之先後，居職之久近，歲月遷改，將無所考，於是作《館閣續題名記》，且使來者可述焉。紹興十年七月戊申記〔一〕。《古今事文類聚》新集卷二九。又見《咸淳臨安志》卷七，《淵鑒類函》卷九四。

〔一〕十：原作「二」；戊申：原無，據《咸淳臨安志》改、補。

程俱

程俱（一〇七八——一一四四），字致道，號北山，衢州開化（今浙江開化）人。以外祖鄧潤甫恩，補蘇州吴江主簿，監舒州太湖茶場，坐上書論事罷歸。起知泗州臨淮縣，累遷將作監丞。近臣以撰述薦，遷著作佐郎。宣和二年（一一一九）進頌，賜上舍出身，除禮部郎，以病歸。建炎中，爲太常少卿，知秀州。紹興初，召爲秘書少監。進《麟臺故事》，擢中書舍人兼侍講。後以弃秀州城，罷爲提舉江州太平觀。久之，除徽猷閣待制。秦檜薦領史事，除提舉萬壽觀、實録院修撰，力辭不至。紹興十四年（一一四四）卒，年六十七。著有《北山小集》四十卷（存）、《韓文公歷官記》一卷（存）、《麟臺故事》五卷（存）、《班左誨蒙》三卷，《侑坐元龜》。《宋史》卷四四五《文苑傳》七有傳。

常州新修市易務壁記　大觀二年八月

熙寧中，始置市易務於通邑要郡。常州以編氓居十數間，粗更門户墻壁，榜爲市易務。及今垂四十年，不知先爲編氓居又幾何年，中間再廢，益不治。棟宇故庫隘，歲加摧腐，每大風雨，岌岌將遂顛壓。規製又甚淺劣，平旦側肩庭中，無所旋足；吏坐兩壁間，與之争席；按察時至，門不容車蓋，率步以入。余初至，謀撤其甚者而新之，則會凡匠事之材用上郡，爲錢十二萬有畸，凡再裁損，乃上使者，使檄下郡。又再裁損，亶爲錢八萬六千。時久闕常平使者，又八月，會提點刑獄盛公兼行常平事，則具狀走其府，又以記道不可已之故，即日檄下予錢。先是，以書與所會之材抵張渚鎮官田，渚與江南接，多山木大竹，幸爲我期於市取足焉，錢至則取之。又以告埏埴者，畢具。又移晉陵、武進鳩衆工。蓋檄下十日而庀工即事，二十五日而完。木之工二百八十，竹之工百有九，瓴甓之工百三十，塗飾之工百五十，凡爲工六百六十有九。募於市者十之一，晉陵之所集者十之九。其畚除運負之工又四百五十有畸。以負重出納食其力於務者七夫，與警守之卒供其事。警守故十卒，前十日，兵馬司取其三，其所留大抵軍營小兒，占尺籍而名廪帛耳，其爲力不足以半一夫。是三十日間，率寅入酉出，公察其勤惰，時其難易而均督之。暮休，面賦其直，不容吏下隱刻，故其赴功也力。材審其良窳，因其舊新而材用之，下至竹頭木附無弃物。凡爲屋十五間，堂三楹，極高故屋五尺，挾以二舍，引以二廡，惟稱廡舍。爲庫六，其題曰懋、遷、有、無、化、居。門高三仞，庭倍前日，其爲址盡，是無餘隙矣。深不能八丈，前官道，後人居。廣不能十丈，左右皆人居，故技止於此。它日使嘗見故區者視之，則固以爲廣厦爲難能矣。如其不然，以爲陋可也。昔叔孫婼羈於晉，其所館雖一日必葺，去之如始至，君子紀之。况任其事、食其禄而爲三年淹者，其可鄙其居而苟於事哉！且乘田委吏，聖人之所不忍，余何敢苟？然余賤有司也，出納貿遷之爲職。若其市材供事，鳩工董役，則故有任其事者，非吾任也。余不忍坐視越尊俎而代庖，是亦泰多事矣。厥既訖工，則志本末刻諸石，而材用工役之事加詳焉，蓋使來者知余之勤且艱如此，而其所建立止如此。余不負市吏，而市吏負余，亦足嘆也。大觀二年八月十五日，信安程俱書。四部叢刊續編本（據江安傅氏影宋抄本影印）《北山小集》卷一九。

韓膺胄

韓膺胄，相州安陽（今河南安陽）人，治子，肖胄、膚胄弟。紹興初爲駕部員外郎，除直秘閣、提點江南東路刑獄、知太平州軍州事，久之知秀州。見《宋史》卷三七九《韓肖胄傳》，《建炎以來繫年要録》卷六四、七二、一七九。

太平州知州題名記

本朝内自三省百司，外自監司州縣皆有題名記，非獨以記歲月到罷，亦所以稽其人之賢否，考績用之若何，揆他日之遷陟，後來者得以鑒觀，何可廢也！唐吕温乃謂壁記非古，何哉？豈非疾當時所紀虚爲緣飾乎？故爲此記者宜直書官秩名氏，使覽者審焉。太平州太平興國二年置，以紀年命名，割宣城之當塗、蕪湖、繁昌三縣屬之，西臨采石，北抵建康，東接浙部，南至宣城，溪山清遠，土風淳厚，生殖繁夥，人物穎秀。先是，領部符者多一時名士，然郡宇薦經火灾，題名記久缺。膺冑來領此州，案牘煨燼，莫克遠省，姑記建炎以來守臣姓名，刻諸石，置廳事之壁間云。紹興年記。康熙《太平府志》卷三六，光緒二十九年活字本。又見乾隆《太平府志》卷三四。

王庭珪

王庭珪（一〇八〇——一一七二），字民瞻，號盧溪真逸，吉州安福（今江西安福）人。政和八年（一一一八）登進士第，調衡州茶陵丞。宣和末弃官歸，教授鄉里。紹興中胡銓因上疏乞斬秦檜罷和議安置嶺南，庭珪以詩送行，有「痴兒不了官中事」之句，指檜也，坐是除名流辰州。檜死，許自便。孝宗召對便殿，除直敷文閣。乾道八年（一一七二）以疾卒，年九十三。著有《盧溪文集》五十卷、《易解》二十卷、《六經講義》十卷、《論語講義》五卷、《語録》五卷、《雜志》五卷、《滄海遺珠》五卷、《方外書》十卷、《校字》一卷、《鳳停山叢録》一卷。見周必大《直敷文閣王公行狀》，胡銓《王公墓志銘》（《盧溪文集》附録），《南宋書》卷六三，《宋史翼》卷七。

吉州新修教授廳記　紹興二十九年三月

江西學校之盛，昇時獨三州得置教官，而廬陵居其一焉。崇寧中，始詔天下州郡皆立學官，其職專以詩書禮樂漸揉訓導其民之秀者，使轉以教其鄉之子弟。故民皆興於禮義，而其政易以成長。吏知爲政之本在於是，故遇教授异於常僚[一]，每加禮而賓客之。惟數十年以來，廨舍徙置不常，比來復居城東雄勝樓〔二〕，雜闤闠且迂遠。先生晨入泮宮，挹諸生而進之，執經登堂，頌禮甚嚴，講罷摳衣而退。先生不能終日坐堂上，日既昃，歸其舍，弦誦之聲不接於學官，非所以稱勸學興禮、崇化厲賢之意。學者欲遷而近之，有司終以爲不急而姑置，亦誠有所未暇也。紹興戊寅八月，鄱陽魏侯來守廬陵，物大事叢，疑未遑庠序之事。下車謁先聖於學，首詢學官之舍，知其晨昏往來之艱也，病之。或議毀學旁編氓之居以遷之，侯謂不宜有所騷動，乃環視學門之外，得隙地延袤可築。經工度材，命廬陵宰朱君采董其役。錢出於官，工不病於民，閱月而崇成，人見其成而莫知其所以成也。棟宇明麗，門臨通衢，泮宮在其左，興賢之門出其右，巖巖翼翼，若有神物爲之轉徙。州人父老見而歡舞，知侯之爲是舉，將以教吾民使興於學也。昔文翁爲蜀郡守，修起學宮於成都市中，蜀人大化。是時郡國未有學，文翁所修起者，即學之官舍也。魏侯知以學爲政，豈於其所當急者反徐之耶？故先徙學之官舍，使學者日近教官，親熏而炙之，以成就其材。時福唐陳君禾典教事，秩將滿，而魏侯始至，見侯之臨事若閑暇，而衆務悉舉，乃力陳舍宇不便之所以然。古之人於其所館，雖一日必葺，去之如始至，則陳君亦可謂賢者也。夫魏侯不以始至力未暇而緩其所當急，陳君不以將去而怠於其職，侯其成而落之，以遺後人，是皆宜書也。魏侯命記之。己卯三月望日，廬溪王某記。明嘉靖五年梁英刻本《廬溪文集》卷三五。又見《江右文鈔》卷三。

〔一〕遇：原作「於」，據傳增湘校記改。

〔二〕來：原作「彼」，據影印文淵閣四庫全書本改。乾隆本無「來」字。

孫　覿

孫覿（一〇八一——一一六九），字仲益，因嘗提舉南京鴻慶宫，故自號鴻慶居士。常州晋陵（今江蘇常州）人。大觀三年（一一〇九）進士，政和四年（一一一四）中詞科。歷國子司業、侍御史、翰林學士、中書舍人。建炎元年（一一二七），李綱以其曾爲張邦昌權直學士院，貶責歸州安置。二年，充顯謨閣待制，知平江府。三年三月爲户部尚書；四月，爲龍圖閣直學士，知温州，尋改知平江府；八月，以擾民罷職。紹興元年（一一三一）復龍圖閣直學士，知臨安府。二年，以盗用助軍錢除名，象州羈管。五年，歸隱太湖。十三年，以郊恩叙奉議郎。二十六年，復左朝奉郎。三十年，復敷文閣待制致仕。封富陽縣伯。孝宗朝，嘗受命編類蔡京、王黼等事實上之史官。乾道五年（一一六九）卒，年八十九。覿先附黄潛善、汪伯彦誣詆李綱；汴京破，又爲欽宗草降表。後阿諛万俟卨，謗毁岳飛，爲時人所鄙。然所爲詩文頗工，尤長于四六，與汪藻、洪邁、周必大齊名。其事迹見周必大《鴻慶居士集序》（《鴻慶居士文集》卷首），朱熹《記孫覿事》（《晦庵先生朱文公文集》卷七一），陳振孫《直齋書録解題》卷一八，《建炎以來繫年要録》卷一二、二二、二七、四一、五三、一八五等。

撫州宜黄縣丞廳記

宣和六年春，太上皇御集英殿唱進士第，覿時以尚書外郎參詳貢舉，待罪廷中，見周君執羔表卿中甲科第二人。臚傳一出，自天子至于公卿，左右侍從之臣，閹寺宫伯、持盾執干宿衛之士，皆指目歆艷以爲寵。明年，太學選建師儒〔一〕，表卿以高第入爲博士。行且用矣，會乘輿幸江淮，區内俶擾，百官奔走失職，顛仆道路。表卿曰：「方寸亂矣，吾不能遠去吾親。」遂調宜黄丞以歸。時宜黄新被兵，環數百里爲瓦礫之場，令、丞雜處民閻，皆夾住荒茅篁竹之間。余南遷，道臨州，表卿勞予境上，道舊故以爲笑樂，無戚戚不滿之意。逾年，而鄧令端友始大其治所，表卿亦有事於丞廳。於是排蓬藋，鞏糞壤，垣故基而一新之。大屋渠渠，凡昔所有皆具。余聞之太息曰：自建隆以來，天子親試天下士，上之三人不至於公卿，蓋幾亡耳。表卿發策殿中，擢在第二，以太學師儒之官，屈佐一縣，於創痍塗炭之餘，無屋廬以禦寒暑，無吏卒以給使令，無四方之物以供朝夕之奉，日治簿書於塵埃棰楚間。且代去矣，又增治垣屋，繕器用，以遺後之人。益勤不懈，弘毅深博，不見愠喜，殆未可以世俗趨舍量其心也。余聞不泄邇者所以致遠，不遺細者所以圖大。表卿儒先宿學，不倦於小官而潔爲之〔二〕，所以志夫遠者大者，豈不一快於宜黄一出入息之頃哉！若夫縣治所興廢之由，經始落成之歲月，與夫材用之所從出，端友屬余文書之詳矣，不復再見，而以心之所嘆慕者爲之記。紹興四年正月八日，晋陵孫某記。常州先哲遺書本《鴻慶居士文集》卷二一。又見同治《宜黄縣志》卷四五。

〔一〕選：原作「遷」，據葉萬校補明抄本《孫尚書大全文集》卷二九、影印文淵閣四庫全書本改。

〔二〕小：原作「中」，據右引改。

李邴

李邴（一〇八五——一一四六），字漢老，號雲龕，濟州巨野（今山東巨野）人。昭玘侄。崇寧五年（一一〇六）進士，累官起居舍人，試中書舍人。後除給事中，遷翰林學士。欽宗即位，除徽猷閣待制、知越州。久之落職，提舉西京嵩山崇福宫。高宗即位，復徽猷閣待制。逾歲，召爲兵部侍郎兼直學士院，復除翰林學士、知制誥。建炎三年（一一二九）三月，同簽書樞密院事，尋遷尚書左丞，改參知政事，權知三省樞密院事。以與吕頤浩論不合，罷，提舉宫觀。閑居十七年，紹興十六年（一一四六）卒於泉州，年六十二。謚文肅，改謚文敏，有《草堂集》一百卷。見周必大《李文敏公邴神道碑》（《文忠集》卷六九）。《宋史》卷三七五有傳。

楚州教授廳題名記

楚州教官題名有記，爲節孝徐先生作也。教授，楚學官，而記爲徐公作，記官之所繇始也。何始乎？徐公前乎無學官，徐公之德足以化其邦之人，朝廷因命以教焉，故善其始於徐公也。公名積，字仲車，而「節孝」者朝廷賜謚以旌公之德者也。公之事親怡怡劬劬，旨甘之出，必自躬親。

既殁，設像如生。飲食焉必手進，匜盥焉必聞其漱濯，衣衾焉如適其燠寒，定省焉如見其起居也，蓋終其身焉。其爲學無所不綜，而一出於正。曰正者，所以存吾誠也，正則無往而不爲善。其文章紆徐閎偉而奔放，其氣渾然。其爲詩瑰麗奇逸，端緒若可尋索，卒然失之。一時儒宗巨人，眉山蘇公軾、豫章黄公庭堅、鄒公浩、陳公瓘皆與公文字相應答，不敢以學行加公，若有所畏焉。四方學者尊其道，以先生稱之，而楚人獨曰吾仲車先生也。先生舉進士，中治平四年第，既仕而不忍去其親，郡守禮請教其鄉之人。國朝之制，教授或置或否，視養士何如。楚建學始於景祐二年，養士數少，不專置學官。元豐末，朝廷以此邦之人化先生之德也久，因其攝，即命爲真。歷元祐、紹聖以迄崇寧，四任十五年不易代。先生既老且病，致其仕，因除張康仲代焉。自此除代不絶，二十五年間，相繼凡九人。今天下養士不登額而特置教授員，惟楚學爲然者，繇先生也。先生之德足以化其鄉，其殁足以傳其後。教授江夏黄君與權，繼先生於二十五年之後，其嗜學若渴，其好賢若揭。謂巨野李邴曰：「事久且昧若何，願得文記其事。」邴曰：「學有祠，祠有記，鄉老有詩，墓有表，史有録，爲先生傳者不既詳乎？凡官於此者務廣先生之道以教學者，使學必探其源，行必端其誠也。凡學於此者，務率師教而慕法乎先生，入相詔於家，出相礪於鄉也。此邦之士，其興起爲何如？是與先生爲不朽也，又何急於記？」黄君曰：「雖然，事不可不謹於始也，將使後來者有考焉，且必得公文字爲記者，楚人之志也。」乃書其壁，記建官之所自。靖康元年十二月初二日〔一〕，巨野李邴記。《淮郡文獻志》卷二五。

〔一〕靖康：原作「嘉康」，誤，徑改。

邊知白

邊知白（一〇八五——一一四九），字公式，應天府楚丘（今山東曹縣東南）人。曾祖珣官姑蘇，樂其風土，遂世爲吴人。登宣和六年（一一二四）進士。紹興中，歷官户部員外郎，將作監，户、吏二部侍郎，直學士院。紹興十八年（一一四八），爲言者論列，以左朝奉大夫提舉江州太平興國宫。次年卒，年六十五，贈徽猷閣待制。見《吴郡志》卷二七，《宋會要輯稿》職官七〇之三一，《建炎以來繫年要録》卷一六〇。

户部長貳郎官題名記　紹興十五年九月

六官之設，凡以爲民，而地官獨稱民部，蓋於民爲最親。獻其數於王，則登於天府，有負版者而聖人式之，顧不已重乎？主上濟艱難之運，成恢復之功，立政立事，亹亹成周之世矣。大抵爲民擇官，必惟其人，故生齒凋而復繁，財用耗而復衍，倉廩虚而復實。粤自建炎以迄於今，膺常伯貳卿之任者，率能丕應徯志，以不失其職，而侍郎王公實繼之。或謂宜刻名於石，以彰不朽。愚曰：「治寺之有題名，古今所同也，版曹舊記，雖不復存，而中興得人之盛，可考以知。」乃摭名氏，紀歲月，叙而刻諸堅珉。紹興十五年九月望日。《咸淳臨安志》卷五。

陳昱

陳昱，建安（今福建建甌）人。政和、宣和間爲杭州鹽官縣丞。

鹽官縣丞廳記　政和八年正月

縣之吏長曰令，貳曰丞。丞之品卑，而於縣無不當治，實贊令者也。官稱疑丞，已見於古。自秦漢之後，又有丞相之號，逮今宰輔之屬、御史之副、卿監之佐，皆置丞也，雖小大之治，貴賤之位，邈然不同，其爲貳以贊其長則均矣。且百里以爲縣，付之一令，政無巨細，事無緩急，是非予奪，悉聽裁決。有簿以謹籍，有尉以職警，惟丞無所專，凡令之治，皆得而可否之，丞之事豈不重歟？令賢若才，則拱手不施爲，坐視其成耳；否則當責於贊佐，詎可虚丞也哉？然逼位等，丞多犯權，令不少貸，故令與丞或不相容。而懦者畏此，至不事事，特充其員而已。唐昌黎韓文公記藍田壁曰「勢反出簿尉下」〔一〕，蓋謂此也。國家修明百度，董正治官，自崇寧以來，縣有令者悉補丞。鹽官爲杭支邑，負山帶海，户三萬，布穀饒衍，商賈阜通，租賦之多，民訟之煩，鹹茗之利，軍旅之廩食，加於諸邑，令不勝其治，分於丞者，良亦不簡。縣有丞甫十年，設官之初，每事草具，廨舍尤隘陋，而又枝梧補苴，殆不堪處。政和六年，予來爲丞，偶值賢令繼治，得以委蛇退食，顧所居圮壞，意一新之。明年丐厥費於常平使者，得錢十有五萬，又振遺利稱是。孟冬始作，增故易新，爲楹四十，閱八十有五日而成，匪華匪陋，稱厥官焉。夫詔令、簿書、廬舍，皆治之具也，可廢其一乎？爲治者獨奉詔令、嚴簿書，至於廬舍則不以經意，至謂爲奉養之私，疑於嫌，則不易一瓦木以博寧静名，蓋不思之甚也。又烏知隤垣腐牖，何以重其觀瞻？俾有易□則侮嫚之矣，尚奚奉詔令、嚴簿書之足云？因爲記以告來者，庶幾嗣此意焉。政和八年正月朔旦，建安陳昱記。

民國《海寧州志稿》卷一九，民國十一年鉛印本。又見民國《杭州府志》卷九六。

〔一〕勢：原作「執」，據韓愈《藍田縣丞廳壁記》改。

杭州鹽官縣重建縣廳記　宣和二年三月

漢興，山澤之利，乃以鹽鐵名官，考諸載籍，見於吴、蜀、齊、魯者百餘所。杭之鹽官爲會稽郡屬邑，歷代廢置靡常。唐貞觀復立縣，隸餘杭郡，逮今四百餘年矣。縣境廣袤二百里，而半濱海，故雖耕桑之地足以衣食，魚蟹之利足以資給，然民之業鹽者十四五。國家自熙寧更定鹽法，增置亭户，優立吏賞，敖波積土，上以充縣官之賦，下以招商賈之販，歲課衍至二十餘萬，民物因之蕃阜，鬱爲大邑。夫吏之常治者，奉詔令、聽獄訟、均賦役、治婚田，其餘則謹簿書、嚴期會爾，天下所謂繁劇不過如此。是邑也，常治已繁，益以鹽政，事又倍之，爲令者至戴星出入，精敝神勞，僅能取辦而已。故舍宇墮頹，漫不暇省。今雖有廳事，湫隘卑狹，支傾苴漏，岌岌然殆不足以勝風雨之暴。持牒訴者無列立之地，治案牘者無栖止之所，往往設籧廬以置吏，朱墨散亂，不可以考，甚則至于獄訊不密，賦役失平。往來者見其摧敝，指爲陋邑。政和七年秋，華陽王子華始來臨之。期年之間，吏畏民安，爭訟衰息，鹽利饒羨。政有條理，日多閑暇，因别爲治事之所而增大之。傍翼修廊，以處群吏，以設帑藏。前爲大門，又前爲樓，以榜縣額。其後則爲燕休之室焉。重梁疊拱，高檐峻墉，鼎鼎輪奂。今既得以安其居，吏民趨步出入，益知畏憚，往來者由是不得以陋名吾邑也。子華名昺，大丞相岐公之從孫，贍才術，善決遣，其除敝革故，不勞而成，觀其政，可以概其爲人也〔一〕。予嘗謂縣令臨民最親，爲政最難。今天下之廣，以百里爲縣者千有餘區，郡刺史以攝之，部使者以聯之，紀綱完具，法度昭密，俗尚廉耻，民知禮遜。四方萬里，德澤宣布，和氣充溢，愁嘆之聲消，祥瑞之應至。宜乎佩銅章、紆墨綬者，人人有可稱績。然循良不聞，詳平鮮譽，豈爲令之果難如此哉？蓋穎脱者或妄作而失中，齷齪者或怯讋而苟簡，是二者皆佛民之情。奸吏因其佛情，隨所趨而迎導之，舞文市私，靡所不及。雖賢否不同，苟失其道，害民一也。循良之不聞，詳平之鮮譽，豈累於此乎？子華之爲邑，一二條理，既底於成，又能因其甚弊更而新之，可謂得其中而宜其民者也，庶幾乎循良詳平者歟。僕爲之丞，同事最久，得其施設於耳目者致審，因其落成，喜而爲之書。宣和二年三月十五日記。從政郎、縣丞、管勾學事陳昱撰。承直郎、新充兩浙鹽香司勾當公事張灖書。修職郎、婺州司刑曹事□觀復題額。宣義郎、知縣事兼買納鹽場、管勾學事、勸農公事王昺立石。錢塘陶浩刻。乾隆《海寧州志》卷一，乾隆四十一年刻本。又見萬曆《杭州府志》卷三九，民國《杭州府志》卷一九，民國《海寧州志稿》卷一八。

〔一〕以下文字原略，據民國《海寧州志稿》補。

何麒

何麒，字子應，永康軍青城（今屬四川都江堰）人，張商英外孫。建炎元年（一一二七）爲宣教郎。紹興中，知合州。歷右通直郎、直秘閣。十一年（一一四一），特賜同進士出身，遂命爲夔州路提刑。十二年，入試爲太常少卿，依舊直秘閣、知嘉州，移邵州。尋落職，主管台州崇道觀，道州居住。紹興末，稍起爲四川安撫制置司參議官。見《建炎以來繫年要録》卷六、一四一、一四二、一四八、一五〇、一七四。

重修古縣廳事記　紹興二十三年〔一〕

古子男之爲百里者，入其疆，田野不闢、屋廬不治者謂之無政。况邑居之有廳事，所以行政令、臨吏民，其可以一日而不葺乎？然使奢者爲之，侈棟梁，華榱題，飾塈塗若瓴甓，亦足以厲吾民矣。故政爲言正也，中也，其猶爲屋，主乎正與中而已。推是道也，均賦役、謹朝會、聽曲直、决犴圄，必歸於正而以中道處之，何但足以觀政乎？蓋亦進於德矣。陳君汝霖之爲古縣也，景行前修，篤志遠人，於臺池游宴之觀未始一經意也，而獨以廳事爲急。公餘農隙，民不及知而已告成。

邑之人咸請記焉，則吾有以觀其政矣。乃祖文惠公有言曰：「仲尼設四科，而冉有、季路居政事之列。二子之器非止於是，蓋十哲之賢各言其所工，而二子工乎政事者也，遂進於四科之首。則其器詎止於百里之間哉？」并以予言書諸屋壁。嘉慶《廣西通志》卷二三〇，嘉慶六年刻本。又見《粤西文載》卷二二，康熙《桂林府志・公署》。

〔一〕此記原題何麟作，《粤西文載》《桂林府志》同。而明宣德《桂林郡志》卷二七題何麒作，文未載。按古籍中「何麒」常誤作「何麟」。如《建炎以來繫年要録》卷一二二、一四八有何麟，實爲何麒。又洪邁《容齋隨筆》卷一五録《張商英家傳》乃何麒作（又見《續資治通鑑長編》卷四〇三），而有的版本亦訛作「何麟」。蓋「麒麟」連稱而致誤也。今姑入何麒。此記年月亦據《桂林府志》補。

黄彦平

黄彦平，字季岑，號次山（一説名次山，字季岑）。洪州豐城（今江西豐城）人。庭堅族子。宣和元年（一一一八）第進士。歷信陽州學教授、池州司理參軍。靖康初遷博士，坐與李綱厚善謫監虢州銅場。建炎初爲吏部員外郎，未幾，撫御京東西路。使還，知筠州。紹興六年（一一三六）復吏部員外郎，數上札子論事。後爲荆湖南路提點刑獄公事，引疾補外，遂罷，主管亳州明道宫，凡九年卒。著有《三餘集》。見《危太素集》卷八《黄次山傳》，《宋史翼》卷二七。

江南西路安撫制置使廳記

漢於《禹貢》揚州之域建豫章郡，至隋乃曰洪州。唐乾元初以洪州爲江西觀察使治所，開成中升鎮南軍節度。國朝州縣鎮名兼漢、隋、唐之舊，而守臣鈐轄虔、吉等九郡，故仍爲江西會府。建炎己酉，北騎渡江，府第燼于兵，久未遑復也。紹興癸丑夏，大丞相趙公自建康易鎮來洪，安撫制置十州之地，養民訓兵，禁奸掩骼，禮賢勸學，通商阜財。流逋悉歸，廬舍繼葺，度工籍費，次及廳事。會召還，而徽猷閣直學士胡公實繼其任。陛辭之日，上以輕徭薄賦、使民安業爲訓，公拜受命。至則榜「民安」之語於便坐之堂，天威不違，罔敢失墜，清心省事，百廢自修。粤明年閏月己卯廳事成，力不役齊民，財不侵省計，儉不至陋，壯不至侈，大府之儀於是告備。人見其敏而莫知其勞也，咸謂宜有以紀之。竊惟天下國家之理亂存乎其人，而人之用天下國家者不可無學。漢任丞相、御史必於儒者，且更治民考功，故蕭望之由少府出三輔，黄霸召自潁川，浸爲御史大夫。東京虞延、鮑昱、第五倫自郡守入爲三公，而鍾離意、黄香亦自近臣爲郡守。蓋非儒者不能通世務，非經術不足謀王體。朝廷以寬厚清静帥群吏，而牧守忠信愛利以化斯民，上下相安，中外禔福。故天下雖有變而民不摇，高、光相望，載祀四百，三代以還，最爲長世，無他，德厚吏良而亡怨於下也。仰惟主上興衰撥亂，若稽前古，遴簡名臣，付之雕郡，而丞相以子思、孟軻《中庸》之學經始於前，今公以倪寬、董仲舒悃逼之心守而勿失，保殘奮怯，不三年而獲見承平之舊，用儒之效也。若夫充大有爲之心，盡修小雅之廢，攘戎狄，復境土，儉宫室，小寢廟，而遂振中興之烈，則《斯干》之雅，蓋四方之公願，非此邦之人所得獨議。惟吾民幸於上而惠以儒帥，丞相與公不鄙夷其民，而用經術安輯之，則區區之私，有不可不識者，謹爲之書。文淵閣四庫全書《三餘集》卷四。

徐康

徐康，應天府穀熟（今河南商丘）人，處仁子。紹興五年（一一三五）爲樞密院計議官，催江東浙四路折帛經總制上供錢，檢查諸路財用。九年官右奉議郎，提舉浙西茶鹽公事。歷荆湖北路轉運判官、兩浙西路提點刑獄，累官右朝奉大夫，知真州。見《三朝北盟會編》卷五一，《建炎以來繫年要録》卷八七、一三三、一七八、一八九。

平江府提舉常平茶鹽司廳壁題名記　紹興十年七月十六日

官舍題名，其來久矣。非特紀歲月、次先後，而其人之賢不肖，治行之能否，亦繇此可考焉。自守令而下，凡在官者，未之或廢也。初，元豐、崇寧之間，嘗遣廷臣分行諸路，號提舉措置鹽事，除授繼踵，而屢經并省。政和之二年，始罷官鬻，行新鈔鹽法〔一〕，于是兩河、二浙、荆湖、江淮復置提舉司以總之。宣和五年，又分淮、浙爲兩路，則八州軍三十八縣隸焉，治平江府。今在府治之東，聽事獨無記。康之承乏，又當兵火後，案籍殘闕，欲爲之而未暇。會朝廷纂修先帝實録，史官移文郡縣，諸司取會題名，于是網羅闕遺，訪問故老，得承議郎王晋明而下，訖于朝請大夫石彦和，凡二十人，皆以日月爲次。其未分路，則或治會稽，非今所部。書之以著其始，而闕其所不可考者，裒而刻諸石，以備采擇焉。惟政事之在天下，莫如財用，而山澤之利常居其半。管仲治齊，謹正鹽筴，國以富饒，用能成九合之功。自漢唐以來，鹽鐵榷酒均輸之議紛紛不同，而常爲國家大計，所以制四夷，安邊足用之本。善乎，魏尚書邢巒之言：「聖人斂山澤之貨以寬田疇之賦，收關市之征以助什一之儲，取此與彼，非爲身也。」御史中尉甄琛請弛河東鹽池之禁，以爲：「爲民父母而吝其醯醢，兼有群生而榷其一物，是專奉口腹，而不及四體也。」巒譏之曰：「坐譚則理高，行之則事闕。」于時咸以爲然，世宗卒從琛議。其後豪貴封護，甚于官司，乃復禁如初。夫古今异宜，治非一軌，下三章之約于結繩之代，猶爲密網。太古之無事，後世非所及，而欲虞衡之官，捐利于民，安在其爲知務也！與其賦外横斂，曷若榷制商賈，爲不失重輕之術哉。爲今之法者，近是矣。鈔有茶、鹽、香、礬四等，茶鹽之課，故歲至七百萬緡，鹽利居五之四。并海縣道煮水者六所，額以斛計者，常不下百五十萬，則所以裨國計以圖恢復之功者，夫豈少哉！而康獨有感焉者，四人之中，農爲最勞，以其終歲勤動，寒耕而熱耘也。今所謂亭户，則過于此。加以負山帶海，頑獷成俗，急趨利而輕犯法。使輸貨于官者，價直以時，毋或高下，則盗販息。盗販息，則抵冒少，犴獄簡，不但公家利其入而已。故樂以告後之人。厥初建官，兼治香礬，後不復較，而以摘山煮海，正其名稱，謂之提舉茶鹽公事司，蓋自宣和七年始也。紹興十年七月十六日，右奉議郎、提舉兩浙西路茶鹽公事徐康記。《南宋文録録》卷一〇。又見《吴郡志》卷七，《吴都文粹》卷二，《長洲藝文志》卷一。

〔一〕行：原作「鹽」，據《吴郡志》《吴都文粹》改。

王銍

王銍，字性之，潁州汝陰（今安徽阜陽）人，昭素之後。善屬文，記問該洽，尤長宋代故實。南渡後寓居剡中，自稱汝陰老民。建炎四年（一一三〇）爲迪功郎、權樞密院編修官，纂集先朝兵制。紹興中爲太府寺丞，後以右承事郎主管台州崇道觀。九年，上《元祐八年補録》《七朝史》，特遷一官。徙湖南安撫司參議官，復上《太玄經解義》及《祖宗八朝聖學通紀論》。銍著述頗豐，今存《雪溪集》《默記》《王公四六話》《補侍兒小名録》等。見《宋會要輯稿》崇儒五之三三、崇儒五之三四、《紫微集》卷三六，《建炎以來繫年要録》卷三五、七四、一二五、一四九、一五一，《直齋書録解題》卷一八，《宋史》卷二〇六、四六五，《宋史翼》卷二七，《宋詩紀事》卷四三，《宋元學案補遺》卷四。

嘉興府壁記

地爲通津，故井邑繁雄，訟訴坌蝱。舟車走集，使賓交馳，急索疾呼，殆無虚日。《方輿勝覽》卷三。

蘇　籀

蘇籀（一〇九一——？），字仲滋，眉州眉山（今四川眉山）人。遲長子，爲适後。年十四，侍祖轍於潁昌，首尾九載，未嘗去側，耳濡目染，克紹箕裘，學業爲蘇氏孫輩之白眉。南渡後，居婺州。宣和中嘗以祖恩官陝州儀曹掾，高宗時官至太府監丞、將作監丞。孝宗時卒，年七十餘。籀紹興間持和戰二柄不可偏執議，故前後議論自相矛盾，不免迎合干進之心。其詩文雄快疏暢，有《雙溪集》十五卷傳世，又輯蘇轍語録爲《欒城遺言》一卷。見《敬鄉録》卷七，《宋史翼》卷四，《宋元學案補遺》卷九九，《四庫全書總目》卷一五七。

常山縣主簿題名記　紹興六年六月

衢所隸五縣，西曰常山，溪谷迴阻，曩時號爲岩險僻左。比年聖上駐蹕臨安，冠蓋旁午，甲兵往來，乃江、湖、閩、廣水陸之衝，坌爲孔道。津驛廪庫之吏與其輿臺迓勞無虚日，事倍蓰於旁近他邑。然縣令之次，有尉無簿。夫百里賦政，非有佐貳，何以辨治？譬如羽翮修而鴻鵠舉，宫商應而琴瑟調。苟補左而缺右，有唱而弗和，殆不濟也。簿之於令，聯事而不逼，分勞而不專，上下咸以置之爲便。紹興四年二月庚申，資政殿大學士、宣奉大夫陽夏郡謝公任伯知軍州事，言於朝，吾友韓君昴子平實被選辟。越三月某日，奉命視事，因舊廢館繕公廨焉。君以謝公見用之意，不陋枳棘，不懈箴儆，所治者雖小，務知者大。出入朱墨，鉤校精核，一毫必利於公上，一豆不落于人手。於文無害，其長蒙成，衆謂稱其職。至於沿牒而稽經決獄，弦歌而乘間攝縣，嚬呻纖悉，情僞洞曉，蓋有補當今、見思异日者甚多焉，故當路數數薦之。逮終更伊邇，書來告曰：「凡官舍皆刻石題名，創制茲職，肇自我先，子爲記之，以貽後政之君子。」余竊以古人謹始必書，夫興廢當理則見稱，圖治宜民則可紀，可紀雖黄綬傳不朽，不然，雖千駟無足道。矧賢牧伯之首建明，而吾友效官如此，不患湮淪也。姑妄書之。紹興六年六月十日，眉山蘇籀記。咸豐元年刊粤雅堂叢書本《雙溪集》卷一一。

張九成

張九成（一〇九二——一一五九），字子韶，自號無垢居士，又號横浦居士，杭州鹽官（今浙江海寧西南）人。少游京師，從楊時學。紹興二年（一一三二）中狀元，授鎮東軍簽判。歷著作郎，權禮部、刑部侍郎，知邵州。因反對議和，爲秦檜所惡，謫居南安軍凡十四年。檜死，起知温州，尋丐祠。紹興二十九年（一一五九）病卒，年六十八。寶慶初贈太師，封崇國公，謚文忠。九成研思經學，多有訓解，著有《尚書詳説》《中庸説》（存）、《大學説》《孝經解》《論語解》《孟子傳》（存）、《横浦日新》（存）、《横浦心傳録》（存）、《重修神宗實録》《唐鑰》《横浦集》（存）等書。見《横浦家傳》（《横浦文集》附），《宋史》卷三七四本傳。

宋縣令續題名記　紹興九年三月

無爲胡㳘與立紹興戊午三月以學行承天子命，來宰是邑。下車之明日，出條教數章告吏若民，行之期年，百廢具舉，頌聲載塗。郡太守、部刺史交章論薦，邑中士君子至交袂相賀，蓋喜斯道之復見也。縣舊有題名，悉書前令名銜，自雍熙至崇寧止。胡君慨然曰：「盤盂有銘，几杖有戒，所以警不明而懲不恪也。令賢不肖，指其名以詢於衆，雖百年如前日事，使人恐懼歆慕，其可廢也哉！」乃考諸圖牒，稽諸父老，得十有四人，刊於碑陰，且求余爲記。余辭不獲命，因爲之説曰：昔公琰非百里之才〔一〕，淵明有束帶之嘆，後世動以藉口，是皆聖門罪人。昔吾夫子爲委吏，則曰會計當，爲乘田則曰牛羊茁壯長，使推而宰天下，即伊、周事業也。百里之地有民人，有社稷，足以行我所學，又何蔣、陶二子之足法哉！後之君子毋惑於邪説，毋忘胡君恐懼歆慕之意，庶幾見吾夫子用心而不爲聖門罪人。紹興九年三月二十五日，左奉議郎、充秘閣修撰、提舉江州太平觀、賜紫金魚袋張九成撰并書。民國《海寧州志稿》卷一九，民國十一年刊本。又見《海昌備志》卷一一。

〔一〕琰：原作「炎」加框。按此指蜀漢蔣琬事，字當作「琰」，見《三國志·蜀志·蔣琬傳》，據改。

趙師誼

趙師誼，宗室，伯覯子，紹興四年（一一三四）前後在世。見《宋史》卷二一六《宗室世系表》二。

鎮江糧料院廳壁記　紹興四年

院之職，凡王人將師與其屬之俸禄，京口禁旅與惟揚、真、楚之戍，其帛幣芻糧之供，参法考令，無舛而後行。官資升降，審之外帑以□□書之，士馬招徠及營厩之有物故者附之。此所掌之大略也。《至順鎮江府志》卷一七，宛委别藏本。

邵博

邵博（？——一一五八），字公濟，號西山，洛陽（今河南洛陽）人，伯温次子。徽宗時爲幕吏。紹興八年（一一三八），由主管仙源縣太極觀賜同進士出身，次年除秘書省校書郎兼實録院檢討官，人論其過，出知果州。十二年，權發遣資州軍州事。歷嘉州提點刑獄，知黎州。紹興二十二年以左朝散大夫知眉州。時直徽猷閣程敦厚廢還里居，銜其以事來輒不答，乃爲匿名書訐其過惡，捕送成都司理獄，雖疏决得出，仍坐降三官。紹興二十八年卒於犍爲縣。著有《西山集》五十七卷、《聞見後録》三十卷（存）。見本書所載其文及《聞見後録》，《建炎以來繫年要録》卷一二三、一六三、一七九，《宋史·藝文志》七，《宋史翼》卷一〇。

嘉州移置提刑司題名記

國朝舊制，憲之治在成都。大觀初，有轉運副使望宰相意逐府尹者，疑憲與尹比，欲并逐憲，妄言祖宗置憲嘉州，爲諸邊形勢，至元祐中移成都，於是詔還焉。時國論不主元祐，小人用以誕謾，不獨此也。益與蠻徼相接者，在嘉纔兩邑，皆窮弱不足計。如永康、威、茂，則近連文政，遠屬河湟，蓋當備者。憲在成都，可以周知動息，諸臺因以關决。嘉州〔一〕，西州絶域，或事出緩急，江山限隔，報置郵中後時矣，祖宗之意不如是之疏也。憲聽題名雖不全，自天聖初至崇寧末尚可考，與趙清獻公《成都記》所載，憲治皆不曰在嘉州也。予取遷治之後，自劉公敦夫而下名氏别刻之，記其事迹如此。年月日，具位邵某記。《國朝二百家名賢文粹》卷一二八。

〔一〕嘉州：原作「嘉陵」，據上下文改。

俞彦與

俞彦與，臨安府新城（今浙江富陽西南）人。重和元年（一一一八）進士。宣和三年（一一二一），以郡兵曹攝淳安縣。見嘉靖《淳安縣志》卷一三，雍正《浙江通志》卷一二四。

縣廳壁題名記　宣和六年五月

淳安介于嚴、徽二州之間，隋開皇中爲新安縣，屬東陽郡。後改雉山，置睦州。大業末，歙人陷州縣。至唐，移州于建德，改縣爲還淳，又改青溪。按《新安記》云：「郡西南渡口一里有雉山，其形如鳳立雉蹲，因以爲名。」今此山正爲縣之西南望。東北有靈岩山，尤秀聳，縣治據其麓。二山對峙，若相顧揖。流泉會于大溪，平陸爲闤闠，其民物富庶，爲鄰邑最。宣和二年冬，有寇方臘竊發于縣之西北隅，去城九十里，官兵掩捕不即獲，四鄰之惡少附之，遂肆凶毒，自縣及州，旁連數郡，皆焚劫一空。明年，王師既殲渠魁，詔賜今名，以綏靖之。然此邑陷賊最先，被禍最酷，公私廬舍，悉爲灰燼。民之斃於兵疫者什有八。邑令者皆再受命，不果來。郡將諸司以余嘗官于嚴，諳其土俗，自郡兵曹就辟承攝，不敢以不敏辭。馳單騎來，宣布德意，旋茇舍以招撫流散，瘞掩骼胔。凡詔令所丁寧者，罔敢不恪。一年而得丞朱璵器伯，監征趙伉子駿；又一年得簿許伯常子器，尉江公路由義。相繼而至，皆賢士。靖共夙夜，一無擾於民，民亦相戒以弗犯，曰：「不幸盜出吾境，恨不能報國，以雪吾耻。雖細事，切勿煩吾官。」訟訴幾息。力農之餘，咸請出力，以營官府。運土木，陶瓦甓，操劉削者，肩摩而袂屬。門覲堂舍，倉庫館獄，一切備具，皆宏壯經遠，前此未有。朝廷復税，今逾三年，民之輸賦者，稽首争先焉。嗚呼！十室之邑，必有忠信，禮義之心，人皆有之。梟禽妖狐，殄種即絶，非竄穴之罪，一方賊豈足污吾民哉？吾是以知人心之易感也。故書諸廳壁，以告後之君子云。宣和六年五月，餘杭俞彦與記。嘉靖《淳安縣志》卷一三，天一閣藏明代地方志選刊本。

熊彦詩

熊彦詩，字叔雅，號曲肱先生，饒州安仁（今江西余江）人，熊本孫。宣和六年（一一二四）進士，累官國子博士。紹興初，知瑞安縣。遷守秘書丞。五年（一一三五），爲秘書省著作郎，兼都督府主管機宜文字，尋提舉兩浙東路常平茶鹽公事。六年，爲工部員外郎，尋移祠部。七年，知永州。後知鄂州，官終銀青光禄大夫。見《宋會要輯稿》職官二八之二四，《建炎以來繫年要録》卷一、五、六四、八五、八六、八七、九七、一〇一、一一一，《宋詩紀事小傳補正》卷三。

江西運司題名壁記　紹興十二年

紹興十二年，上臨遣江西漕臣，得滑臺趙公奇、南豐符公行中〔一〕。既即事，以書抵予曰：「行中與同事夙夜惴勤，恐不稱任使。幸朝廷無甲兵之問，四方不見羽書虎符，陰陽調和，繼有成歲。吾二人多暇日，於公宇後披榛治穢，辟地爲樓，以登案牘。其下爲堂，榜曰『有年』，日會僚屬議事。頃居是職，兵火之後，得湯東野而下，將以姓名刊石而陷諸壁，敢請文以記。」某久聞二公善於其職，因爲書之曰：「把節坐軺，通謂使者。轉運使佩寄委尤重。賦算有經，嗜羨必刻；供億有度，覬功必擾。如曰簿領期會而已，則斯堂之上，雁鶩趑趄，奉行文書，又何議焉？必欲究上指、既職事，則孰賢未揚，孰奸未擿，民瘠思肥，齒耗思息，惠農何術，備饉何儲，勵俗敦仁，抑誣起遜，此皆富吾民以富吾國，聖上之旨，轉運之事。左氏以《春秋》書士毅，堪其事也；議者又謂致諸侯而大夫會之，譏僭也；其說一矣。今姓名爵里同書一壁間，其人爲賢爲否，於事爲堪爲不堪，特未可知，而予有説焉。前日選用以賢，他日歸報以功德惠政，術如兩公者，則睥睨壁間，心且無愧，而况於人乎？不然，則列城土生齒百萬，田野市井，父老子弟開口抵掌，不謀而公，雖記無所貶，而公議絶之，此爲甚可畏者。愚見或然，請附壁石之末。」年月日，鄱陽熊某記。《國朝二百家名賢文粹》卷一二八。

〔一〕趙：原作「起」。按雍正《江西通志》卷三八：「樂園，宋漕司花圃，紹興中轉運判官趙奇、符〔行中〕創。」是「起」乃「趙」之誤，據改。

王權

王權，乾道中爲當塗縣令。見康熙《太平府志》卷三六，光緒《重修安徽通志》卷一一五。

當塗縣令題名記　乾道四年二月

當塗縣古矣。西晋雲擾，流人自北而南，僑立此境，因借塗山之名而名江北之縣焉。夫自西晋迄今，不知其幾載，爲令若長者不知其幾人，其流風善政仁乎民而愛乎物者，又不知其幾事，詎可無記藉以知其仁哉！然其地濱江接淮，扼控衝險，前後洊更兵火，以至廳記石刻亦無存者。予竊嘆惜，於是搜訪故老，得自至道以後六十有八人，即命工刻之。自是傳之久遠，不惟子孫得以指示論契，邑人之蒙其惠者亦將視其名而思其人，思其人而感其德，雖愛碑祠像，無立可也。宋乾道四年二月記。康熙《太平府志》卷三六，光緒二十九年重刊本。

胡寅

胡寅（一〇九八——一一五六），字明仲（又字仲剛、仲虎）。建州崇安（今福建武夷山）人。安國弟之子，安國養爲己子。中宣和進士甲科。靖康初，召除秘書省校書郎。楊時爲祭酒，寅從之受學。遷司門員外郎。張邦昌僞立，弃官歸。建炎三年（一一二九），張浚薦爲駕部郎官，尋擢起居郎。上疏，宰相吕頤浩惡其切直，除直龍圖閣、主管江州太平觀。尋知永州。紹興四年（一一三四）復召爲起居郎。遷中書舍人。上疏，高宗嘉納。除集英殿修撰，復以徽猷閣待制知嚴州，又改知永州。除禮部侍郎，兼侍講，兼直學士院。丁父憂，免喪，除徽猷閣直學士、提舉江州太平觀。俄乞致仕，遂歸衡州。秦檜忌寅，雖告老猶憤之，坐與李光書訕朝政落職。復劾寅不持生母服不孝，諫通鄰好不忠，責授果州團練副使，新州安置。檜死，詔自便，尋復其官。紹興二十一年卒，年五十九。著有《讀史管見》三十卷（存）、《崇正辯》三卷（存）、《論語詳説》及《斐然集》三十卷（存）。見《宋史》卷四三五本傳。

新州重修廳記　紹興二十六年春

古者臨人之所居，通曰堂，顧以高庳爲上下之等爾。世遠俗移，物名更變，其用亦异。於是官居之臨人者通曰廳，而燕息之寢、間曠之屋，乃以堂爲名。夫所謂廳者，義取於處是而聽也。陸德明釋爲「治官處」，顧野王釋爲「客厨」。以自唐而後命名之意考之，則顧説有所未喻，而陸説得矣。治官聽事必正位顯明，然後賓客寮采進退侍衛，離坐離立，從容不隘，震風凌雨，無飄濡覆壓之患。凡臨莅官所皆當若是，又況環地數百里，分民而治，二千石之尊重，反可坐敝陋傾壞之下而不加葺乎？新昌州廳建創無歲月之志，棟橈梁脱，隨楹支拄，行而仰矚焉，岌岌乎惟恐武之不布也。因循引久，蓋有不得已者矣。簽書英州判官劉君奉檄攝符，至之三月，慨然嘆曰：「歲幸豐稔，苟憚改作，他時勞民費財，當不啻倍蓰於今日。」乃命出木四山，僦工鄰邑，涓日庀徒，撤而新之，珍材輻湊，斤削雷動。民知君非厲己而營其私也，衆工所恃，以成屋之之用者，咸勸趨焉。無何，大厦潭潭，高明静深，稱子男邦君之居。入公門而望之，見檐宇之張、而端序之直，形勢之騫、而丹雘之焕，嚴畏祗肅已生於中，則瞻使君之威容，賦掾屬之職事，一嚬一笑，人知向方，一號一令，下有懼悕，又當何如哉？君謂予曰：「向者興廢已漫然無傳，今若不加紀述，此廳雖大壯，會有復修之日，豈可使後人亦昧昧於稽考耶？」予既美君之舉，因爲之言曰：仲尼立教，甚重民力。爲民上者必時視民之所勤，民勤於力則功築罕，民勤於財則貢賦少，民勤於食則百事廢。是故《春秋》於城邑門觀臺囿之作，失其時制，靡不書之。若夫不可不修，如魯之泮宫，則於之示儀範，昭孝道。修其刑政，以廣德心，折獄而慮囚，遣師而受凱，皆有國之急務也。是故聖人取頌聲之揄揚，而舍筆削之刺譏，以垂訓戒，俾後之有官君子識輕重先後緩急之事。今劉君質直好義，治尚安静，廷無留獄，事不付曹。既得百姓之歡心，又於民無所勤。時革故起弊，一新公堂，不以己之暫至，而於此即爲經久之慮，可謂仁人之事，循吏之績矣。是皆可書者，故爲之書。是役也，始於紹興二十五年之仲冬，逮明年某月某日落成。若夫工役費用之數，則有籍存，不復道也。君名藻，字廷潔，始興人，以文學中紹興二年進士科，今通籍朝列云。文淵閣四庫全書本《斐然集》卷二一。

方師尹

方師尹（一〇九九——？），字民瞻，小名彭老，小字元壽。年四十九中紹興十八年（一一四八）進士第。二十七年以金部員外郎總領淮西江東軍馬錢糧。三十年爲太府少卿、守尚書左司員外郎。三十二年提點廣西刑獄。淳熙二年（一一七五）爲江西路提刑。見《建炎以來繫年要録》卷一七七、一八四，《宋會要輯稿》職官七一之三、職官七二之二三，《紹興十八年同年小録》（作方思尹）等。

主簿廳記　紹興二十三年十二月

夫人之官守，視廨宇如傳舍者，於公家事必不經慮，視公宇如私宇者，於公家事必能了辦，何則？以其用心知之也。用心私於一己，必曰：「屋室非吾有，秩未滿而代已至，烏用葺爲，姑遲之以俟後來。」後政復爲是説，其隳必矣。設心如是，施於政事之間，必不經意。惟公其心者不然，凡公家之事，知無不爲。修飾廨舍雖不可緩，然支傾補壞有不少忽，以爲不如是則上漏下濕，不蔽風雨，非但下無所瞻，且復爲後人患，故所至必葺，去之皆如始至。噫，事之小者猶若是，况其大者乎！西昌簿廳舊居縣治西偏，歲月彌久，棟室浸壞，政政相承，漫不加省，鞠爲莽區者四十餘年矣。海陵周君世濟德徽被命掌簿兹邑，視事之始，訪觀舊址，徘徊四顧，慨然有經營締造意。席未温，郡檄以公事遠行，往返數月。竣事還郡，太守郭公中大以廬陵煩劇，令尹乏人，百爲廢弛，留攝邑事。郭公罷，少卿鄭公來，公力辭不容，委任益篤。瓜期甫及，君始還任而代者未受，一旦有請：「簿廳圮毁久矣，累政寓居精舍，遷徙不一，無有定止，何以觀政？願興土木之工，復振而起之。」予曰：「舉事當而人無擾，何爲不可？第君終更有日矣，力不暇矣。」周君曰：「比攝廬陵，治舍頽甚，極力繕治，不日遂成，況簿廳正所當急者，庸可急其所當緩而緩其所當急？時不可失，願效愚力。」於是出金公帑，市材於林麓，僦工役，利器用，躬親臨視，夙夜不倦。越兩月功告成，廳事吏舍，堂室廊廡，嶄然一新。予於暇日率同僚慶之，德徽曰：「工畢矣，願有記也。」予謂德徽曰：「此舉不忘經始之謀而終於克成，不惟私於己之利而利於後人。此固人所難者。即君之用心，以觀君之政事，嘗鼎一臠，舉可知也。彼有樂因循，嗜苟簡，視廨舍如傳舍，恬不少顧者，能勿愧哉！」故特書以告來者，紹興癸酉臘月望記。道光《泰和縣志》卷三一，道光六年刻本。

胡銓

胡銓（一一〇二——一一八〇），字邦衡，號澹庵，吉州廬陵（今江西吉安）人。建炎二年（一一二八）進士，授撫州軍事判官。紹興六年（一一三六）以吕祉薦應賢良方正能直言極諫科，除樞密院編修官。八年，宰臣秦檜決策主和，銓上書請斬秦檜等，檜大怒，詔除名編管昭州。後迫於公論，乃以銓監廣州鹽倉，改簽書威武軍判官。十二年復除名編管新州，十八年遠謫吉陽軍，銓由是忠義剛直之名滿天下。檜死，銓内移衡州。孝宗即位，復奉議郎、知饒州，召對，除吏部郎官。隆興元年（一一六三）遷秘書少監，擢起居郎，兼侍講、國史院編修。除兼權中書舍人，宗正少卿，權兵部侍郎。乾道初知漳州，改泉州，入爲工部侍郎。七年，奉祠歸。淳熙七年（一一八〇）卒，年七十九。謚忠簡。著有《澹庵集》《易拾遺》《書解》《春秋集善》《周官解》《禮記解》《奏議》《詩話》等。見楊萬里《胡公行狀》（《誠齋集》卷一一八），周必大《胡忠簡公神道碑》（《周文忠公集》卷三〇），《宋史》卷三七四本傳。

贛州教授廳記　乾道二年七月

古之爲民者四，士、農、工、賈，管子之説詳矣；今之爲民者六，士、農、工、賈、佛、老，韓子之説詳矣。古之教者處其一，今之教者處其三。古之學者純乎一，今之學者雜乎三。古之教者處其一，士而已；今之教者處其三，雜二氏而言也。雜二氏而言，豈吾所謂教乎？夫聖人以神道設教，二氏不與焉。子以四教，二氏不與焉。君子之所教者五，二氏不與焉。契敷五教，二氏不與焉。太宰教典，二氏不與焉。師氏教以德行，二氏不與焉。保氏教以六藝，二氏不與焉。《戴經》七教，二氏不與焉。大司徒十有二教，二氏不與焉。今也舉虛幻之説加之先王之教之上，幾何其不害正也哉！正者何也？教之原也。教以正則學者不能毋正，猶生長於齊不能不齊言也。教不正則學者不能毋不正，猶生長於楚不能不楚言也。是以聖人責受教者輕，而責失教者重。《春秋》隱元年書「鄭伯克段於鄢」，《傳》謂譏失教也，誠爲得實，而未切聖輕重之旨。夫段止書名而已，責之何輕也？鄭伯書爵、書「克」、書「于鄢」，責之如此其詳，不已重乎？知此則知教矣。贛州學教授籍，某猶子也。書來言：「籍官舍在學宮之左，自兵火以來，屋纔數楹，不能蔽風雨，日欲加葺，玩歲愒時。太守郭侯下車未幾，百廢具舉，如籍官舍亦焕然一新。材得於官用之餘，復以二十萬錢資之役，不及民材，不經費工，既訖功而官與民不病焉，可書也已。先是學區不加甃，凡級磚之費，爲緡蓋以千計，侯不一吝。其垂意學校如此，願并書之，謹伐石以俟。」某曰：「予聞而廳故有記，前丞相洪景伯作也。景伯嘗同玉堂夜直，其言不苟，况其文采之美，自足以托不腐，安用糞土之言？」固辭久之，而請益力，輒識其實。夫教者必以正，故首以六經之説辭之，此宜朝夕飫聞而熟講也。進其厭飫者，祗益愧耳，然不得不盡。夫五教本於百姓不親、五品不遜，則以人倫爲首。七教以父子爲先，賓客爲後，亦造端於人倫焉。十二教始於教敬教遜，敬則孝也，遜則弟也，孝弟人倫之本，風教之原，孰有大於此者乎？孟軻氏有云：「學則三代共之，皆所以明人倫也。」其至言哉！吾子勉之。吾子奉親，朝夕供子職，不懈益敬，此誠所謂以身教者。若夫靡費之文，絺繪之章，琱琢之學，駢儷之句，殆非學者先務。秦穆員然之戒，深且切矣。乾道柔兆閹茂中元日記。清道光十三年胡文思重刊《胡澹庵先生文集》卷一九。

淮西江東總領題名記　淳熙二年九月

乾道庚寅，某備數起部亞卿，識錢塘單公於民曹郎。淳熙改元之春，某偶至秣陵，公適總餉於此，又獲經從。越明年秋九月，公謂某：「題名有記古也，而總領所獨闕，其敢以請。」既辭不獲，則敬對曰：「諾。」謹按唐史，劉晏能總大體，又領鹽鐵度支等使，則總領云者，其來尚矣。於文「總」爲「緵」，義同而字异，《書》皆作「總」，而《詩》多作「緵」，惟《羔羊》《長發》作「總」。而《長發》詩陸德明云「一作緵」，然則《羔羊》詩義蓋可知矣。《春秋左氏》與《詩》同，《周官》《戴記》及諸史與《書》同。然廛人總布則讀爲鼓傀之傀，而《漢宣紀》

「總」乃作「綜」，許侍中《説文》亦然，又不可一概論矣。大要總之爲義，如「總攬權綱，柄不下移」，如「總核名實，官無妄授」，如「總方略必一統類」，如「總憲度必植風聲」，如「總鎮然靚謐無嘩」，如「總千然執持不撓」，此蓋命官之本意。國朝自紹興癸丑始設是官，以藏諸路軍實。庚申夏，又加專一報發御前軍馬文字，其任益重。尋有旨，淮西江東依舊置司秣陵。惟是重兵留戍，倍於臨淄，庚癸浩穰，過於首山，自非瑰瑋出群之才，莫勝其任。公下車之初，視簿書紛如絲，視繁冠鬈如雲，積弊搶攘，一旦洗削更革，用人各因其才，馭吏嚴而不苛。曾不逾時，食足財阜，政以辦聞而不擾，雖管氏輕重，李悝平糴，弘羊均輸，壽昌常平，士安低昂，未能遠過。無幾何，璽書自天，賜三品服，復除大司農，恩寵有加，赫然驚人。仰惟聖人勵精責實，名器不假，嚴於讞狀。公之遷也，公論浩然稱允。或問某食貨必本於八政，豐財必本於七德，何也？曰：孟子不云乎，「無政事則財用不足」，是食貨以政爲本。班固論《易》「何以聚人曰財」，必原於天地之大德，是豐財以德爲本。今也貫朽粟陳，有若元光之間，可以觀政矣。士飽而歌，馬騰於槽，有若退之之咏，可以觀德矣。向來諸公滚滚登要津，盡由此塗出，吾知公去是而儀天朝也有日矣。噫，晋城濮之師至盛矣，食闕而館楚軍之穀；霍驃騎漢良將矣，餘肉而士有菜色，史氏尚稱其能。矧茲軍資之贏足，而根本關中，富强河内，以濟大業，而不刻之堅珉，是大闕典，遂書以識。又閲籍，得爲是職也若干人，且并刻焉。時九月十九日，龍圖閣學士、承議郎、提舉江州太平興國宫胡某記。《胡澹庵先生文集》卷一九。

吴芾

吴芾（一一〇四——一一八三），字明可，號湖山居士，台州仙居（今浙江仙居）人。登紹興二年（一一三二）進士第，遷秘書正字。以不附秦檜，出判處、婺、越三州，知處州。後除監察御史，遷殿中侍御史。紹興末，金兵南下，芾勸御駕親征，且請駐蹕建康。孝宗朝，歷知婺州、紹興府、臨安府、太平州、隆興府。入朝爲給事中，歷刑、吏、禮三部侍郎，以龍圖閣直學士致仕。淳熙十年（一一八三）卒，年八十，謚康肅。著有《湖山集》二十五卷。見《宋史》卷三八七本傳，《宋文公文集》卷八八《龍圖閣直學士吴公神道碑》。

續題名記　乾道四年十月

郡廨舊闕題名，紹興二十二年，暐公直閣來守是邦，始命立石。僅記建炎以後守臣名氏，其登載爲未詳。余以乾道三年至此，更加采訪，得諸父老，謂紹聖以來，自吕希哲、黄庭堅、梅灝、王景修、王資、韓宗直、霍漢英、徐勣、何昌言、樂昭厚、唐秷、陸藴、劉會元、單暐、徐禋、周需、范洎、臧祐之接於沈思者凡十有八，正兵火之餘，其爵序歲月漫不可考。惟張伯玉嘉祐四年以侍御史來，獨見于所刻《祭李翰林》之文，其詞致清逸，猶可想其爲人。其餘以圖籍不存，莫可概見。余惜其無傳，因刻諸副石之首，以昭於後云。乾道四年十月記。乾隆《（安徽）太平府志》卷三四，乾隆二十二年刻本。

謝鳳

謝鳳，字子儀，福州閩縣（今福建福州）人。紹興五年（一一三五）登進士第。九年官長洲縣主簿。官終建昌軍教授。見《淳熙三山志》卷二八。

長洲縣續題名記　紹興九年六月

長洲以縣名自唐萬歲通天中，有縣以來，不知令凡幾番，政凡幾新矣。皇朝天禧間，廷評王公嘉言莅政于兹，始揭題名石于廳事。建炎之亂，官舍焚蕩，石亦隳壞，自是軍興草創，更數十政不暇議。迨儀真石公領邑事之二年，新作茂苑堂，顧題名闕然，無復舊事，乃訪録遺文，得斷石于瓦礫間，彷彿可續其存者，熙寧四年五月以前而已。如其文刊之于石，改置于堂之左。又搜次補綴，自元豐三年以來僅得其官秩姓名者二十有五人，其到罷歲月概不可得而詳，别刻石以刊于後，俾來者續而書之，尚永永無替。紹興九年六月日，主簿謝鳳記。《吴都文粹》續集卷九。又見《長洲藝文志》卷一，洪武《蘇州府志》卷四七。

何溥

何溥，字通遠，温州永嘉（今浙江温州）人。紹興十二年（一一四二）試禮部第一，登進士第。歷臨安府學教授，删定官，通判婺州，以忤秦檜罷。檜死，通判嚴州。紹興二十五年（一一五五）除監察御史，二十七年遷左正言，二十九年爲右司諫，除諫議大夫。在言路六年，知無不言。三十一年除翰林學士，兼吏部尚書等。三十二年以疾補外，授龍圖閣學士致仕，歸卒。見《宋中興學士院題名録》，《建炎以來繫年要録》卷一七〇、一七八、一八一、一八三、一八九、一九八，《宋史》卷一六〇、二四五、三八七、四七三。

臨安府帥臣題名記　紹興十九年六月

安撫敷文湯公帥臨安之明年，暇日謂其屬吏何溥曰：「臨安爲東南一都會，登郡而府，有年于兹。异時名公巨儒旌棨相望，流風美政播在人口，至今故老能言之。矧惟皇帝時巡，警蹕所在，呼吸四方，根柢萬宇，其事勢增重，實視古京兆。自始幸，距今凡二十年，帥臣代易，僅以十數，至問其姓名，輒不可盡得；間訪而得之，往往不能以次對。豈非題名不立之故哉？予將編列其人，勒之堅石，以植于府治之東偏，庶幾來者有考焉，子其爲我記之。」溥既承命，退而考求其故。維臨安舊爲杭州，領浙西兵馬鈐轄。宣和間改安撫使。至建炎而升爲府，未幾鈐轄如舊。自紹興駐蹕以來，事任非曩比，故使名復立。至今凡爲帥十有六人，於是爲記。紹興十九年六月二十七日，府學教授、兼權太學博士何溥記。《乾道臨安志》卷三。

巫伋

巫伋（？——一一七三），字思庸，句容（今江蘇句容）人，巫必之子。中紹興八年（一一三八）進士第。以宣教郎權敕令所删定官。歷監察御史、右正言、右諫議大夫、直學士院。二十年，除簽書樞密院事。次年權參知政事，充出使金國祈請使。二十二年罷政，提舉江州太平興國宫，致仕。乾道九年（一一七三）卒。見《宋會要輯稿》儀制一一之六、職官七八之四四，《建炎以來繫年要録》卷一五〇、一五二、一五六、一五八、一六〇、一六二、一六三，《宋宰輔編年録》卷一六，《宋史》卷三〇、二一三，弘治《句容縣志》卷六，《金陵詩徵》卷七。

諫院題名記　紹興十九年四月

古者天子有争臣七人，雖未以名官，然亦尚矣。秦漢以來，始置諫大夫，無常員，大抵多至數十人，秩才比八百石，蓋其員多，則其選輕也。厥後或置或不。逮唐設六典，職始專而任因重焉。由諫議大夫而上，有散騎常侍爲之率，其下有補闕、拾遺，皆爲定員，而分左右，左屬門下，右屬中書，均尸言責也。我朝因之，雍熙中詔更遺、補爲司諫、正言，載新厥名，以示勸奬。自是言責之官愈重矣。主上中興，綜核名實，大正風憲，惟是耳目之司尤加謹擇。爰自建炎初載迄於今，歷諫省者纔三十人，弗備官，實重其選也。先是，院吏苟簡，以幅紙標名氏於壁間，久之遷次日月漫不可考。顧惟猥承人乏，夙夜惕懼，未知報稱，且不能掇拾前迹以示來者，實有愧焉。於是命工鐫石，置之聽事，姑以謹官守而重國體云爾。若夫居官自記以媚己，昔人所羞，非唯不敢，亦不暇。紹興十九年夏四月。《咸淳臨安志》卷五。又見《古今事文類聚》新集卷二一。

孫祖壽

孫祖壽，廣陵（今江蘇揚州）人。紹興二十一年（一一五一）爲將作監主簿，二十四年行軍器監丞。見《宋會要輯稿》禮二〇之一四、方域一三之八，《建炎以來繫年要録》卷一六二、一六九。

將作監廳壁記　紹興二十三年七月

漢九卿，將作大匠沿襲秦官，亦少皞氏以五雉爲五工正，以利器用。唐虞共工，《周官》考工之職也。歷代雖因革不一，大率典司皆營繕土木之事。隋開皇中，始定以寺爲監。唐天寶中，始定以長貳爲監少、丞。自漢置主簿，自晋置員之多寡亦不同焉。本朝蓋因唐制。主上再造丕基，承平官府，浸亦如舊。紹興三年冬十月，復監置丞。十年冬十月置主簿，明年夏四月置長貳官。適少府未復，文思、軍器兩監分領。其所繇自監設官，二十寒暑，因循苟且，題名未立，吏書枌版不足示後。祖壽監掌勾稽，與丞信安徐宗愈爲寮，議立石，未遂。徐既補外，臨安錢端英繼丞事，始克就，因叙梗概，以揭其首云。紹興二十三年秋七月庚戌，右朝奉郎、行將作監主簿廣陵孫祖壽記。

《古今事文類聚》新集卷三三。

曾慎

曾慎，魯（今山東）人。紹興二十年（一一五〇）以通直郎知常熟縣。見《重修琴川志》卷二。

常熟縣宰題名記　紹興二十一年九月

常熟爲縣，其來久矣。舊爲毗陵郡南沙縣，至梁，改爲常熟。自梁歷唐，迄于僞吴，幾數百年。前尹是邑者，姓名莫或紀録，故不得而考。本朝太平興國中，錢氏以圖籍歸于京師，始於縣令蔣文懌。至元豐初，知縣宣德郎劉拯，求得其姓名凡四十有二人，列之版榜，置於廳壁角。自此來尹者，至則書之。觀其間相繼登金門，上玉堂，羽儀臺閣，正位樞極，蓋翩翩焉，未見其止。余因承乏，慮版榜不足以久傳，於是命工鐫之于石，立於廳之左，闕者補之，庶爲不朽之傳，宜觀名列，以勸方來，俾尹斯邑者，知夫儒之效，愷悌及民，延福百里，庶幾乎刊石而無愧也。紹興二十一年九月，魯國曾慎記。《吴郡志》卷三八。又見《吴都文粹》卷九，《重修琴川志》卷一一，《姑蘇志》卷二三，康熙《常熟縣志》卷一〇。

羅大臨

羅大臨，建昌南城（今江西南城）人，紹興間在世。

南城縣知縣廳題名記

南城，唐撫州之上縣。自吴太平二年割隸臨川郡，其始則漢豫章之屬邑。南唐李氏竊據江南，縣當七閩道所出入，就置建武軍，控其襟喉也。皇朝混一區宇，以文德綏海内，易武曰昌，而縣實倚郭焉。其地廣，其民夥，視江右諸邑最號繁劇。紹興癸酉，南昌李公安國來宰于此。至則刬蠹剔弊，櫛垢爬癢，務爲寬簡，以休罷民。期年而辨，訟衰賦入。時庭空不囂，桁楊生菌。蓋令修於弦歌几席之上，而民自得於耕桑壟畝之間，未嘗出一駭政以聲威，而小大敬畏，如臨父母，古循吏無以加也。公於是以其餘暇，命賓客僚友舉酒相囑，喟然嘆曰：「郡有建昌，自太平興國及今垂二百年，而縣之有令，不知閲幾人。秩滿而去，歷高官，躋顯仕，功名峨峨，爲當代聞，又不知其幾人。周視廳壁，則題名缺然，何以爲後觀？」諏之老吏，曰：「頃歲甲寅，群卒弗靖，凡公私廬舍圖諜文書，悉爲煨燼。於今無所稽考。」乃取甲寅之後，令之姓名爵里與夫更代之歲月，可見於案牘者，始徐公夙，迄王公頎，得八人，將鑱諸石，以示來者，而囑邑人羅大臨記之。大臨曰：「昔羊叔子登峴山，顧從事鄒湛曰：自有宇宙，便有此山，中來賢達勝士，登此遠望，而我與卿者多矣。皆湮滅無聞，使人悲傷。」湛曰：「公之令聞，當與此山俱傳。至若湛輩，乃當如公言耳。」夫以叔子德冠四海，道當前哲，聲名之垂，與天壤俱弊可也。彼湛何爲？獨因叔子之賢，而遂得名千載，顧非幸耶！嘗試與公登縣治之爽塏，東望閩嶺，阻猿嶠之重險；南望章貢，別盱水之濫觴；西望麻源三谷，覽烟雲草木之奇，俯千岩萬壑之秀。想謝康樂之舊游，訪顔平原之遺踪，悠然遐思，令人興嘆，便覺羊叔子去人未遠也。今公以儒飾吏，文政兼美，不減古人，而勛業富貴，駸駸來逼，方興而未已。蜚英騰茂，蓋將焜耀乎簡册，又豈止著名一邑之地而已哉？雖然，百世之後，考循吏之遺迹，或得此碑於頹垣壞壁之下。走也何人，庶幾竊比湛輩，記名於下撰，則是舉也，又安敢以不敏辭？於是乎書。正德《建昌志》卷一二，天一閣藏明代地方志選刊本。

李　燾

李燾（一一一五——一一八四），字仁甫，一字子真，號巽岩，丹棱（今四川丹棱）人。登紹興八年（一一三八）進士第，調華陽簿，再調雅州推官，知雙流縣，遷知榮州。乾道中，除兵部員外郎、禮部郎，遷秘書少監，兼權起居舍人、實録院檢討官，後以直顯謨閣出爲湖北轉運副使。乾道八年（一一七二），以直寶文閣帥潼川，兼知瀘州。淳熙初，進秘閣修撰、權同修國史，累官至禮部侍郎。淳熙十一年（一一八四）卒，享年七十，謚文簡。燾性剛正，不阿權貴，多有建明。長於吏治，歷仕州縣，所至皆有惠愛及民。猶以學識見稱海内，博通百家，研精史學，著有《續資治通鑒長編》（存）、《六朝通鑒博議》（存）、《説文解字五音韵譜》（存）、《易學》《春秋學》《文集》等。《宋史》卷三八八有傳。

蒲井鹽官廳壁記

臨邛漢縣也，蜀郡領之，以鹽置官，前志備録，後史脱略，其修廢莫可知。及西魏始郡臨邛，又析其地縣廣定，隋更廣定曰蒲江，還屬。臨邛統縣爲六，其近鹽獨蒲江居最，易稱改邑不改井，蓋邑多遷徙而井故在也。漢所謂縣其實則郡，雖遷徙無定而封畛土略要不相遠。蒲江本自臨邛別出，欲尋鹽官之迹，茲匪其近者歟？按丁謂《會計録》，景德間合一郡之井才五，鹽以斤數者二十七萬七千七百耳。由祥符訖天禧，民益開浚堙塞，務竭地藏。天聖末，井之載于《食貨志》者凡九，鹽以斤數者二百五十萬。井尚有逸也，鹽則八倍於景德矣。蚩蚩者冒没相乘，虚僞相加，迨慶曆初，得其數于會遽至三百萬二千三百一十有五。朝廷閔斯民之競利不遺餘力也，戊子詔書特蠲其折納緡錢一百萬，自六年始。三司執吝道以争，弗聽。故《皇祐會計録》田况所載鹽數比慶曆遂減六分之一。然民力尚艱，詔書繼下，歲有減焉。及治平初，鹽數始復天聖之舊，神文憲文之盛德可勝既乎！自天聖、治平之數，皆合一郡而言之，不獨蒲江，蒲江實占其數十分之七少羸。先是官廢不修，牙校各征其利，罔上剥下，亂獄滋豐，執事者病焉，復修廢官。熙寧總核之效，維其時哉。當六年，井之籍于官九，鹽以斤數者八十萬五千四百，鄉所謂十分之七少羸者，舉此數也。并舉旁近歲入參較治平，則其減可知矣。元祐遺使訪民疾苦，又特減熙寧三十二萬五千三百二十有六。君子謂元祐之政媚于上下者，指此類也。有司不悉朝廷恩意，偷得微利，元符末其數亟增一十二萬一千四百二十有二，而泉源歲久或微，九井莫汲其一，鹽耗不登，民愈告病。靖康力行寬大，通商惠工，復有所減。近比元符雖曰少損，遠方元祐之數并減焉，遂以一百三十八萬二千三百七十爲定。祖宗家法于其仁不于其利，内外臣庶疇敢弗承！彼貪昧無耻者卒不忍厚肆其毒，民之戴宋，厥爲舊哉。凡鹽官所總之數具此矣。外合旁近歲入并數之，亡慮一百五十一萬一千四百九十，擬慶曆固已懸絶，并景德尚五倍有贏。以爲足，此不翅足矣，以爲不足，涸滄海之波寧有足邪？君子則必能處此也。余僻嗜書，且病不願仕，固無以養其親，未忘關柝之禄，會鹽官闕守者，轉運使曰此雖卑，當屬吾黨之士，俗吏刻薄，斯落吾事，則命余攝焉。余亦樂其去家之邇也，可與親俱，乃束書而來，勉爲振起條目，剗革蠹弊。既整而暇，頗得縱意文藝，惟官居褊狹，不足容吾書，姑即聽事寓簡册，四庫咸在，外設窗户，爰示限隔。賓客時至，燕見無所，於是憑虚架空，更斥西序，軒檻臨瞰，有澗在前，竊取詩人考槃之義，榜曰「槃澗」，聊托山水以自廣焉。并細繹圖牒，追記鹽策之登耗及地名官守之沿革諸壁間，庶來者有考。年月日，隴西李某記。《國朝二百家名賢文粹》卷一二八。

華陽縣主簿廳内東壁記

「李師望會昌六年攝丞專知，大中元年秋得替，就選金堂縣令，遷南路運糧使，兼監察御史裏行，遷昌、韶、台、邛、黎等州刺史。咸通九年八月九日，自朝議大夫前守鳳翔府少尹，賜紫金魚袋，授巂州刺史，兼御史大夫，充定邊軍節度，眉、蜀、邛、嘉、黎、雅等州觀察處置，統押近界諸蠻，并統領諸道行營兵馬制置等使」。右一百一十九字，在華陽縣主簿廳事之東壁。自會昌六年丙寅距今乙丑，凡三百歲，筆墨塗糊，間已缺壞不可讀，參考史諜，乃得其全，而李師望三字特居上方，點畫故在，飾以丹青，亦未泯没也。按《方鎮表》，定邊軍建于咸通九年六月，廢於十一年正月。始師望言成都經總蠻事，道遠不時決，請析邛、蜀、嘉、眉、黎、雅、嶲七州自爲定邊軍，屯重兵于嶲而治于邛。懿宗入其言，即詔師望爲節度使。然邛抵成都才五舍，嶲最南，去邛州又千里，緩急首尾不相副，而師望肆爲誕謾，居之不疑，益務掊斂自厚，又欲激蠻怒，幸而有功，殺蠻使楊酋慶等。戍士既積忿，將醢師望以逞，會召還而竇滂代之。滂貪沓尤甚，蠻未動而定邊先已困已。驃信乘之，遂傾國入寇，焚掠斬艾，莫攖其烽，進圍成都，期月乃去。始蜀人被嵯顛之酷痛未定也，適四十二年而酋龍復來，徽盧耽善守，吾其蠻乎！師望不知何許人，史亡其傳，其爲鳳翔少尹也，《資治通鑑》録焉，史亦弗載。今以壁記考之，其資歷尤爲詳備。蓋師望初攝華陽丞，專知捕賊務，既而一爲令，三爲刺史，皆蜀郡邑，宜師望之習于蜀故也。唐自天寶以來，方鎮强于京師，作福作威，狼抗無上。師望熟見夫前日之竊位者驕縱自如，而天討終亦弗及，包藏禍心，睥睨旌鉞者非一日矣，卒因蠻事，鑿空抵巇，幸得所欲。定邊既自爲軍，而西川節度權始奪矣。統押近界，制置行營，師望實兼領之，而成都不得與也。師望始丞于兹，星一再終，而遂建大將旗鼓，獨制方面，符舊邑，趨新府，彼誠嗜利忘耻，得意驕色。政自滿盈而昔之皂隸輿臺猥蒙師望顧眄之恩者，又將以夸眩曹偶，猶恐其不大章明較著也，則相與更治其嘗所居止，使益壯麗，大栱方梁，塗澤蒼黄，揭其姓名而大書其官爵，推究本始，用爲光華，情狀卑鄙抑至是，豈不重可憐笑也哉！然而度其當時所以稱贊師望者，又不止此也，此特其僅存者爾。師望往帥定邊，曾不再臘，而寇難遽作，蜀人恨不食其肉，而師望復以智免，則夫鄉者稱贊之具自當掃括磨滅，不留踪迹，而東壁所記亦遭圬墁矣，孰知其歲月浸久，風雨摧剥，筆墨隱然，復出于楹桷間耶？烏乎，殆天意也！春秋三叛，欲蓋而章，其師望之謂歟？師望之生既幸脱斧質，讀史書者又以瑣細闊略不復窮究，然其創造禍亂，傾覆邦族者，要不可赦，乃緣壁記，追正其罪，使奸盗亦少知懲戒云。《成都文類》卷二九。

又見《宋代蜀文輯存》卷五二。

重修主簿廳事記

主簿古官也，内自公府卿寺、外則州郡及縣皆有之，而辟召各從其長，天子不命也。西漢二百年，縣主簿莫見于史。永元以後，召陵寧陽始用義烈著，而考城事尤藉甚，歷魏晋七代乃無所聞。蓋主簿於縣，其秩最卑，與斗食佐史均號少吏，弗得抗禮丞尉，非有瑰行瑋節，則其姓氏泯没，弗傳宜也。高齊末造，鄉官或降中旨，縣少吏固多敕用，而史記不詳。文皇創隋，始于長安、大興二縣特置主簿，其班僅得視九品之亞。及唐則舉天下縣遍置焉，除授悉經天官，而品真在九矣，且升其位而使尉下之，逮今猶然也。華陽爲縣古無之，貞觀中始析成都置。蜀乾元初，又更今名。當析置時，主簿與今丞尉蓋隨而有，載紀遐邈〔一〕，其聽事乃失故處，今所居實自他轉徙，楝宇非厥初也。以會昌壁記、乾符柱刻考之，本唐捕賊務。捕賊務之名史不絕書，其知務事者亦復無定，或以丞，或以功曹參軍。此皆因壁柱記刻而後略見，其它固不可復知也。會昌迄今逾三百年，兵數起，成都中千門萬户時遭焚裂，求往日之破甓斷檻殆尺寸莫獲，而此廳事顧能獨存，圬鏝朱墨，未改其舊，是故偶然耶，將成毁自有數也。烏乎！其閱人蓋多矣，轉徙之繇與始得而居者皆亡所推尋，其可考者且此。歲壬戌之秋，余實來主此縣簿，掃壁而讀記，洗柱而視刻，念其多歷年所，慨然有感于余心。行且去矣，乃使匠氏支植傾頽，革除腐爛，概茨丹艧，焕如作新。苟無它虞，則繼自今尚可爲數千百年計也。興廢補壞，敢不務乎？遂并書設官置縣所從來，爲《重修主簿廳事記》而刻諸梁，以告後之人云。《成都文類》卷二九。又見《蜀中名勝記》卷四，《宋代蜀文輯存》卷五二。

〔一〕紀：原作「祀」，據文意改。

胡堅常

胡堅常（一一一五——一一七八），字秉彝，祖籍豫章，後爲常州晉陵（今江蘇常州）人。胡宿曾孫。少以蔭補官，初尉建昌之南城。兩除兩浙轉運副使，除江東轉運判官，升副使。淳熙四年（一一七七）爲户部郎中，明年遷將作監，太府少卿。丐外，以直寶文閣提點浙西刑獄。未赴，以疾免，尋得祠。終，享年六十有四，官至朝議大夫。事見蔡戡《朝議大夫直寶文閣學士胡公墓志銘》（《定齋集》卷一五）。

臨安北廳壁記

官府有題名，古也。郡有倅貳，亦古也。臨安爲郡，東南第一都會，湖山之勝，妙絶天下。承平盛時，風俗絶厚，獄訟稀少，視比他州爲樂土。前此良二千石如唐白傅、國朝蘇翰林，其政事妙敏，如庖丁解牛，奏刀砉騞，固已礫然四解矣。公退之暇，則放意詩酒，寓興於湖山之間。至今蒼崖斷壁，二公之墨寶猶有存者。則古人爲郡之樂，二公固自得之。想夫所謂半刺史者，亦得以平分風月焉。越自六龍南渡，而臨安遂爲輦轂之地。守倅之選，雖視古爲重，然風俗日益偷，獄訟日益繁。加之六宫百司軍旅郊祀，無一不取辦於是郡，太守窮日力有不能給，倅貳方且奉令承教之不暇，雖其選甚重而其勞殆與諸州上佐等。而堅常不肖，承乏北倅，自惟綿薄，固不足以比方古人。然辱在此位，恨不得周旋揖遜於白傅、蘇翰林之時。蓋所謂半刺史之樂，未易得也。位有南北二廳，南廳自紹興初分治於府治之前，獨北廳遷徙不常。故自建炎庚戌至於隆興甲申，凡三十有六年，自郭君至堅常凡二十有二人，而題名記迄未能立，遂使姓氏與夫去來日月，了不可考，蓋闕文也。於是伐石記之，以貽後之來者云。《咸淳臨安志》卷五〇，四庫全書本。

晁公溯

晁公溯（一一一七——？），字子西，號嵩山居士，又號箕山先生，巨野（今山東巨野）人。靖康元年（一一二六），北敵發難，年僅十歲即隨家人逃離汴京，東游吴楚。次年十一歲時，父冲之留佐東道，敗死于寧陵。紹興初入蜀投靠姑丈孫涪州，八年（一一三八）與李燾同科進士及第。十年任梁山尉，二十五年留佐夔州路轉運判官王珏，三十年爲涪州軍事判官，隆興元年（一一六三）知梁山，乾道元年（一一六五）知眉州，乾道二年升任成都府路提點刑獄公事，既兼漕挽。衰遲之年曾赴上都，再入江南。著有《嵩山集》。《宋史》無傳，事迹略見所作《憫孤賦》《送子嘉兄赴達州司户序》《梁山縣令題名記》《自過犍爲山水益佳》詩、《上張待制札子》《與李仁甫結交書》《省齋記》《王少卿墓志銘》《程氏經史閣記》《答蘇小溪小簡》《上虞參政札子》《盡心堂記》《與石通判札子》等詩文及師璿《嵩山集序》。

梁山縣令題名記

某家大梁，垂百餘年不遷。丙午歲始去其里中，自是屈指以數，其寧居之日萬不得一焉。故益苦厭行役，每聞道上車過，轣轆有聲，輒隗動而悸。去歲之冬，自涪陵來尉兹邑，始識令王公。公，雒人也，温厚馴雅，號令不苛。見已歸就館，自慶曰：「尉職無越境，又得事賢令君，殆天憐我，俾息肩焉。」既而閲郡中遺書，得故刺史厥次劉公涣之文，稱其風俗簡静，或淹旬訟牒不至庭。自書以相報文移外，廓廓無餘事，其僚朝夕笑傲佚樂，蓋建中靖國間也。讀其詞使人益喜，及問諸父老，則曰：「今安有此哉？是邑實褊且瘠，而厥賦倍他州，軍旅之費取給焉。稍弛不治則乏軍興，且得罪。故令帥其僚殫精力於簿書敲扑之間，顧豈有須臾暇哉？」雖然，此言非也。天下本無事，而治亂何與焉？吏誠賢耶，雖居搶攘之中，民懷其生，而其屬亦安其職。不然，無事亟擾之，不得寧，幾何而不困哉？然而平時吏擾之民猶堪也，若世多故矣，而能鎮以静，此尤民望而祈也。今邑中之民既已安吾王公之政，則某雖居今之時，又何用而不樂，有愧於昔也乎？自邑之建，其爲令者甚衆，而達於是者其能幾人？然皆姓氏顯著，王公取其近而可考者刻諸石，而求文於某，曰：「子之先有爲兹邑者，至今喜道之不忘也。不知距今幾年，而子復以尉來，其忍喑無辭以廣其傳？」某方念得王公之依，以償其疇昔之勞，而復聞此言也，其將何辭以拒之？於是樂爲之記。文

梁山縣尉廳題名記

硤中縣三十有二，予常以事至者殆十之五。雖其地廣狹瘠腴异焉，而風俗大略同也。其民多服農畝，一日或釋耒焉，則珥筆而吏。故外椎魯而詭譎根諸中，玩易法令，若亡所憚者。及犯而刑，始懼，號呼祈免，已復如初，不遷也。往往取具案各藏諸其家，後有辯對始持以出，其家亡，因不復在。由是輿賦失其平，而訟者亡所質，故其治號爲難。至者辯訊讀，答文移，不足日爲事，間欲與賓客舉一觴不能也。是皆令專焉，而主簿亦鈎稽其籍，朱墨盈前，目怠手煩，不能竟，間又持檄出旁郡。獨尉無治事，吏時抱成案執削授尉使書，已輒持去。雖有才，亡所施。惟盗發所部，許剸治，暴衣露冠於外，不得歸沐，始獲用其才。然今朝廷教條嚴，恩澤下，十有三州之民安焉，何苦而盗？彼椎埋剽攻者則固無有，若理阡陌，治候館，亦其職，而勞民以求名，其可哉？此外非有所候迓至境上，或受民歲所委輸者，則無復事。或者不能自閑居，惻然有可憐色。苟得一事，則躍躍以喜，予所不曉也。自予至，掃除一室，左右皆書，讀之倦則卧榻上，戒吏杜門。事無以關我，蕭然盡日，不知身在城闕，而心乎岩石也。今之世而有樂如此，惜夫無文以見，於是因求前人名氏書之壁而爲之記云。《嵩山集》卷五〇。

王　逨

王逨（一一一七——一一七八），字致君，本籍宛丘（今河南淮陽）人，建炎中徙餘姚（今浙江餘姚）。紹興末以郊祀恩補登仕郎。隆興元年（一一六三）登進士第，除御史臺主簿，遷監察御史，擢右正言。以直秘閣出知鄂州，尋以母老奉祠。乾道三年（一一六七）起知温州，次年改荆湖南路提舉常平茶鹽公事，移福建。淳熙中爲國子司業。五年（一一七八）二月終于官，年六十二。逨少而力學，老不稍衰，爲文務極本源。著有《西漢決疑》三卷，《補注杜詩》三卷，《王司業集》二十卷，編集南北戰爭事實爲《南北龜鑒》。見樓鑰《國子司業王公行狀》（《攻媿集》卷九〇），《直齋書録解題》卷四、一八等。

軍器監題名記　淳熙三年六月

將作名官，古也，軍器非古也。周有六職，百工居一焉。漢以少府列九卿，其屬考工，專主器械。軍器非古也，其職古也。有唐設官，軍器與將作并列。國朝具官無員，而其職掌隸於三司。熙寧制更，然後軍器有監，監有長、有貳、有丞簿，率屬合治，與唐六典建官不殊。中興以來，承平官府并省多矣，而此職具存，豈以用武之時所務爲急，雖時偃武，所以除戎器者不可一日置耶？由長而下，异時選用人才，其間踐文昌，登丞弼，爛然可睹盛矣。逑也不肖，由尚書郎得長是官，日虞非材，玷辱前列。顧瞻石刻，雖有名氏，而未述官守建置之繇，輒不少遜，慨然書之，并以姓氏列於諸公之左。來者繼之，頽然瓦石珠璧，後先遲莫，有榮焉。淳熙三年六月二十五日。《咸淳臨安志》卷八。

洪适

洪适（一一一七——一一八四），字景伯，號盤洲，初名造，字温伯，一字景温，饒州鄱陽（今江西鄱陽）人，皓長子。紹興十二年（一一四二）中博學宏詞科，除敕令所删定官，改秘書省正字，歷台州通判，知荆門軍、徽州，升尚書户部郎中，遷司農少卿。隆興二年（一一六四），除中書舍人。乾道元年（一一六五），遷翰林學士，同年歷升參知政事、尚書右僕射、同中書門下平章事兼樞密使。未幾以灾异乞退，奉祠。尋起知紹興府、浙東安撫使。再奉祠，家居十六年，淳熙十一年（一一八四）卒，年六十八，謚文惠。适幼敏悟，有文名，喜著述，又好收藏金石拓本，參證史傳，考核頗精，著有《隸釋》（存）、《隸續》（存）、《盤洲集》等。《宋史》卷三七三有傳。

台州添差通判廳壁記

天台之爲郡，環山枕海，壤僻民愿，牒訴簡少，輸調有常，平時從容，見謂無事，故分曹授政，絶贅冗者。中興以來，彯纓之士日進，一官相承，率三四輩員外置者，無郡邑不有。紹興二年，是邦始增治中，凡五易而某至，被命遲期者後復三人。則茲員之設，將踐武不廢。乃裒稡名氏，官秩去來，龕石壁間而係之言曰：昔昌黎韓公嘗謂邑丞貳令，位逼而嫌，文書視成，一不敢省，有公負復歸尤焉，曾主簿、尉之不若。丞於郡者亦然。厥有不蹈其中，萎腇不事事，玩民戚休，貪殘放手，漫不孰何，曰：「此太守職也，吾何干？」夫是之謂負官。否則錚錚表襮，召權市威，上下相高，矛楯崖异，吏不確其承，民情不得直，夫是之謂越位。負其官不可，越其位又不可，然則奈何？曰：能使官不負，位不越，清其心以求其平，視著令唯謹，外是而議，夫何知之有？四部叢刊本《盤洲文集》卷三〇。又見《赤城集》卷二，《赤城志》卷五。

虔州重建教授廳記

國家立天下學校，置教授，即周師氏、漢博士、唐文學之職，所以化民成俗，傳道受業者也。然或以官令吏責所不加〔一〕，嗜閑狃偷，漫弗訾省，官之設豈端使然哉？今郡邑從事掾，鷄三呼率治冠理笏，奔伺太守賓舍。守出黃堂上，謁者導之進。乃僂而趨前，屏氣危坐，以其職次起白請。守借之色辭則舒舒自賀，否則背芒股弁，且受譙問。惟郡教授泊然家居，間一造詣，坐上坐。衆皆并廡羅出，守獨揖教授，呼□使登。退各庀其局，弄刀筆，了錢穀、獄訟之事，林林綜綜，終酉未休。教授乃對諸生，泳周孔之道，稽治忽，商文章，凡塵坌俗猥一不我濁。禮之優、職之清如此，故洛擇不歸吏部歸宰相。虔在江西爲一都會，舊有學，泯於兵火〔二〕。閲數年，始克像先聖、先師而殿之齋房以列，而校官僑處，生師風馬不接。時胞人之共羞則連衽占位，庠聲序音，不絶如綫。永嘉薛君甫至，疚然念之。二千石其從兄也，一日召匠慮材，作崇閣以閟宸奎，遂以其餘爲廨於學之左〔三〕。門墻言言，曰廳曰寢，不詡不陋。君乃啓便户，日抵學廬，答疑祛蔽，不殆益奮。朝廷嘉之〔四〕，再命使留。其秋，郡貢士二十有二人，隸學者居什九。邦人嘩言，薛先生誘掖成效，如醫起疾，如卜斷休咎，各少長相勵，願爲薛門弟子。君既久於官，秀民長才，益孚其教。酌道迪德，風變習俗，遂之者又將輩出。异時名章貢爲多士之地者，實基薛君。《盤洲文集》卷三〇。

〔一〕令：原作「泠」，據校影宋抄本（簡稱「影宋本」）改。

〔二〕火：原缺，據影宋本、文淵閣四庫全書本（簡稱「庫本」）、清光緒十年續刻本（簡稱「清刻本」）補。

〔三〕以：原缺，據影宋本補，又庫本、清刻本作「飭」。

〔四〕嘉：原缺，據庫本、清刻本補。

荆門軍守廳壁記

官寺有壁記舊矣。建旗者棠陰不翦，去而聞達，故瞻前而法則景慕之心生；或咈民流毒，則後之人指以爲戒。地無小不可闕也。荆門領縣二，長林在唐嘗爲基州，當陽亦爲平州，又爲玉州。無名人典城，竹帛所弗載。我宋開寶五年，始立軍壁。凡百有二年而廢，廢十五年而復。復七十一年矣，夫豈無賢否可爲龜鑒？訪之光沉迹絶，而殘碑脱簡與老吏所記，僅得數十人名氏，離離落落如晨星，然不書又將湮滅。若官稱、歲月，不可得而悉也。中興初，僑治四徙，攝承者去來不常，一切以便宜從事，無律令之守。暨再選武臣，薅剃棘茨，驅其狐狸虎狼，然後人復見炊烟。二十年間，文吏踵相躡者十一輩。勞來休息，户口歲歲增加。解龜而往，則一人持侍橐，三人持節于蜀。予駑下，安敢望前數公，蓋所謂法則景慕之云爾。《盤洲文集》卷三二。

蘇峴

蘇峴（一一一八——一一八三），字叔子，眉山（今四川眉山）人。蘇軾曾孫。初爲海陵縣丞，歷太常主簿、將作監丞、吏部郎，累至福建轉運使、江西運副。淳熙十年（一一八三）卒，年六十六。有《綺語編》三卷。見韓元吉撰《朝散郎秘閣修撰江南西路轉運副使蘇公墓誌銘》（《南澗甲乙稿》卷二一）。

將作監題名記　乾道五年三月八日

紹興癸酉，始鋟木以易粉版，慮其易蠹，不足垂久，既伐石，未暇鐫也。繇隆興而來，上法慈訓，躬履儉約，宫室無所營繕，器用不作，車服從給，職務益省矣。於是長貳久闕，勾稽之職，亦復不除，獨以丞兼治其事。歲在戊子，峴由太府丞以嫌自列，乃獲踵伯父、伯氏後陳，懼無以稱。明年二月，礱石改舊刻，歷考所載名氏，凡三十年間由簿而上執國政者二人，持從橐者九人。今之有列於朝者，陳公少常伯，楊公次對，朱公貳外府，張公奉内祠，伯氏爲尚書郎，亦可謂盛矣。顧峴之不肖，亦得濫吹其間，有榮耀焉。碑既具，乃以舊記冠其首，而私著其事，以告來者。乾道五年三月八日。《咸淳臨安志》卷八。又見《宋代蜀文輯存》卷九七。

汪應辰

汪應辰（一一一八——一一七六），初名洋，字聖錫，信州玉山（今江西玉山）人。紹興五年（一一三五）中狀元，時年僅十八，授鎮東軍僉判。召爲秘書省正字，以論事忤秦檜，出爲建州通判，後歷判袁州、静江府、廣州。檜死，召爲吏部郎官，遷右司。以親老乞外，出知婺州。入朝，除秘書少監，權吏部尚書。乞外，歷知福州、成都府，爲四川制置使。入覲，除吏部尚書，尋兼翰林學士，復以端明殿學士出知平江府。淳熙三年（一一七六）卒，年五十九，謚文定。應辰少從吕居仁、胡安國游，精于義理，張栻、吕祖謙皆深器之。立朝剛正，多革弊端，中貴人皆側目。著有《玉山文集》《石林燕語辨》等。《宋史》卷三八七有傳。

吉水縣丞廳記

吉水爲縣二百年，丞之所居，在縣之西南。自建炎三年承火之後，始托宿於民舍郊野之外，江流之頻，地埶墊隘，盧井陵雜，其細已甚矣。而淦水倾注两涘，逼笮不能以容，稍甚則演溢衝冒，殆非可以狎而玩者。然且因循而居之十有八年，至紹興十六年八月，而桐盧喻仲遠居中來丞兹邑，始有意遷諸爽塏得卜於縣之东南。取材於官之隙宇，不敢以欲速勤民力，不敢以苟簡詒後患。故經始於其年十二月，至十八年四月，然後寢室、廳事、廊庭、門墻，畢備一縣之事，丞無所不當問者也。往往避嫌守例，謾不顧省，以崔斯立之賢，未免出此則舍於隸人，未見其爲不可也。然而時异事异，今雖欲爲崔斯立而有不得矣。自熙寧以來，更新百度，講尋遺利，整救宿弊。事之在縣者，例皆屬之於丞。曰常平、曰坑冶、曰均税、曰經制之財、曰總制之財，凡此數者是。朝廷所當選建使者也，而丞實專之。其體爲甚重，非一使者之所能辦。至於分局以治，而丞實兼之。其事爲甚繁，丞之所居，於是爲官府矣。簿書之所庋藏，貨泉之所貯儲，士民之所觀赴，曹胥之所栖集，以待事一不備，焉得無乏吾事哉！此爲居中者所不得而已也。不察夫名實之所在，而猶假古人之緒言贅行以自恕，則其居於斯也，能無愧於屋漏哉。十九年五月庚子，左承議郎添差通判袁州軍州主管學事，兼管内勸農營田事汪應辰記。左迪功郎、吉州左司理參軍汪涓書。吕珺、毛傳壽：《〈吉水縣丞廳記〉碑考》，《南方文物》二〇一五年第三期。

韓元吉

韓元吉（一一一八——一一八七），字無咎，號南澗，開封雍丘（今河南杞縣）人，南渡後居上饒（今江西上饒）。韓維玄孫。初以蔭入仕，爲龍泉縣主簿，調南劍州主簿。紹興末歷知建安縣，召爲司農寺主簿。乾道中，歷江東轉運判官、守大理少卿、權中書舍人，累官至吏部侍郎。淳熙初出知婺州，入爲正奉大夫、吏部尚書。乞外，復以龍圖閣學士知婺州，後罷職奉祠。爵至潁川郡公。淳熙十四年（一一八七）卒，年七十。元吉學於尹焞而友朱熹，吕祖謙爲其婿。著有《易繫辭解》《焦尾集》《南澗甲乙稿》等。見《宋史翼》卷一四，《南宋文範作者考》上。

建安縣丞廳題名記

古者輔相之任曰丞，百司九列之貳或曰丞，而郡縣之副其長者亦曰丞，蓋丞之名將以翊其上而丞之也。郡丞秩稍高，下統掾曹，體亦有間。至縣，則事無大細，悉關丞。然長或能，率其權不以予丞；丞或才，復擅其權不以事長。苟异是，則必退避畏縮，而舉聽于丞；遠嫌絶疑，漫不助其長。之二者均失矣，豈設官共治之意哉？莆陽林智可之丞于建安也，而某濫爲之長，凡邑之事，智可不遺餘力以助吾，蓋更聽迭議，必至于濟而後已。由是相與歡甚，脱去畦畛，無區區世俗之病，故建安雖號劇，以某之懦而無譏焉者，智可之賴爲多焉。智可以其暇日，整治其庭廡，築室于南端新城扉之樓，以爲臨觀燕息之所，既又集建炎以來丞之名氏于壁，屬某爲之記。故爲道丞之設、吾二人相與之好，以愧夫世俗之徒。智可嘗爲德化令，治有聲矣，屈爲丞，蓋不卑其官如此。吾是以等而上之，其知所以共治者歟？紹興三年十二月旦〔一〕，潁川韓某記。影印文淵閣四庫全書本《南澗甲乙稿》卷一六。又見《南宋文範》卷四三。

〔一〕紹興三年十二月旦：似當作「紹興三十年二月旦」，蓋元吉「三年」時方十餘歲，尚未入仕。此處當是「年十」二字倒。

饒州安仁縣丞廳記

凡天下官府，雖曰臨民，而棟宇之設，類不能逮夫浮屠老氏之舍。蓋浮屠、老氏，其徒務爲夸大，既營其居而不會其費，苟費不具則有弗爲，規制未備則亦弗已，故磨于歲月，次第相付。州縣之力有不可冀者，而士之居官，望遷而幸去，遠不過三年，近止一二歲，視之若傳舍然，綿蕝草創，殆無必葺之意。始鋭而終怠，作于前或弛于後，非有慨然持不回之志，未易舉也。國家肇造，廨宇間數既書其虧損，至添蓋則又曰配民與不配民，皆所以防制官吏，欲其不苟而已。自印紙之改式也，後生不能舊制，而官吏之苟日滋。數十年來，加之以兵火，因之以匱乏，官廨不整尤甚。饒爲望州，安仁爲劇縣，丞爲上佐，其廨在縣治之西，面覆盆之山，俯玉石之津，山水秀异，陰陽家以謂得廬山之一趾，然其宇蠹壞，久不可居，至寓于他所。淳熙十年，從政郎韓君歷爲丞，始鋭意新之。懼其費無所取也，先是君之來邑，例有迓夫之直，君儲之不肯用，而用以市一山之木，梁楹乃具。而民之輸役庸者，亦例有公廨之入，君復不肯用，而亦不肯盡廢，銖兩積之，以陶瓦伐石，且爲工匠之募。邑以剩粟助之，閲再歲而僅集。其廳事堂廡，庖湢厩車，粗備而不陋，足以稱其官而民無一詞以爲擾者。吾是以知天下之事，有志者竟成，而顧望退縮，以爲不可爲者，特繫其能否爾。祖宗之制，于是可稽，而君之廉勤能力，于是可見。君潁人也，于吾族猶諸父行，績學守官箴，蓋有家法，故不敢溢美以書，而書其實以識于宇下。淳熙十三年正月，具位韓某記。《南澗甲乙稿》卷一六。

江東轉運使題名記　乾道三年九月

轉運之置，雖昉於唐，然第掌水陸之輸，其黜陟按察猶别命使。至國朝始得刺舉一道，吏之能否，民之戚休，獄訟錢穀，無所不當問。慶曆中，歐陽文忠公爲河北都轉運使，則又請與聞邊事，以調軍儲，察將帥，仁宗因是從之，然則重矣。今江東亦邊也，地總九郡而治建業，天子南巡狩建業，新立行幸之宫，宿重師以控江淮，饋餉繁而道里舒，故所謂轉運者，視它路爲劇。元吉之濫官于此，既逾年矣，欲求前人名氏以識其居職久近，而碑志壞滅，莫可踪迹。蓋問諸故府，開寶八年，江南輿地始上于職方，以楊克讓知升州，實兼轉運事。太平興國初，遂以使樊若水。六年，張齊賢去華相繼爲副，旋又充使。時踵唐開元舊制，分江南爲東西路，未幾復合。天禧四年，始定爲東西。興國之三年也，諸路置轉運判官。未幾，復省。嘉祐五年，又置之。其間名卿賢大夫不能盡見。建炎以來所盡見者，則亦有其名氏而亡其官稱，或存其官稱而逸其到罷。懼益遠而不可考，故自建炎次第録之，得四十有八人。夫以朝廷置使之重，一道將輸廉按之劇，浸失其傳，由吾不肖者而復焉。則賢者之來，其忍遽廢而不舉也！乾道三年九月戊子，潁川韓元吉記。《景定建康志》卷二六。

吏部尚書廳記　乾道九年八月

尚書漢官也，侍郎秦官也。漢制尚書但五曹爾，而踵秦之舊，侍郎未有職，僅比四百石也。尚書以爲長，侍郎以爲貳，冠以六部，仿周六卿之職而首以吏部者，隋與唐制也。凡天下之官總于吏部，其上者尚書獨主之，無文武之别焉，其次别以文武侍郎分主之，而爲左右選者，吾宋之制也。惟吏部由魏晋而降者，分職甚重，得以甄叙人物，進退群吏，至唐猶以宰相或兼之。國朝於是，率有成法，曰選與注，爲之長貳者，第謹視而司焉。然常恐非其人也，擇而付之，禮貌尊寵，長於六官。雖其職稍异於古，其重則猶古也。今年春，吴興李公拜吏部尚書，乃嘆曰：法固有典常也，而法有所未明，事有所未盡，不在變而通之乎？由是詳任子之七色者而予敓之，革薦舉之敓攘者而防範之，請京秩之官通注縣令，以必試於民，條具目張，罔不順治。既數月矣，廳事故有題名，碑石久闕不志，公將礱而刻焉，元吉幸爲之貳也，因俾叙其然者。夫董正治官，先王之訓也。蓋官治則事治，朝廷治則天下治矣。今兹職以治官者也，以其治官者治己，推而至於治天下，亦是道焉。如權之不頗於輕重，其惟無私乎！吾之屬任此者也，後之人求於此者也，其私也可懼，其無私也可慕，烏在其歲月也？夫惟考其歲月而視其人之賢不肖，使慕者説而懼者勸焉，不可以不書。乾道九年八月一日。《咸淳臨安志》卷五。

建安縣廳題名記

自秦收閩粤，漢始縣閩。建安中，分東侯官益置建安縣，至吴永安，因以爲建安郡。厥後郡之廢置不常，而縣名迄今猶用漢年也。蓋建安當閩之上游，地多大山，溪行石中，險峙湍駛，故其民得山水之秀者，類狎於文，而賦其厲氣者，亦悍以勁。其壤不富於田，物産瘠甚，而蕣利通天下。每歲方春，摘山之夫，什倍耕者，故其俗賤農而貴賈。家有詩書，户知法律，雖三歲貢籍甲東南，而敗群之氓，佩刀挾矢，間起而爲鬥暴，否則匿役避賦，持短長以競其私，故其居官者譽少而謗多。縣直郡之中，兩使者之台下，符檄指呼，取具無違，則用廣而賦嗇，貿遷鹹醝以佐其費。折獄蔽訟之外，斂散計量，猶大商也，故今之職尤劇。天下之縣號難者多在閩〔一〕，而建安爲之最。元祐初，析地以爲甌寧，今占籍猶三萬户，不察而來，不安而去，前後踵相屬也。以元吉之不肖，亡以推上之教化，以善其風，幸而逭於謗，將遂至於吏，以謂令之名氏久近，後來者所宜知也，既歲月不可考，乃斷自建炎，得而刊之，故書之左方。民國《建甌縣志》卷六，民國十八年鉛印本。又見康熙《建寧府志》卷四三，康熙《建安縣志》卷八。

〔一〕下：原作「上」，據文意改。

天台縣題名記

寓天下之治曰郡與縣，其簿書期會、獄訟米鹽之職，縣實百於郡。蓋郡則有掾有曹，各司其局，而守特視其成焉。縣之官丞、主簿、尉，與令爲四，號爲通其事。然令無按察，丞、主簿、尉掌治各有它例，不能分總縣務，其極悉萃於令。旦起鬥訟者立庭下，枚數其牒，眊焉已不勝其煩，獄之辭畢，聽而後蔽。暇則督民，賦課出納，謹帳籍，官廩、士學、戍兵、役隸，月會而須給。縣或當孔道，執券而候驛者日羅絡廡序，持文檄相恐動，赭皂之衣滿前。間有卒辦，必取具於常賦之外。上官便文自安，不問所從來，民或誚語，則以咎令。又爲令者，秩不過七八品，勢力卑甚，里居之豪，寓公之老，相與狙詿誤騰謗讟，脅令以營其私，不則摇撼詶噪，必使之去而後已。令之缺榜於銓曹者率數十，閲歲逾時，皆憚不敢睨。然國家之制，由選調而更京朝，必歷令而正其資，號曰親民。比歲益嚴其格，往往不得命爲他官。由是士亦勉强自勵其才，以試於縣。紹興二十五年，吾兄子雲始爲令於天台，以爲天台極兩浙之東南，其地富山水，玉京、金庭，俱天下勝觀，可以乘吏役之休，逃禪訪道，從隱君子游，資禄以養親，且應夫令之名而已，則倥偬亦不暇給。既而嘆曰：縣固有劇易，事無不可爲者。因爲之竭日夜之力，疏剔刮磨，不事表暴，一意而持之。未幾吏民亦坦坦向化，始得從事於文墨之間。而縣之前令名氏漫不可考，乃訪諸塔廟之題識，推以案牘之歲月，得其可見者自鄭至道而下纔二十二人，將礱石刻於聽事之左。元吉方學邑於建安，從吾兄以問政，因書其事以爲題名之始云。《赤城集》卷四。

虞似良

虞似良，字仲房，自稱寶蓮山人，又號横溪真逸，餘杭（今屬浙江杭州）人。紹興末爲右宣教郎、知新昌縣，歷兵部郎官、提舉官誥院、監左藏東庫。似良有學問，工詩詞，尤善篆隸，著有《篆隸韵書》。見《嘉定赤城志》卷三四、《咸淳臨安志》卷八。

官誥院題名記 乾道七年十月

士自一命以上至于公卿，凡除授誥命，必繇院以給之，則居是職者爲甚重而不輕矣。故謹其付給，而守其貳令，視他司爲嚴。唐制，百官誥身分掌於其所部，文則吏部掌之，武則兵部掌之，宗室、命婦司封掌之，考校勛績司勛掌之。國初悉因唐舊，置院於右掖門之左，凡吏、兵、封、勛四司之告，舉集諸此。淳化五年，始專置局，命中書舍人一員提舉，而以朝官一員判局事，於是職任逾重。元豐改制，乃以文武官誥身悉隸吏部，而以蕃官隸兵部。崇寧、大觀，或置或不，大抵廢則皆歸吏部右選。政和復置院，仍差主管官二員。中興以來，因仍不改。然自紹興至今四十餘年，中間官吏殆無有記之者，名氏則罷滲不可見，事之因循苟且豈特此哉！似良不才，承乏是官，思有以紀。會同寮魏君相與討究，自薛仙而下得五十五人勒諸石，庶使來者尚有考也。乾道七年十月既望記。

《古今事文類聚》新集卷一一。又見《咸淳臨安志》卷八，《淵鑒類函》卷七七。

黄湛

黄湛，紹興二十八年（一一五八）官右從事郎、江寧府溧陽縣主簿。見《景定建康志》卷二七。

重刊溧陽縣題名記　紹興二十八年七月

題名之設，所以記往傳後，是邑有焉。創于杜令，而周令繼之，然舊石歲久且壞。今邑宰按圖考迹，得二十年來舊政爵里姓名，别勒之石，以續二公初志云。紹興戊寅七月望，右從事郎、主簿黄湛記。右通直郎、知縣事吕文中重立石。《景定建康志》卷二七。又見嘉慶《溧陽縣志》卷九。

謝諤

謝諤（一一二一——一一九四），字昌國，臨江軍新喻（今江西新余）人。紹興二十七年（一一五七）進士，歷樂安尉、吉州録事參軍、知分宜縣。丁父母憂，服闋，除幹辦行在諸司糧料院，遷國子監簿，尋擢監察御史。上義役法，遷侍御史，再遷右諫議大夫，兼侍講。光宗登極，獻十箴，又論二節三近，除御史中丞、權工部尚書。請祠，以焕章閣直學士知泉州，又辭，提舉太平興國宫而歸。紹熙五年（一一九四）卒，年七十四，贈通議大夫。諤爲郭忠孝門人，學者稱艮齋先生，又稱桂山先生，著述頗豐，有《性學淵源》《論語詩書解》《春秋左氏講義》《柏臺諫垣奏議》《經筵總録》《孝史》《艮齋集》等。見周必大《朝議大夫工部尚書贈通議大夫謝公神道碑》（《文忠集》卷六八），楊萬里《謝公神道碑》（《誠齋集》卷一二一）及《宋史》卷三八九本傳等。

諸司題名記

國初承舊制，有糧料院使；太平興國五年正月，分糧料諸司、馬軍、步軍爲三院；雍熙四年四月，改用使臣，端拱二年又改用京朝官；元豐末并馬軍、步軍爲諸軍，與諸司爲二院。《事物紀原》所載如此。在今諸司、諸軍各二員，皆以幹辦爲名。諸軍一員分差建康，諸司三員在臨安。如諸司則分左右兩廳，各有銅方圓二印。昨渡江之後，行在以瑞石山觀音院舊基爲官舍。入門而右即諸軍，少西則左廳，中而東向則右廳。吏舍則近門列之，北爲諸司，南爲諸軍。有架閣庫二在諸軍吏舍之西，屋皆依山，其勢稍高。二三君子與諤相先後爲諸司者，謂凡官居皆有題名，而此獨闕，遂買石建之。夫下干禄以代耕，上制禄以馭臣，隨其職之繁簡而爲之别，必有所謂適得其平者。唯清廉介特之士，必能見得思義，夙夜匪懈，嘗恐禄浮於事，故禄雖少而綽綽然常若有餘。儻惟不然，則背公狥私，惡勞好逸，故禄雖多而咄咄然常若不足，且怨夫不我增者有之。諸司官，掌禄者也，固可以於此而察夫六稟之中，其必有見，亦人材之一助，以報上也。淳熙十三年十一月庚辰朔。《咸淳臨安志》卷八。

諫院題名續記

諫院舊有題名，以諫議、司諫、正言三位分門，各虚其後，以俟來者，記亦考究官名爲詳。比者臣僚言諫諍之官尚有闕員，居其官者往往分行御史之事，至於箴規闕失，寂無聞焉。願仿唐舊制置補闕、拾遺左右各一員，於是得旨依奏，乃二月八日有旨，薛叔似、許及之受新除之命。竊惟從諫，帝王之大烈，而導人使諫者尤爲盛德之事，蓋於舉意之頃可以概見。先是元額散騎、諫議、司諫、正言分左右爲八員，相承所除，或一員或二員，名雖异而實亦同。聖上寬洪盡下，和顔聽納，凡有進諫，雖至剴切亦必不拒，增置之請欣然而從者，所以表不如是不足以爲兼聽盡天下之美。於是相與更立石，繇初而起并用紀年之法，觀此則可以考導人使諫之盛德尤在於今日。淳熙十五年六月。《咸淳臨安志》卷五。

諸軍題名記

國家重六院之選，聖上尤切留意，率用治縣之有效或經薦舉，亦有嘗剖守符，所以在此位者皆不敢不念其所以爲重，而其滿其未滿，視監察御史與寺監簿有闕多加采擇，舊嘗有因之即持節者。蓋階是以試而無所不之，則非徒選之重而任之亦然。其員凡十三，糧料審計有八，分諸司、諸軍，皆以幹辦爲名。諸軍糧料有兩員，其一分差建康，其一在行在所瑞石山，與諸司同門而居。諸司既有題名，獨此未建。察院福唐黄謙自此遷者也，乃合前後任議成兹事。夫諸司與諸軍仰上之禄均也，而國以兵爲固，兵以食爲要，其給也尤不可以不嚴。設官本旨，欲其專心致意焉。唯不差其度則當有投醪之均，挾纊之盛，所以推上之恩而使柳營玉帳晝夜忘家勞，是爲舉能其官而基夫將來不一之用者，姓名并於此乎考，所以不可不書。淳熙十五年九月甲午朔旦。《咸淳臨安志》卷八。

臨江軍進士題名記

郡進士試焉貢於尚書禮部，又試焉奏名於上，又試焉而官之。郡必有題名記，非誇也，勉於後也。謂所居之郡前者有如是而後可加勉也，其必曰公曰勤，曰廉曰恕，莅夫事而功從之，毋爲虛名而已，則上不負天子，下不負所學。前之所題者有若士焉，有見於此，所勉益思。國家合吉、袁二屬支邑以爲臨江，其人才鼎盛且未艾也。淳熙十一年夏，與舊友徐君得之相與謀一石而置諸泮宮，既謀之，又爲以其意而記之。道光《清江縣志》卷二三，道光刻本。

卓津

卓津，字少清，福州永福（今福建永泰）人。登紹興二十一年（一一五一）進士第，爲萍鄉縣丞。終從政郎、津陽縣令。見《淳熙三山志》卷二八。

縣官題名記　乾道元年三月

江西州有七，軍有四，縣四十有七，惟袁州之萍鄉以繁劇稱。厥壤沃而闢，厥民夥而富。公牘吏案，轂帛賬籍，蓋倍於他邑，長官必巨德通材，然後可以整列條綱，優閑而治。黄侯毅辛巳歲自長樂來，至則究其職，凡民之害，事之蠹，每從而刮之剔之，鋤钁爬梳而順理之。既逾年，風俗丕變，盗賊息，訟獄簡。侯曰未也，復思所以爲警者。一日延吏民，詢前後政孰賢否。僉進而陳曰：「兹邑名楚萍，由來舊矣。晉魏隋唐，莅政者莫知其幾，惟國朝張公晞顔、黄公元明有聞焉，今閭巷尚能記誦。或謂二公之時，士敏工勤，農無惰，商無詐，征税共輸不違頃刻。至若驛傳橋道，篝漏器用，亦莫不端好精明，其政可想也。」言畢，率以手加額，吁嗟而退。侯駭，遽問曰：「豈止於斯耶？」則又進曰：「茲其内外純備者也，餘雖不及二公，亦歷歷可言。」甲廉其失也拘，乙厚其失也緩，丙明而幾於刻，丁勤而幾於冗。反覆指數，抑短揚長，了無疑忌，侯深肯之。翊日津以丞事進謁，侯因語及，遂欲書群公姓名自警，且以警後，仍命津秉筆叙其首。敬不敢辭，乃叙曰：士君子莅官，宜自修飾，善與不善，俱傳於世，蓋難掩也。善者傳固善，不善者傳，雖欲改不善就善，其可得耶？吏民所陳深可畏，吏或有私，民蓋誠實非僞也，君子勉諸！乾道改元春三月庚戌記。嘉慶《萍鄉縣志》卷一八，嘉慶刻本。又見乾隆《袁州府志》卷三二。

洪邁

洪邁（一一二三——一二〇二），字景盧，號容齋，饒州鄱陽（今江西鄱陽）人，洪皓之子。紹興十五年（一一四五）中博學宏詞科，授兩浙轉運司幹辦公事，入爲敕令所删定官，遷吏部郎、左司員外郎，進起居舍人。孝宗朝，歷知泉、吉、贛、婺諸州。入朝爲中書舍人兼侍讀，直學士院，預修史事，拜翰林學士。紹熙初，進焕章閣學士，知紹興府。嘉泰初，上章告老，以端明殿學士致仕。嘉泰二年（一二〇二）卒，年八十，謚文敏。邁博極群書，文名頗盛，著有《野處類稿》《容齋五筆》《夷堅志》《史記法語》諸書，并編纂《四朝國史》《欽宗實録》《萬首唐人絶句》等。據《宋史》卷三七三本傳。

福州教授壁記　紹興十九年正月

自慶曆詔書，郡國大抵悉有學，而立官教授則由熙寧始。然服嶺以南，草山小州若被邊初郡，或自詭逼仄，或生長兵間，雖與聞德音，或謙讓未遑也〔一〕。至崇寧、大觀，乃極盛。凡版在職方者，必建學如中州。教授雖秩卑，吏部勿敢豫，必宰相自推擇，而大郡多至四三員，文風張施，古無有也。陛下宅天命蓋十有六載，立太學，置博士，悉還太平之治，而郡國立學除吏，復一切如先朝時。福於東南最大，爲督府，自平時最多士，故領袖學官者員多，類以進士高第得左官錚錚搢紳間者爲之。紹興十八年十一月癸巳，鄱陽洪邁至。十二月辛酉，建安劉祥至〔二〕。邁捷取徑路得一第〔三〕，劉君以《易》書合上意，顧得之皆非所謂高進士選者。懼不稱時，相與言曰：「我曹特幸耳，若又飫其家而饑其徒，弗學之問不可。」乃旦旦坐直廬，稍挈綱維，苴補破壞。凡泉谷之在民未入者，上諸二千石，悉索之，移長度於計臺，取振其所乏，廥廩頗益實。峨冠束帶，朝莫必謹，毋敢不謁而歸。既略定，有士前曰：「自吾學張官至今若干人，名數具在，倘仍弗紀録，懼其年多而莫知也，願石而刻之。」予曰：「誠然。」吏以文書來，頃而籍至，則某人某人，皆在不遺，於是志諸壁，而由夫林君迪始。十九年正月十四日記〔四〕。《古今事文類聚》外集卷一三。又見《國朝二百家名賢文粹》卷一二八，《洪文敏公集》卷六。

〔一〕或：《國朝二百家名賢文粹》作「咸」。又「讓」作「遜」。

〔二〕祥：右引作「翔」。

〔三〕捷：原作「一」，據右引改。

〔四〕十四日：原無，據右引補。

禮部郎官廳壁記　紹興三十年七月

鈞之爲郎，然二十四司，冷熱劇易不得同日語。中興時，捐不急之官，省郎員七，以主客合於禮部，號爲兩曹，而所掌猶不過箋削印瑞郊廟禮文與士子科舉事，日所程判，其多不能以百。天明省門開，繇大丞相以下畢入聽治。吾同舍郎南典選，北理財，文書鱗午，吏四繞不少置，獨儀曹之廷可設翳罔。予方理蠹簡，呻呫畢，作書生事業。倦則偃一榻上，遲食時矍起，摩睡眼以出，卒食，舒舒而行，伺丞相上馬已即去，至無毫毛可用以爲勤，以白長官者。其官同，禄之入又同，而佚勞相絶顧如此，顔之不厚難矣哉。廳壁當有記，以謹歲月，識名氏，今亡有也。問諸掌故，掌故不知，蓋其官閑，其吏緩，間與緩相遭，苟且頽靡，非一日實然。予訪老吏，質太史，越數月而後頗得其梗概。乃探建炎以來至于今日，自祖秀實始并書，其幸甚云。紹興三十年七月八日記。《古今事文類聚》新集卷一三。又見《咸淳臨安志》卷五，《山堂肆考》卷四九，《淵鑒類函》卷七九，《洪文敏公集》卷六。

禮部長貳壁記　紹興三十年九月

起建炎丁未，至今三十四年，凡禮部侍郎、尚書名氏可見者，毋慮五十有八人。其在事歲月若除舊拜新，雜出於掌故省牘，或脱不具，然大略在是矣。自元豐定官制，歸天下萬務於文昌，曹分賦職，頗采用《周官》《唐六典》。尚書品第二，侍郎品第三，皆法從屬車間，朝廷所以尊榮之甚寵。由是得政者雁行立，然要爲具員。吏朝日而出，坐曹弊治〔一〕，不過操牘視成，振之以章程，柅之以挈比，思慮索於几案，此其勢不能得施置自便。獨宗伯不其然，間平時繩墨要會，疑亦王官之一守。有日天子舉遺典禮，大朝聘、大慶賀與天地宗廟典策秩享之事，衆史贅聚，閣筆詞不占措，乃雍容風儀，斟酌故實，援之古可驗，揆之今可行者，緊吾啓爲之，非特規守成法，視故府鐘鼓玉帛，周章有司之後而已。則上所選置正用第一品，亦其理宜。中興之宰十四，而以是進者六：故相國義陽公、清河公、江寧公、吴興公，今相國縉雲公、弋陽公，礌礌落落，如乘蒼龍，騎北斗，淵耀下飾，燁然一時。固宜登載表暴，使後之君子有所瞻依。新安金公乃命郎吏謹具年次，書諸石。紹興三十年九月初一日記。《古今事文類聚》新集卷一三。又見《咸淳臨安志》卷五，《淵鑒類函》卷七九，《洪文敏公集》卷六。

〔一〕上句「出」，下句「坐」，原互倒，據《咸淳臨安志》乙。

中書門下省官壁記　乾道三年二月

兩省之官十有二，唐制也。今散騎常侍缺，繇諫大夫而下别爲諫院，同門而异户。唯給事中、中書舍人、左右起居實同省，其員亦十有二。渡江以來，蓋損三之一，然亦未嘗備也。給、舍以法從爲職，凡紫微、黄門之政，無論小大，實書之，實行之，其未踶者得以告而還之。兩起居日侍殿上，備顧問，皆名一時清切要官。然去來姓名不謹於掌故，四十年間，已泮散不可考。邁兄弟前後四入省，舉致意焉。邁去右史五年而復至，乃竟成之，獨建炎年時爲不整，叙或失其所來及所去官。姑存之，合爲百七十有五人，其重至三至者二十有五人。今廊廟五公，皆從吾省干青雲而直上，异時莫盛焉。權官不書，獨記南陽公，所以尊宰相，重吾省也。題名成，又請浙東相公大隸表其上。乾道三年二月二十五日記。《古今事文類聚》遺集卷七。又見同書《新集》卷二四，《咸淳臨安志》卷四，《洪文敏公集》卷六。

蕪湖縣令廳壁記　淳熙七年二月

郡縣之官難莫難於令，令不可爲也。泉粟所入，緊兩税是賴，郡裁十一二予之，或名存實亡。

借曰充數，薄責征須，不少遺力。逼於弱，不敢不共命，至賈市争分銖，俠取巧掇，僕救過，與法爲午，而無俚之畫出焉。法目如蝟毛，舉頭畏觸。不良子險健成訟，左狙右掠，蔓游其詞，以聾上官，計一行令束手矣。昧旦坐堂上，追胥在庭，睢盱囂呶，喧不可曉。將甲乙扣其脛，懼及善人，循循而舍諸，又納侮。故佞偷寬猛均足以蹈罪，令不可爲如此。用是人莫肯爲令，非吏部考籍而畀之，通萬國無一焉可也。蕪湖在春秋曰鳩兹，蓋吴楚必争地。入東晋、宋、齊，建牧立州，實爲南豫，臺家常選宗王名將握節往控臨。今雖不能邦，猶名姑孰壯縣。用壯爲累，郡百役以要之，栩栩然而來，貿貿然而去，項領常相望也。挈此校彼，其視他令中爲又難。吴人朱似菽召以故輔臣孫捐其門，凡少年時已鋭與寒畯角，推排受縣。自詭爲此來，勇者尚其決，狷者儲其笑，愛之者叢然以爲憂。菽召若不聞，曰吾知爲百里宰而已。處之期年，民吏相忘，乃若尹賞之在粟邑，東舟西舫出其涂，篙工榜人皆略能誦説其梗概。於是與予書，言：「我已伐石置廳壁，將刻前長官名氏，盍爲我識之？」予與菽召游四十年，向所謂叢然以憂者，蓋其一也。今若此，故喜而書之。淳熙七年二月二十有一日記。《古今事文類聚》外集卷一四。

陸游

陸游（一一二五——一二〇九），字務觀，越州山陰（今浙江紹興）人。年少能詩文，以蔭補登仕郎。薦送、禮部試均置前列，遭秦檜所嫉，黜之。檜死，始仕建州寧德縣主簿，除敕令所删定官，遷大理司直兼宗正簿。孝宗即位，遷樞密院編修官，召對，賜進士出身。論政事忤旨，出通判建康府，改隆興府、夔州。王炎爲川陝宣撫使，辟爲幹辦公事，陳進取之策。范成大帥蜀，入幕府爲參議官，以文字交，不拘禮法，人譏其頹放，因自號放翁。累遷提舉江西常平、知嚴州。嘉泰間與修孝宗、光宗《兩朝實録》，擢權同修國史，實録院同修撰，兼秘書監。以寶章閣待制致仕，嘉定二年（一二〇九）卒，年八十五。陸游才氣超逸，尤長於詩，詩作計萬首。著述有《高宗聖政草》一卷、《南唐書》十五卷、《會稽志》二十卷、《老學庵筆記》十卷、《山陰詩話》一卷、《劍南詩稿》《續稿》八十七卷、《渭南集》五十卷、《放翁詞》一卷。見《南宋館閣續録》卷七、九，《直齋書録解題》卷五、一一、一八、二〇、二一，《宋史》卷二〇三、二〇四、二〇六、二〇七、二〇八及三九五本傳。

鎮江府駐札御前諸軍副都統廳壁記　慶元四年正月

鎮江府駐札御前諸軍副都統武功大夫、和州防禦使、淄川夏侯君，書來諗予于山陰澤中曰：「吾軍有都統，爲一軍大將，内以屏衛行在，外以控扼梁楚，隱然一長城也。又置副都統一員，以佐其長，智勇相資，寬猛相濟。有事則或居或行，無事則同籌共畫于帳中，而制敵于千里之外，其任可謂重矣。而副都統自設官以來，今三十有八年，歷官十人，再至者一人，未有壁記，後將無所考質。子爲我書而刻其姓名，可乎？」予與夏侯君南北异鄉，東西异班，出處壯老异致，然每見其撫劍抵掌，談中原形勢，兵法奇正，未嘗不太息，恨不與之周旋于軍旅間也。君亦謂予非齪齪老書生，以兄事予，甚敬。則今日之請，尚何辭？然今天子神聖文武，承十二聖之傳，方且拓定河洛，規恢燕趙，以卒高皇帝之武功，則宿師江淮，蓋非久計。夏侯君亦且與諸將移屯玉關之西、天山之北矣。予雖老，尚庶幾見之。慶元四年正月甲子，陸某記。國家圖書館藏宋嘉定十三年溧陽學宫刻《渭南文集》卷一九。

諸暨縣主簿廳記　嘉泰元年十月

建炎、紹興間，予爲童子，遭中原喪亂，渡河沿汴，涉淮絶江，間關兵間以歸。方是時，天子暴衣露蓋，櫛風沐雨，巡狩四方，曾不期月休也。大臣崎嶇于山海阻險之地，草行露宿，不敢告勞，亦宜矣。况于州牧郡守以降，籧篨一厦以治其事者相望，又况降而爲縣令丞簿者哉！及王室中興，内外粗定，然郡縣吏寓其治于郵亭民廬僧道士舍者，尚比比皆是。積累六七十年，四聖相授，天下日益無事，兵寢歲登，用度饒餘，然後皆得稍復承平之舊。至于縣，則有迨今苟且因循者。主簿在縣官中，卑于令丞，而冷于尉，非甚有才，則其舉事爲尤難。若諸暨主簿丁君崇者，可謂才矣。君海陵人也，今居吴，世有顯人，爲吏精察而平恕，學工文辭，而不忽簿書期會之事。嘗兼攝丞，久之，得添給，不取一錢，皆用以新主簿之廨。諸暨舊無丞，元豐間置丞，徙主簿以居之。而主簿更得廨，乃故鹽儈，藉濕支傾，殆不可居。然閲百二十年，爲主簿者凡幾人，至君乃更新之，不亟不徐，不侈不陋，不費于公，不斂于民，竹個木章，瓦甓丹堊，不蠹，不苦窳，不漫漶。堂後舊有池，自君來，比二歲，産异蓮駢跗，邑人歡傳，以爲君且通貴之祥，相與名其池上之亭曰雙蓮。君故不喜怪，而邑人之意如此，亦足知其得民也。君與予之子子虡游，乃因子虡請記歲月，予不得辭也。昔我藝祖肇造區夏，當乾德六年二月癸亥，嘗詔郡縣吏代歸者，皆上其官舍敝壞。或興葺之數于有司，以爲殿最。嗚呼！祖宗明詔，具在汗簡，而近世乃有相戒以爲非急務，且徒速謗者，獨安取此哉！予嘗備太史牛馬走，獲窺金匱石室之藏，故敢并記之，以曉他在仕者。嘉泰元年十月二十七日，中大夫、直華文閣、山陰縣開國男、食邑三百户致仕陸某記。《渭南文集》卷二〇。